现代财务会计与企业管理

郭艳蕊 李 果 著

天津出版传媒集团

天津科学技术出版社

图书在版编目（CIP）数据

现代财务会计与企业管理 / 郭艳蕊，李果著. -- 天津：天津科学技术出版社，2020.5
ISBN 978-7-5576-7773-2

Ⅰ．①现… Ⅱ．①郭… ②李… Ⅲ．①企业管理－财务会计－研究 Ⅳ．①F275.2

中国版本图书馆CIP数据核字(2020)第071298号

现代财务会计与企业管理
XIANDAI CAIWU KUAIJI YU QIYE GUANLI
责任编辑：陶 雨

出版：天津出版传媒集团
　　　天津科学技术出版社
地　址：天津市西康路35号
邮　编：300051
电　话：(022) 23332400
网　址：www.tjkjcbs.com.cn
发　行：新华书店经销
印　刷：北京宝莲鸿图科技有限公司

开本 787×1092　1/16　印张 10.5　字数 240 000
2021年4月第1版第1次印刷
定价：68.00元

前 言

随着市场经济的不断发展，企业财务会计模式也需要不断地调整，其中，企业财务管理机制是重点。探索现代企业会计管理模式是为了适应改革开放以后，市场经济条件下我国企业制度的发展；是为了充分体现企业政企分开、产权明晰、权责相依的现代企业特点。一个企业的管理再先进，经营再红火，如果没有一个科学的会计管理模式也会形成漏斗现象。因此，现代企业会计管理模式构建和完善，是我国企业对外形成竞争力的有效保障。同时，也对现代企业会计管理模式的构建提出了非常高的要求。

企业如何构建完善的财务会计管理模式呢？

《企业财务会计与企业管理》分别对企业财务管理模式的理论基础、建立效能型财务会计管理体制与财务管理模式、多元化会计管理的核算模式、建立适应市场经济体制的会计核算规范、基于ERP的企业集成化财务管理模式、企业内部会计控制制度与内部审计与优化财务会计管理的措施、财务管理创新模式选择策略研究、网络环境下企业财务会计管理模式的创新和新经济环境背景下企业财务会计管理的信息化发展做了阐述。现代企业应该有一定的自主性，享受相应的经济权益并承担一定的经济责任。由于现代企业经营范围广、分支机构多、物资流量和资金流量大。企业在经营中还应适当划分各级管理权限，费用计划管理，资金有偿使用，以资本增值最大化为目标，为股东或投资者谋求最大的回报。随着市场经济的发展，对于一个企业集团网来说，一个成功的财务管理模式对企业决策能否及时取得真实可靠的财务信息，分析预测企业经济前景并做出正确的决策，有着举足轻重的意义和不可忽视的影响力。随着企业集团的运作日趋国际化，各国都纷纷对企业集团的财务管理模式做出创新和新的规划。企业集团财务管理模式也逐渐向着多元化、多角化、集团化经营，并且日益呈现大规模、跨国化、跨行业的经营趋势发展。我国由若干企业通过资本结合而形成的企业集团已成为一种重要的经济主体。财务管理作为企业管理的重要组成部分，如今已成为集团管理的核心。然而，我国企业财务会计管理体制仍存在一些问题，这些问题严重制约了企业集团的健康发展。因此，探索适合我国企业集团发展的财务管理体制，具有非常重要的现实意义。

本书作者从事企业会计管理多年，在企业财务管理领域努力的一项成果。全书由作者负责统稿、修改。在本书写作过程中，为了融合理论与实际，作者在大同煤矿企业做了实地调查，并对企业多人进行了深度访谈，也得到了同人们的热心帮助。在写作过程中参考、吸收了学术界不少学者、专家的观点或成果。在书稿即将出版之际，作者对研究工作提供过帮助的企业及其他人士，一并致以谢意。

本书适用于高等院校或企业财务会计管理的人士用作研究的参考资料。由于作者目前的学术水平有限，书中不免存在诸多不足，恳请各位读者提出宝贵的意见，以便今后不断完善。

目 录

第一章 概 述 ... 1
第一节 前言 ... 1
第二节 企业财务管理模式的基本理论 ... 3

第二章 建立效能型财务会计管理体制与财务管理模式 ... 11
第一节 新时代的市场经济对我国企业财务会计管理体制的要求 ... 11
第二节 目前我国企业财务会计管理体制存在的问题及改革重点 ... 18
第三节 现代企业制度下财务会计模式的转变 ... 22
第四节 我国企业财务会计管理体制的创新模式 ... 33

第三章 多元化会计管理的核算模式 ... 41
第一节 会计核算模式的基本框架 ... 41
第二节 会计核算模式发展分析 ... 52
第三节 代理制会计核算模式 ... 58

第四章 建立适应市场经济体制的会计核算规范 ... 64
第一节 会计核算规范化管理模式的概念和意义 ... 64
第二节 企业财务会计核算体系的规范化管理模式 ... 68
第三节 手工与计算机会计核算规范化管理模式的异同 ... 78

第五章 基于ERP的企业集成化财务管理模式 ... 84
第一节 ERP与企业集成化相关理论的认识 ... 84
第二节 企业集成化财务管理模式的构建 ... 92
第三节 集成化财务管理在煤炭企业中的应用 ... 112

第六章 企业内部会计控制制度与内部审计 ... 123
第一节 企业内部会计控制制度 ... 123
第二节 企业内部审计 ... 132

第七章 优化财务会计管理的措施 ······ 143
第一节 加强财务会计管理人员的培训 ······ 143
第二节 全面深化企业的预算模式 ······ 145
第三节 优化企业会计环境 ······ 152

参考文献 ······ 161

第一章 概 述

现代企业制度的建立以及一些通过资产重组、行业联合、跨行业兼并形成的大型企业的出现，对企业的财务管理模式提出了新的要求。为了加快企业的发展，实现企业的科学化，必须结合具体的国情以及企业的运营环境，建立科学的企业财务管理模式。

第一节 前言

一、问题的提出

当前我国企业的发展逐渐向着国际化的方向迈进，而在财务管理模式上的发展也正在进行改革。所谓的模式主要是某事物标准形式或者是能够按照一定的标准实施的样式，所以在这一解释基础上，企业的财务管理模式就是处在特定的社会环境中，企业所实现的财务管理目标，并有效地结合企业组织结构以及管理的方式等进行构建的财务管理组织结构和运行机制的系统。从企业财务管理模式的内容上来看，主要涵盖财务管理的组织机构以及管理的目标，还有财务管理模式和体制等方面。从企业财务管理自身的特征来看，主要有管理模式的多样化以及管理职能的多元化，还有管理内容的复杂性以及管理方式的简单化等。在借鉴国内外企业财务管理理论的基础上归纳综述企业财务管理的模式理论并总结出具有典型性的企业财务管理的模式，以期对企业财务管理模式的改善和推进可持续发展提供一些指导性的建议。

二、企业财务管理模式研究动态

（一）企业财务管理模式的内容及其分类

目前学术界公认的财务管理模式有三种：集权型、分权型和相融型。例如，许春华（2007）、芦妮（2008）均认为，企业财务管理体制按管理权限的集中程度可分为集权型、分权型和相融型。

除此之外，学术界还有其他提法。

王巧云（2002）提出了"四统一分"法的财务管理模式，即：统一设立财务机构，统一管理财务人员，制定统一的财务制度，资金集中统一管理，分级管理核算。

杨美茹（2006）认为，国内企业的财务管理模式可分为"集权型""分权型"以及"集权与分权相结合的模式"。

熊建新（2008）认为，企业对内成员单位的财务管理模式可分为"集权型""分权型"

和"总部指导下的分散管理"三种。

莫兰（2010）认为，国内企业的财务管理模式可以分为"集权型""分权型""集权与分权相结合的综合式"以及"相对集权型"四种。

杨建华（2011）认为，中国国内现行的财务管理模式主要有"集权型""分权型"及"适度集权"的财务管理模式。

（二）企业财务管理模式的选择与构建

唐宗福（2008）选取了一家军工企业为研究对象，并紧密结合军工企业特殊的企业背景和财务管理的特点，从大型军工企业的财务治理结构、特殊的企业文化、产业多元化和军工企业的特殊性来研究军工企业的财务管理模式，得出军工企业应采用"适度集权"的财务管理模式的结论，最后通过某大型军工企业"适度集权"财务管理模式的案例来分析适度集权的财务管理的具体做法和措施保证。冉德章，牟玲玲，陈立文（2009）介绍了A企业财务管理所采取的"SRRV"化财务管理模式及其构建的路径。

杨建华（2011）将内蒙古机场企业作为研究对象，在系统地分析了财务管理模式选择的影响因素的基础上，结合内蒙古机场企业的自身特点和行业特性，得出"先集权后适度集权"的财务管理模式选择路径。为了保障后期"适度集权"财务管理模式的实施，文章从财务经理委派制、建立信息一体化平台、加强预算管理、规范内部财务报告等方面提出保障措施。

冯春晓（2011）选取一家风电行业企业作为研究对象，在考虑了该企业的发展阶段及战略、信息化水平、业务结构等因素的基础上，根据该企业所在行业的特性选取了适合企业发展的财务集中管理模式，并从组织、制度、结构三大方面提出财务集中管理模式的构建。

曾雪清（2011）在传统企业财务管理体系的基础之上，结合国内外先进的财务管理的经验与知识，根据现行企业财务管理部门的需求与发展特点，提出切实可行的企业财务管理体系。

郑小燕（2011）选取GY为研究对象，具体分析了GY战略导向型财务管理模式的选择理由及实施方案，并详细对比了该财务管理模式实施前后的差别，同时针对财务管理模式实施后存在的问题，提出相应的解决策略。

黄妙红（2012）立足于广东电网公司现状，通过对财务管理模式进行分析，探索与广东电网公司战略相匹配的财务管理模式的选择和构建。

解云香（2006）认为，影响企业财务管理模式选择受到众多内外因素的影响，具体来说主要包括产权制度、经济环境、企业的经营方式及特点、财务能力。

许春华（2007）认为，影响企业财务管理模式选择的因素众多。他选取了其中九个因素进行分析，具体包括：经济环境、企业组织结构、企业经营方式及特点、财务能力、企业战略、企业发展阶段、企业文化、企业员工素质、企业家个人风格。

马磊（2007）认为，企业对于集权和分权之间的权衡主要出于对以下几种因素的考虑：企业的发展战略、企业所处的竞争环境、企业的发展阶段、企业的产品战略等。

莫兰（2010）认为，企业究竟会选择哪种财务管理模式受到多种因素的影响，主要包括：企业内部的组织结构、企业的发展战略、企业发展所处的阶段、企业的主营方向。

阳葵兰（2010）认为，企业发展战略、企业的股权结构、企业的竞争环境以及企业的规模都是影响企业财务管理模式选择的主要因素。

陈棕（2012）认为，影响企业财务管理模式选择的因素有客观和主观之分，客观因素包括企业文化、规模、企业的生命周期、企业组织结构，主观因素包括投资者因素、经营者因素。

（三）企业财务管理分析

C.Bursk 等（1972）对美国的 98 家跨国公司进行问卷调查和实地走访后，对这些跨国公司的财务控制系统的现状、跨国公司财务控制与国内公司财务控制的不同、跨国公司财务控制的特殊化等问题进行了深入的探讨。

孙俊丽（2008）结合一家特大型国有企业财务控制的现状及成因进行分析，并提出进一步完善该企业财务控制的若干建议。

张波（2008）选取一家 IT 企业作为研究对象，在深入了解该企业财务管理现状的基础上，对其财务管理中存在的问题及成因作进一步分析，并为该企业的财务管理理念、财务管理目标及财务管理对策提出一些参考建议，以期为其他 IT 企业的财务管理提供经验借鉴。

曹亮亮（2010）根据当前民营企业财务管理存在的主要问题，提出七条解决措施，以促进民营企业建立完善的现代企业制度。

张英（2011）从 H 企业目前面临的内部财务管理环境入手，然后从总部定位、财务管理目标引出 H 企业的财务管理现状，指出其中存在的问题，并针对存在的问题从六个方面提出提升财务管理水平的对策建议。

常悦（2011）选取一家以工业为主的企业作为研究对象，细致地研究该财务管理的现状及存在的问题，并在借鉴一些行业内优秀企业的财务管理经验的基础上，提出该企业财务控制的对策。

第二节　企业财务管理模式的基本理论

一、企业财务管理模式的内涵与特征

（一）企业财务管理模式的内涵

企业是有控制地位的大型母公司为核心的、以控股子公司、参股公司及由母公司控制的其他公司或组织组成的公司联盟。总公司以资本输出为控制子公司和下属公司的主

要手段。企业的成员公司保持着独立的法人地位，在法律上是平等的，但在经营管理上的地位则不平等，核心企业起着主导作用，从而实现内部的和谐统一。保证了成员公司的灵活性和创造性，有利于发挥各成员公司的积极性，保证各成员公司行为的一致性和协调性，有利于企业实现其整体发展战略。而企业成员在独立运作的同时，又在发展战略及某些重大决策方面保持一致或相互协调，从而使企业内部存在着不同形式的监督约束机制。企业经营着规模庞大的资产，管理着众多的生产经营单位，类似于古代军队中的兵团。这就是企业的内涵。

（二）企业财务管理模式的特征

1. 企业的法律特征

作为公司群，企业是由多个具有法人资格的公司组成的联合体，包括作为企业核心的母公司，以及具有法人地位的被核心母公司所支配的子公司或其他公司。企业的母公司、子公司和其他成员公司均具有法人资格，为法人企业。母公司与子公司是股东与公司的关系，即母公司是子公司的股东，子公司是独立的公司法人。母子公司在持股和义务上有特殊的规定：禁止互相持股；独立负责负债，不存在共同债务；除非特殊情况，母公司对子公司的债务承诺了担保。但企业的分公司与管理事业部都不是法人，是作为母公司的直属管理部门或组织存在的。同时，企业本身也不是一个法人，只是建立在控股，持股基础的法人联合体。

2. 企业的组织特征

现代企业的组织特征主要是紧密联结型与网络联结型相结合的混合型经济组织。以内部核心和主要公司为依托，经过中心机构的协调、管理，在内部进行信息、人员、市场、技术、资金等方面的协调，从而实现紧密型联结与网络联结相结合的混合型经济组织。它们具有一些共同的组织结构特征，并随着环境的变化和经济实践的发展表现出一些显著的趋势，这些特征与趋势可比较归纳为：

首先，企业组织结构是分层的，即具有层次性特征。各层次之间的关系不是单纯的领导与被领导之间的关系，各成员公司在法律上的地位是平等的。

其次，尽管企业具有多层次的结构特征，但是在企业中起着主导作用的只能是核心母公司。核心母公司凭借较强的经济实力，通过控股、持股和生产经营协作关系所赋予的控制权，对子公司的重要环节的经营活动施加影响，以维护企业行为的一致性和协调性，实现整个企业的整体发展战略。企业不仅要实现自身的利益，更要兼顾整个的利益。企业对其旗下组织享有如下权力：制定统一的发展战略和长期规划；生产能力的扩大和开拓新的竞争领域；产权转让和兼并其他公司。

3. 企业的经营特征

企业的经营规模比较庞大，并且不断扩大的经营范围，向多元化、综合化方向发展，许多企业跨地区、跨行业、跨部门甚至跨国经营。其结果是不仅带来产品和要素的更充分流动，引发企业组织结构、公司流程等方面的深刻变化和调整，更引起管理制度、思想和公司文化的交汇和融合。

4. 企业的融资特征

企业的组织形态和规模决定了企业与金融机构有密切的联系，这些联系直接导致企业拥有强大的融资能力。市场经济的发展，使企业离不开融资的支持。良好的融资环境对企业的发展尤为重要。企业需要发挥的巨大优势，拓宽融资渠道，通过对企业财务管理的把握，降低融资风险，为下属子公司提供更优质的融资资源，为企业的发展提供强有力的保证。

5. 企业的会计特征

企业是特殊的、非独立核算的会计主体，但需要编制以母公司为基础的合并会计报表。首先，可有效地降低成本费用，保护人才，保障资金安全。实施财务集中核算，所有资金结算都由集中核算部门集中办理，所有费用票据均由集中核算部门统一审核入账，通过集中管理资金，建立内部控制制度，减少了资金被挪用或被贪污的可能性，保证了资金安全。其次，可能实现资金的统一筹集和调配，有效提高资金的使用效率和劳动功效。可减少银行借款，减少财务费用支出，又可减少内部资金的沉淀，有效地提高资金的使用效率。再次，基础会计信息的真实性得到保证，有利于正确决策。有利用政府、公众、股东对经营状况的了解和掌握。最后，会计管理责任明确，会计资料存放集中，有助于税款的足额缴纳。

二、企业财务管理模式的类型

企业财务管理模式是企业最常用的一种管理方式，指的是企业母子公司各种权利、政策、制度及管理方式和手段的组合，其实质是母子公司各种权利、责任和关系的分配。最终采取何种模式，要根据企业自身的具体情况来定夺。目前，我国企业财务管理的模式主要可以划分为以下三类：集权型财务管理模式、分权型财务管理模式及混合型财务管理模式。

（一）集权型财务管理模式

集权型财务管理模式是指企业中母公司的相关财务管理部门对子公司的所有管理决策都进行统一管理，子公司自身没有财务决策权的一种管理模式。在这种模式下，母公司垄断了企业的财务管理权限，不给子公司任何财务方面的决策空间，子公司只负责实施母公司统一规划的具体内容。作为一种较为极端的财务管理模式，集权型财务管理模式在企业组建的初期表现出较强的优越性，因为它既有利于宏观调控和整体战略方案的实施，也有利于提高企业财务的即时控制力，便于母公司掌握子公司的财务信息。但是，在这种财务管理模式下，企业没有给予子公司任何财务权限，这极大地降低了子公司生产运作的积极性。同时，由于掌握财务决策权的母公司的最高决策群不在经营现场，其为子公司制定的财务决策极有可能由于掌握的信息质量不高而有失偏颇，带来决策的低效率，从而影响子公司效率的产出。特别是，当企业规模逐渐扩大后，如果母公司的财务管理部门仍然把精力过度放在子公司的日常财务活动的管理上，反而会顾此失彼，不利于企业整体财务战略的长远规划和发展。

（二）分权型财务管理模式

分权型财务管理模式是指母公司仅保留对子公司重大财务事项的决策权或审批权，而将除此之外的日常财务决策权与管理权下放到子公司的一种管理模式。在这种财务管理模式下，母公司对财务控制的权限相对降低；相应地，子公司在日常经营活动中获得了更多的财务决策权，这不仅有利于处在市场第一线的子公司根据市场环境的变化及时调整经营策略，而且有利于在企业内部做到合理分工，在减轻母公司烦琐的管理任务压力的同时较好地调动了子公司的主观能动性。但值得注意的是，如果母公司对子公司的权力下放没有把握好"度"的话，就会容易出现企业内部成员"各自为政"的现象，削弱企业的统筹功能。特别是，若各个子公司都出于维护自身利益的需要来干涉企业的整体决策，势必会牵制企业的决策效率，影响整体利益。因此，分权型财务管理模式的实行必须辅以一套完整的、切实可行的财务管理制度和财务审计制度对子公司的行为进行约束。

（三）混合型财务管理模式

混合型财务管理模式有效地克服了集权和分权财务管理模式的极端性，属于一种比较中庸的财务管理模式。这种模式的实质就是集权下的分权，母公司对子公司经营活动中的所有重大问题拥有绝对的决策权，而子公司拥有日常经济活动的相关决策权。混合型财务管理模式可以充分发挥集权型和分权型财务管理模式各自的优势，既可以提高母公司对子公司的财务管理度，又可以调动子公司的积极性和创造性。我国母公司在财务控制模式上大多采用以集权为主，分权为辅的混合型财务管理模式。为了防止母公司过度放权引起的子公司"各自为政"的情况，企业实行统一的财务人员、资金、预算的集中管理，而计算机网络化技术的日益发达、现代银行相关服务的发展也为这种模式的实施提供了现实的可能性。总之，采用这种模式的关键是把握好集权与分权的程度，既不能只为了追求母公司的整体统筹能力而造成过度集权，也不能只为了强调子公司的自主经营权而造成整个企业"集而不团"。

三、三种财务管理模式利弊的比较分析

（一）集权型财务管理模式的利弊

集权型财务管理模式是指母公司对子公司的筹资、投资、利润分配等财务事项拥有绝对的决策权，子公司的财务数据也统一设置、核算，母公司以直接管理的方式控制子公司的经营活动，各子公司的财务部门自身无自主权。母公司财务部门成为企业财务的

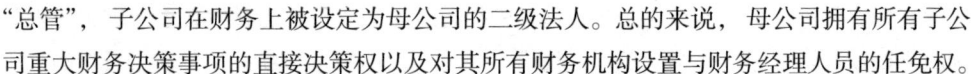

"总管"，子公司在财务上被设定为母公司的二级法人。总的来说，母公司拥有所有子公司重大财务决策事项的直接决策权以及对其所有财务机构设置与财务经理人员的任免权。

1. 集权型财务管理模式的优点

首先，企业可以集中资金完成战略性目标。使全部资金在子公司之间能得到优化、合理的资源配置，达到重点资金应用于重点子公司的目的，加强各子公司之间的合作意识，使企业具有强大的向心力和凝聚力，确保企业战略性目标的实现。其次，企业可以凭借其优质的资产和良好的信誉，进行有效的融资决策。多种融资渠道，拓宽了企业的融资选择，保证融资资源足够优质。为具备一定条件的子公司提供融资担保，广泛、大量的筹集所需资金，保证整个企业资金的顺畅，有助于实现企业战略性目标。最后，企业在税务上，实行统一核算和统一纳税，集中缴纳所得税，各子公司不用自负盈亏，将亏损子公司与盈利子公司有机结合在一起，增强整体实力。

2. 集权型财务管理模式的缺点

第一，企业决策信息不灵，容易造成效率低下。第二，决策的灵活性较差，难以应付复杂多变的环境。由于决策集中、效率降低，容易延误经营的商机。第三，企业制约了子公司理财的积极性、经营自主性和创造性，导致缺乏活力。第四，不利于现代公司制度的建立，不能规范产权管理行为。第五，企业业绩评价体系无法完善，很难对子公司进行合理的业绩评价。

（二）分权型财务管理模式的利弊

分权型财务管理模式是指：母公司与子公司之间达成分权协议，重大财务决策权归母公司，按重要性原则对控股公司与子公司的财务控制、管理、决策权进行适当划分；对于战术性问题，由各成员公司自行运作管理，控股公司给予宏观指导；对于方向性、战略性的问题，母公司必须集中精力搞好市场调研，制定规划，把握发展方向，拥有对子公司的重大财务事项决策权。

1. 分权型财务管理模式的优点

"分权型"财务管理模式和"集权型"财务管理模式是相对的两种模式，就是针对集权型财务管理模式的缺点而应运产生的。这种管理模式有下列几个优点：第一，增强子公司对市场变化的反应速度，增强子公司灵活性。第二，企业让子公司自行融资，有利于培养子公司的理财能力和风险意识，使之更加谨慎地使用资金、重视资金。第三，子公司发挥充分主观能动性，增强决策的灵活性，使之能够做到紧盯市场，抓住商机，可以创造更多的利润。

2. 分权型财务管理模式的缺点

首先，企业的财务权力受到子公司经营自主权的影响，减弱了企业资金优化和资源配置的能力。其次，分权型必定会导致分权过度，使整个的生产经营出现矛盾和不协调，导致资源重复浪费，减弱了企业的企业竞争力和向心力，不利于企业的发展、战略性目标的实现。再次，当企业给予子公司足够的权力，子公司往往会各为其主，财务管理活动脱离企业初始目标，不规范的使用资金。增大了使用资金的数量，削弱了资金的利用效率。使企业出现"一盘散沙"的局面。最后，分权使子公司野心膨胀，假如监督不力，子公司会出现私自建立小金库的现象。

（三）混合型财务管理模式的利弊

集权型财务管理模式和分权型财务管理模式的缺点和不足促使出现一种新的财务管理模式：混合型财务管理模式。这种财务管理模式是一种集权与分权相组合的模式，同时强调了两种模式的优点，又尽力克服两种模式的不足。强力控制是这种财务管理模式的要点，它不同于集权模式，并不追求过程管理，而是追求控制点的管理。通过严密的逐级申报、审批制度，发挥企业各级人员的主观能动性。鼓励所有的下属公司参与到市场竞争的环节，增强了企业的活力和竞争力。

1. 混合型财务管理模式的优点

混合型财务管理模式是集权型财务管理模式和分权型财务管理模式优点相结合的典范。通过统一指挥、统一安排、统一目标，降低行政管理成本，有利于内部所有公司发挥主观能动性，降低了企业集体风险，降低企业资金成本，提高资金使用效率。增强内部子公司的积极性、内部向心力和凝聚力、抗风险能力，使决策更加合理化。最终达到努力实现战略性目标的目的。

2. 混合型财务管理模式的缺点

由于不同子公司有各自的经营特点，对于整体利益的影响大小各异，因此应有针对性地选择集权或者分权模式，对其财务管理的集权或分权程度必须加以权衡。所以，混合型财务管理模式也存在着一些问题，例如，名义上是集权与分权结合，实质上还是集权型财务管理，因此，不利于发挥子公司的积极性、主动性或创造性。不当的制度和策略，容易使集权型财务管理和分权型财务管理相结合的制度名存实亡，并容易导致内部分化、瓦解，最终解散。

内部关系和管理特征，决定了必须使用分权型财务管理模式。但为了保证公司的规模效益，加强足够的风险防范意识，又要求我们必须重视集权型财务管理模式。把握企业特点，做出正确的决策和选择，是每个企业的财务管理难题。选择适合的财务管理模式，更是每个公司决策的重中之重。选择何种财务管理体制，要具体的结合很多因素：企业母子公司之间的资本情况；具体的业务往来；资源配置情况和母子公司联系密切程度。综上所述，企业在选择自身的财务管理模式时，不要去考虑其集权与分权的具体程度，而是要找一个适合自己，能够促使自身极大发展的模式。

四、影响企业财务管理模式选择的因素

目前为我国企业所采用的集权型、分权型及混合型财务管理模式都有其优缺点，不存在完美无缺的财务管理模式。并且，由于企业所处的市场环境变化莫测，企业选择的财务管理模式也不可能是固定不变的。因此，企业应该充分了解自身情况及所处的市场环境，并据此选择一种适合的财务管理模式。为了选取合适的财务管理模式，我们有必要对财务管理模式的影响因素加以研究。通过对学术界的研究成果的学习、借鉴以及对本企业财务管理模式选择经验的总结，选取了以下六种影响因素进行探讨。

（一）财务管理目标对财务管理模式选择的影响

企业的财务管理目标可以简单地分为追求母公司的利益最大化与追求子公司的利益最大化两种。如果企业将财务管理目标定位为追求母公司利益最大化，那么企业将更倾向于选择集权型管理模式。相反，追求子公司利益最大化的企业就会优先考虑子公司的利益，倾向于将权利由总部下放到各个子公司，从而选择分权型财务管理模式。

（二）整体发展战略对财务管理模式选择的影响

企业的发展战略是企业的总设计和总规划。一般来说，企业的整体战略按照性质不同划分可分为发展型、稳定型和收缩型。在扩张发展的阶段，企业需要积极鼓励子公司开拓市场，形成新的经济和利润增长点，这时核心领导层应更注重权力的下放。在企业稳定发展的阶段，为了避免企业规模的盲目扩张，企业的核心管理层可以从严控制投融资权力的下放，而对于其他权力如生产资金运营权力可以下放给子公司。在收缩型战略的指导下，企业一般会严格地控制资金的使用权，并强调企业内部的高度集权，减少甚至免除子公司的财务决策权。可以看出，企业的整体发展战略会直接影响到财务管理模式的选择。

（三）发展阶段对财务管理模式选择的影响

企业在不同发展阶段呈现不同的经营特征，因此应采用不同的财务管理模式与之相适应。一般而言，企业发展之初组织结构简单、资金活动量较少、业务活动单一，适合采用集权型财务管理模式。因为这种财务管理模式既便于宏观调控和整体战略方案的实施，较好地发挥统一决策和资源整合的优势，又利于提高母公司对子公司的财务控制力，防范经营风险。但是，随着业务的拓展及规模逐渐扩大，企业由初创期进入到成长期，集权型财务管理模式的弊端日益显露。由于在该模式下，子公司没有任何财务权限，这必然会挫伤其经营的积极性和主动性。同时，业务的扩大使得母公司需要处理的事情更为繁杂，过于关注子公司的财务状况势必会牵扯精力，影响母公司宏观统筹能力的发挥。加之，母公司不处于经营活动的"第一现场"使其不能即时、全面地掌握子公司的经营情况，从而影响其决策的及时性与有效性。为了克服集权型财务管理模式的弊端，企业的核心管理层开始逐渐放权，只保留对子公司重大问题的决策权与审批权。在混合型财务管理模式下，子公司拥有一定的财务决策权，这不仅有利于处在市场第一线的子公司根据市场环境的变化及时调整经营策略，而且有利于在企业内部做到合理分工，在减轻母公司烦琐的管理任务压力的同时较好地调动了子公司的主观能动性。另外，处在经营活动"第一现场"的子公司可以根据瞬息万变的市场情况即时地做出战略调整，抓住盈利的机会，在竞争激烈的市场中更好地立足。因此，当企业进入成长期，一般会选择混合型财务管理模式。随着企业由成长期转入成熟期，内部的会计制度、监督机制已经相当健全，这时企业就会给予子公司更多的财务自由度，采用分权型财务管理模式。但是，为了避免过度放权情况的出现，母公司的高层管理者又会在经营过程中逐渐收权，以此来保证自身的统筹地位。

（四）成员企业与母公司之间的关系对财务管理模式选择的影响

根据产权关系上的紧密程度不同，企业内部母公司与分、子公司之间的关系有亲疏之别。对于全资分、子公司，企业总部就控制了其所有的经营、投资、财务决策权力，如此母公司与分、子公司之间就适合采用完全集权型的财务管理模式。对于全部或大部分股权被母公司控制的分、子公司，由于它们只拥有一部分或少量日常经营活动的决策权，这种情况下总部与分、子公司之间就适合采用偏集权的混合型财务管理模式。对于母公司只持有一部分股份且不构成控股的分、子公司，母公司只有参与决策的权利，这种情况下总部与分、子公司之间就适合采用偏分权的混合型财务管理模式。对于财务决策上完全不受母公司控制的分、子公司，则比较适合采用完全分权的财务管理模式。

（五）母公司规模及实力对财务管理模式选择的影响

实力弱、规模小的母公司因总部缺乏足够的资金来源和管理人员，对资源的整合能力弱，往往较多地把决策权交给子公司管理层，实行分权管理模式。实力强、规模较大的母公司，因为拥有较强的经济实力、较多的管理人员和先进的信息化手段，可以实行集权型管理，通过系统的财务管理体系，控制分子公司的财务和经营活动。

（六）母公司文化、管理风格对财务管理模式选择的影响

企业在选择管理模式时，在相当程度上会受到母公司文化和管理风格的影响。企业文化意味着公司的价值观，是在企业长期经营活动中形成的，由企业全体员工共同遵守的经营宗旨和行为规范。如果一个企业的文化趋于保守、自我，则适合选择"集权型"的财务管理模式，如果一个企业的文化趋向于开放、民主，则适合选择"分权型"或"适度集权"的财务管理模式。另一方面，如果公司文化统一，员工的价值观和行为规范具有较多共性，会有利于实施集中管理；如果公司未形成统一的企业文化，集权管理的效率则会大大降低。

第二章 建立效能型财务会计管理体制与财务管理模式

随着市场经济的发展与社会主义市场经济体制的逐渐形成和不断完善，企业在我国得到了快速的发展，成为日益普遍的经济组织形式，随着企业规模的不断扩大，企业财务运作的内容和范围得到了相当大的延伸和拓展，同时在发展过程中出现了大量的问题，财务管理的模式和方法也处于激烈的变革之中。

第一节 新时代的市场经济对我国企业财务会计管理体制的要求

一、从经济环境看财务会计的目标

财务会计目标指的是财务会计所要达到的预期目的，这也是构成会计理论的基础，在经济环境下要想制定好财务会计理论结构，就一定要确立准确的财务会计目标。财务会计目标为企业财务会计的发展指明了正确的道路和方向，它的实现需要会计各规范制度的大力支持。财务会计目标是灵活变动的，它的制定是根据我国的经济状况、财务会计学的发展和市场环境的变化而变化，一般在短期内不会发生太大的变动。在新时期下对于我国的财务会计目标来说，我们一定要多引进国外一些比较先进的财务会计经验，并结合我国的实际情况，制定出适合自己发展的财务会计目标。但是这种目标的制定一定要切合实际，绝不能盲目地制定过高的财务会计目标，否则无法实现；也不能制定较低的目标，这样极易导致财务会计的职能得不到有效发挥。针对现阶段的财务会计目标我们更应该立足于自身的国情，走适合自己发展的道路。

（一）财务会计目标的基本内涵及发展

1. 财务会计目标的基本内涵

财务会计目标是指财务会计所要达到的目的，这是一种抽象化的概念，它是财务会计理论构建的前提与基础，并为财务会计未来的发展指明了正确的方向。财务会计目标的制定要服务于整个会计行业，它是连接会计理论与会计实践的桥梁，只有确定了目标，会计行业才会不断取得进步。在新时期下，财务会计目标的确定尤为困难，因为目前的经济环境比较复杂，不确定性因素增多，财务会计目标也是处于一直不断变化之中。财务会计目标的实现需要一个漫长的过程，它需要在会计理论思想的指导下，通过不断实践来完成，同时还要兼顾内外协调一致的原则，也就是说将财务会计内部的环境与财务市场外部的环境积极协调起来。财务会计目标主要包括两方面的内容——财务会计所提供信息的对象和提供什么样的信息，前者所注重的是财务会计的目标，而后者侧重于财务会计信息的质量。一般情况下，我们以经济、实用、稳定这几个特点来衡量财务会计目标的优越性。经济性主要指的是目标的实施一定要以降低成本为目的，同时还要考虑到财务会计目标实施的经济效益。财务会计目标的实用性指的是财务目标的制定和实施都要以满足财务会计的发展为目的，还要兼顾财务会计的实际情况，建立比较完整的财务会计体系。财务会计目标的稳定性要求财务会计目标的实施具有稳定的特点，不会经常变动。

2. 财务会计目标的发展史

财务会计目标已经经历了相当长的发展时期，它的出现还要起源于 12 世纪的欧洲沿海商业城市，当时正是资本主义萌芽时期，这种财务会计的产生主要是为了满足商业城市交易的需要，并提供一定的市场行情信息。随着经济的不断进步与发展，财务会计市场需求比原来都大了很多，传统的财务会计已经远远不能胜任产业革命的需要，这时财务会计目标进入了第二个发展时期也就是产业革命时期。这个时期所形成的财务会计目标比传统的会计目标更为明确，并建立了独立的财务目标体系，在企业的经营状况和债务累计方面都相对完善，同时财务会计还可以将财务市场的最新消息及时传递给公司，以便公司制定准确的对策。我国自从改革开放之后，经济出现了飞速的发展，金融市场也取得了巨大的进步，财务会计工作已经变得越来越重要了，尤其是在证券市场应用得最为广泛。但是我国的证券起步比较晚，属于舶来品，直到改革开放以后才开始引入我国，这给我国的财务会计带来了极大的挑战，因为证券市场的风险比其他金融产品市场风险还要高很多，波动性比较大。在这个时期，我国的财务会计目标借鉴了国外比较先进的技术经验，形成了一个统一、明确的系统。我国所颁布的《企业会计准则》中也明确规定了财务会计目标的实施是基于企业长期发展的需要而建立的。

（三）经济环境下财务会计目标所应该考虑的因素

1. 特定的会计环境

财务会计目标的实施需要一定的会计环境，它依赖于会计环境，同时还制约于会计环境，环境的变化势必会导致财务会计目标的变化，所以财务会计目标的制定需要充分考虑各种环境因素。特定的会计环境一般指的是一些跟会计产生、发展有着紧密联系的环境，同时还要根据企业内部和外部特定的经营状况。尤其是在现代的市场经济条件下，很多资本市场交易的完成往往不需要交易双方当面来完成，这就使财务会计工作比以前变得更为棘手，它不再是单纯的统计财务报表那么简单，而是还要综合考虑经营者的经营状况，并做出适当的投资决策。

2. 经济因素

经济因素是制约财务会计发展的关键因素，经济因素主要包括国家的经济发展状况和发展水平以及经济组织等方面。在社会主义经济体制下，我国的财务会计目标定位主要是满足社会主义市场经济的发展要求，同时在维护社会稳定和国家安全方面也具有重要的作用。经济因素是制约财务目标发展的最重要因素，因为只有通过复杂的经济活动才会促进财务会计的进步与发展，同时财务会计的发展又可以带动经济的发展。在社会主义市场经济体制下，财务会计可以为企业经营者提供有效的决策，保证投资双方的合法权益和利益。

3. 财务会计的客观功能

财务会计的客观功能也会对财务会计目标的实施产生重要影响，财务会计目标的制定是不是合理受制于会计的职能。财务会计本身的职能是将已经发生的企业经营活动完整记录下来，加工成比较全面的财务信息，并将这种信息及时反馈给企业的高层管理部门，以便他们制定出合理的经营决策。财务会计的监督管理功能主要是对财务会计活动的信息进行控制组合，以便企业的经营活动都能按照实现设计的计划进行。财务会计的客观功能是一种全面的、复杂的功能体系，它在会计信息系统中具有重要的地位，对于完善监督管理体制有很大的帮助，信息使用者只有正确理解与运用这些信息，才会达到财务会计的预期目标。

（四）经济环境下财务会计目标构建的原则

财务会计目标的构建需要充分根据我国市场经济发展的环境，同时还要合理掌握会计市场的运行规律，在满足信息使用者的基本前提下，制定出合理的财务会计目标。要根据财务会计目标的发展规律，考虑财务会计目标实施的可行性与可靠性，提高财务会计目标制定的整体质量，如果发现问题一定要及时处理，并制定出新的会计目标。随着经济全球化趋势的不断深入，财务会计取得了飞速的发展，但是我国的财务会计创新力度还远远不够，跟其他发达国家的财务会计制度还存在一定的差距。针对这种情况，我们应该应该加强与国际会计之间的交流与合作，结合自身的实际情况，制定出合理的财务会计目标。

经济环境下的财务会计目标制定一定要权衡利弊，综合考虑各种市场因素，还要根据国家的宏观调控政策，保护投资双方的利益。经济时代在促进财务会计目标的发展的同时，也带来了更为严峻的挑战，我们只有抓住这一机会，迎接挑战，才会保证财务会计目标的顺利实施。

二、知识经济时代对财务人员的素质要求

（一）新时期对财务人员的要求

进入21世纪，中国正以更广阔的视野、更加博大的胸襟和更加开放的姿态，大踏步地融入世界经济发展的大潮。在这个时期人类社会已由工业经济时代向知识经济时代过渡，这种变化将给人们生活方式、思维方式、工作方式及经济发展方式带来剧烈而深刻

的变革。在这场变革中财务人员只有及时地提高自身的素质，才能适应知识经济时代的要求。一名合格的财会人员，应该具备以下素质要求。

1. 通晓专业理论

在知识经济时代，最大的挑战莫过于对人的能力的挑战，而人的能力又主要取决于人的知识及知识转化为能力的程度。要想成为知识经济时代的一名合格的财会人员。必须有相关的知识做基础。

（1）熟悉会计基本理论。

一名出色的财会人员必须具有一定的会计理论基础和娴熟的会计实务技能。会计基本理论主要是研究会计学的质的规定性的，它主要由两部分构成：一是会计学和会计工作中一些基本概念，如资产、负债、所有者权益、收入、收益、费用、资金、营运资金、会计报表、合并报表等；二是会计工作质的规定性，如会计本质、会计属性、会计职能、会计对象、会计地位、会计任务等。这些是基本性的理论问题，构成整个会计理论体系的基石。财会工作者在实际工作中必须努力学习这些理论，力争熟悉这些理论，才能从较高的视角上把握工作的运行规律，提高财务分析能力，为领导决策提供有价值的建议。

（2）掌握会计应用理论。

在熟悉会计基本理论的同时，还应掌握会计应用理论。会计应用理论是研究会计工作量的规定性的，它主要研究会计工作的运行规则及完善问题，对会计实务有着直接的影响和指导作用。包括财务通则、财务制度、会计准则、会计制度。会计应用理论是会计基本理论的具体化，是联系会计基本理论与会计实践的桥梁和纽带。会计应用理论是与会计实务联系最密切、关系最直接、应用最强的理论，而且包含许多政策性规定，对此，财务人员必须要达到准确掌握和运用的程度。

2. 擅长计算机操作

计算机是知识经济的核心和支撑点，互联网是知识经济的高速公路，它们是知识经济的重要工具和载体，目前已大面积地渗透于各个经济领域和管理部门。因此，要求每个会计人员不仅要具备会计专业知识，还必须熟练地掌握计算机在会计核算、资金预测等工作中的运用。由于计算机的使用和网络的发展，使得数据的取得更加全面快捷，计算更为精确。会计工作既是一种生成信息、供应信息的工作，也是一种利用信息参与管理的工作。知识经济时代，企业管理的信息化也对财会人员的提高有了更高的要求。财会人员首先要在思想上树立创新精神，并利用一切先进的技术，掌握全方位的信息，不断完善自己的知识结构。使用财务软件是我国企业信息化的起步，企业要想规范内部流程和完善内部控制，只能从理顺企业财务入手，因此，高素质的财务人员必须具有丰富的科学交叉知识，既要精通财务又要懂得管理。还要熟悉高新技术在财会工作中的运用。

3. 运用外语交流

据有关权威机构统计，互联网信息中有93%是以英文形式发布，常见的网页设计及程序也都以英文为基础。英语作为语言体系中的支撑语言在日新月异的网络时代，起着举足轻重的作用，在会计信息实行电算化管理的今天，一名合格的财务人员如果在英语方面有所欠缺，何谈能够娴熟掌握计算机操作知识，何谈对财务软件的常规使用和简单维护，何谈计算机在财务工作中的中枢工具作用？

4. 良好的职业道德

财会人员职业道德就是财会人员在会计事务中，需要正确处理的人与人之间经济关系的行为规范总和，即财会人员从事会计工作应遵循的道德标准。它体现了会计工作的特点和会计职业责任的要求，既是会计工作要遵守的行为规范和行为准则，也是衡量一个财会人员工作好坏的标准。财会人员职业道德修养主要应体现在以下四个方面：

（1）熟悉法规、依法办事。财经法规是财务人员职业道德规范的重要基础。财务工作涉及面广，为了处理各方的关系。要求财务人员做到"不唯上、不唯权、不唯情、不唯钱、只唯法"。

（2）实事求是、客观公正。这是一种工作态度，也是财务人员追求的一种境界。

（3）恪守信用、保守秘密。财务人员应当始终如一地使自己的行为保持良好的信誉，不得有任何有损于职业信誉的行为，不参与或支持任何可能有负职业信誉和泄密的活动。

（4）敬业爱岗、搞好服务。热爱自己的职业，是做好一切工作的出发点。财务人员明确了这个出发点，才会勤奋、努力地钻研业务技术，使自己的知识和技能适应具体从事的财务工作的要求。

随着社会经济的发展，随着财务人员从业人数的增加，企业财会人员的质量成为企业管理层关注的重点问题。财务管理工作，作为企业生产经营过程中相对基础的工作，需要财会人员在与企业其他经济部门的合作下，对企业生产经营过程中发生的经济业务，进行全面处理与分析工作。从而在确保企业财务管理不存在管理漏洞的基础之上，有效地对企业财务会计工作进行管理与发展。企业财会人员应具备的专业素质，要求财会人员在工作中必须具备处理财务问题的一定的基本能力以及专业能力。并且能够根据企业经济业务发展的需要，随时学习专业的知识理论，在专业知识以及相关财会法规的指导下，顺利地进行企业财务管理的工作。

（二）在财务管理中提高财务人员素质的必要性

1. 企业资产安全管理的需要

在企业的运行和发展过程中，资金是企业生存的重要保证，是企业获得长远发展的基本前提。所以，在财务管理的过程中，财务工作人员应该合理运用企业资金，降低企业资金的使用风险，保证企业的稳定健康发展。财务工作人员每天都要接触到大额的金钱，应该保持一种良好的心态，抵制住金钱的诱惑，只有这样，才能够保证企业资金的合理有序运行。在现实生活中，由于财务人员经济犯罪导致企业资金流失的情况时有发生，给企业的发展产生了巨大的阻碍作用。所以，为了保证企业资金的安全和合理流动，提升财务工作人员的素质显得十分重要。

2. 信息社会发展的需要

随着科技的不断发展和计算机日益普及，会计电算化逐步成为财务人员的新工具。网络财务由于充分地利用了因特网，使得企业财务管理、会计核算从事后达到实时，财务管理从静态走向动态，在本质上极大地延伸了财务管理的质量。随着信息社会的发展，对财务工作人员的技能提出了越来越高的要求。大多数财务工作人员对信息化掌握的程度还不够，往往都是停留在简单的加减乘除的计算上。虽然相关部门对财务人员的计算机水平进行培训，但是成绩并不明显，财务人员与当前信息社会的差距还很大。所以，面对当前计算机信息技术的普及，进一步强化财务工作人员的素质势在必行。财务人员应该加强自身学习，熟练掌握计算机操作，同时要学会和自身岗位相符合的财务应用软件，以便能够更好地进行财务报表和财务分析，保证财务工作的有序进行。

3. 专业技术能力提高的要求

在财务人员的工作中，能力的不同对工作产生的效果也是不尽相同的。一般情况下，不同专业能力的财务人员会有着不同的职业选择和判断，就会产生会计信息质量的差别。在财务工作过程中，有些财务人员由于自身专业知识和文化知识的缺乏，对财务改革和新的财务制度、财务准则很难做到熟练掌握和应用，所制造出来的大量会计信息不符合新的财务制度、财务准则的要求，有的甚至出现大量的技术性和基本原理差错，以至于影响决策者的决策。随着当前业务范围和业务要求的提高，对财务人员的专业技术能力提出了很高的要求。为了能够保证财务工作的顺利开展，已经要加强财务人员的专业技能和综合素质。

4. 应对当前财务犯罪的需要

随着当前改革开放的不断深入和市场经济体制的发展，利益主体出现了多元化的趋势，很多人经受不住利益的诱惑，出现了各种违法犯罪的行为。在当前财务工作的进行中，有些财务人员自身素质不高，往往经受不住利益和金钱的诱惑，擅自挪用贪污、挪用公款，出现了很多违法犯罪的问题，给企业和国家造成了很大的损失。财务人员在财务工作中的地位非常重要，是财务工作的核心环节。因为，为了能够有效防止各种财务犯罪的产生，一定要从财务人员入手，进一步强化财务人员的综合素质，优化财务人员的价值观念，保证财务工作的顺利开展。所以，提高财会人员的素质是当前财务部门的当务之急。

（三）在财务管理中提升财会人员素质的策略

1. 加强财务人员的思想政治教育，提高职业道德

财务人员在财务工作中的地位非常重要，是财务工作的核心环节。财会人员在加强自身业务技能的同时，一定要不断强化自身的思想政治教育，加强财会工作人员的纪律教育，不断提高财会人员的职业道德。首先，加强思想政治理论学习。财务相关部门要

定期举行思想整理理论学习，认清社会发展的基本规律，掌握当前社会发展的主要形势，坚定不移地贯彻和落实党的基本方针政策，把党的基本政策和理论作为财会工作的行为准则；其次，大力提高财会人员的职业道德。在财会工作过程中，财会人员的职业道德是财务工作的具体体现。因此，要不断强化财会人员的职业道德，做到原则明确、积极监督、努力生产、加强预测，从而保证财会工作的顺利进。同时，在财务工作中，不管是财务人员还是财务整体一定要按照相关的法律法规制作各种财务账单，进而能够更好地构建一个完善的制度来监督内部的财务，坚定立场，遵守法纪法规，依法执行自己的职责。

2. 强化财会人员的职业技能

随着科技的不断发展和计算机日益普及，会计电算化越来越深入到财务工作的每一个环节。在实际的财务工作中，计算机已经取代了以往的算盘和笔，财会工作逐步进入到一个计算机操作的世界。首先，财务工作人员要加强计算机软件学习。随着当前信息社会的发展，财会人员一定要熟练掌握各种财务软件的操作，以便能够更好地进行财务报表和财务分析，保证财务工作的有序进行。其次，加强对财务人员的技能培训。企业、事业单位等相关部门要把对财务人员的培训工作放到一个重要的位置，定期举办各种培训，让财务人员不断掌握新的技术和能力，能够更好地应对当前社会的发展，能够保证财务工作的准确和、进而能够更好地保证财务工作的顺利稳定运行。最后，鼓励财务人员参加职称资格考试。为了适应时代的发展，相关部门要鼓励财务人员进行各种职称资格考试，制定各种学习的计划，大力支持财务人员通过财会专业函授学习或会计教育自学考试学习，不断提高自身的能力和水平，积极参加各种会计资格考试、会计师资格认定考试。同时，相关部门要对取得优秀成绩的工作人员给予物质和精神上的奖励，从而保证整个财会人员素质的提高。

3. 加强财会工作人员的法制观念

面对当前财会人员犯罪问题的严重性，加强财会工作人员的法制观念势在必行。首先，要做到懂法。财会人员要加强对法律法规的学习，尤其是要熟悉涉及财会类的法律法规，做到知法、懂法。其次，要做到依法办事。在财会工作中，财会人员每天会接触到很多的金钱，如果财会人员不懂法律，往往会出现一些问题。所以，财会人员应该按照相应的法律法规，在法律法规的允许下进行财会工作，时刻保持自身的法制性，从而保证财会信息的完整性、合法性和准确性，保证财务工作的顺利开展。最后，要学会利用法律武器抵制各种违法犯罪行为。在工作中，财会人员要时刻做到廉洁奉公，以身作则，坚决抵制享乐主义和拜金主义的侵蚀，保持自身的纯洁性；同时，要拿起法律武器，勇于同某些肆意违反国家财务政策及法律、法规的行为做坚决的斗争，做到不合法的事情不办，有效维护国家的财产利益。

4. 建立良好的财务工作环境

在财务工作的过程中，建立良好的财务工作环境具有十分重要的意义。在企业管理中，财务管理的中心地位，并不是指把财务部门的工作作为中心内容，也不是把财务人员作为中心，而是要求财务管理起到纲举目张的作用，通过抓财务管理带动企业各项管理工作的提高。首先，加强单位领导及有关人员共同参与。要想在一定程度上提高财会人员的整体素质，单靠财务人员自身是不行的，一定要不断加强单位领导和员工的共同参与，形成一个良好的工作环境，这样才能保证财务人员素质的有效提升。其次，加强领导对财务部门的重视。在企事业的发展过程中，企业领导要重视财务部门，重视财务人员，把财务工作放到一个非常重要的地位，要认识到企业管理应以财务管理为中心，保证财务工作的顺利开展。最后，各级领导要关心财会人员，切实保障财会人员的合法权益。在财务管理工作中，相关领导要加强对财会人员的鼓励，对于取得优异成绩的员工进行物质和精神的奖励，不断提高财会人员的积极性和主动性，从而保证财务工作的顺利开展。

随着市场经济的快速发展，财务管理在企业管理中的地位越来越重要，对企业的长远发展有着不可替代的作用。加强财务管理，不断提高财会人员素质，具有十分重要的时代意义。高财会人员的综合素质一方面是财务管理的重要内容；另一方面又是提高企业经营管理工作的关键所在。因此，在财务工作过程中，财会人员要不断加强自身能力水平的提高，不断优化和完善自身的业务素质。只有提高了财会人员素质，企业财务管理才能适应当前市场经济和改革开放的要求，企业的经营管理才能上一个新台阶，从而在市场经济中处于不败之地，进而取得更好、更快的发展。

第二节 目前我国企业财务会计管理体制存在的问题及改革重点

自改革开放以后，我国的企业取得了高速的发展，企业规模也不断地壮大，新科学技术和新商业模式的出现，企业也应运而生。近年来，随着企业改革的深化发展，各个企业也采取了一系列形式对现有企业模式进行了改革、重组，并拓宽了业务范围，壮大了企业规模。但是就我国而言，企业发展的时间较短，在短时间内还处于粗放经营的模式，这就使得企业在经营和管理的过程中存在诸多问题。就企业当前的财务管理而言，还存在财务体制不完善、财务信息建设不充分等问题，这些问题的存在，严重地制约了企业的进一步发展，成为企业发展的瓶颈。企业作为我国国民经济的重要组成部分，是我国经济发展的中坚力量，面对当前企业在财务管理体制中存在的问题，必须予以重视，采取有效的措施，加强财务管理体制的完善，提高财务管理水平。

一、当前我国企业在财务管理体制中存在的问题

随着科学技术和社会经济的快速发展，我国企业也取得了良好的发展，其规模也在不断扩大，业务也在不断增多，为我国经济的发展也做出了贡献。但是我国企业在取得迅速发展的同时，在财务管理上还存在诸多的问题，严重地制约了企业的进一步发展，主要表现在以下几个方面。

（一）缺乏完整的财务管理体制

当前企业在财务管理中存在财务管理体系不健全的问题，主要包括以下几个方面：首先，在内部财务管理上，还缺乏对资金的控制，企业内部资金控制和资金流向之间还存在信息不对称的问题，资金控制和资金流向存在脱节，这就使得财务管理部门不能够实时掌握内部资金动态，只能根据财务报表中的内容完善相关指标的考核，其考核的结果也是不准确的，不能满足当前企业对资金控制的要求。其次，财务控制中存在过度集权的问题，这就使得企业的子公司缺乏活力，积极性和主动性得不到提高；同时，分权过度的问题也使得企业财务管理比较分散，不能集中管理，控制力也不强，不能发挥好财务管理的作用。最后，企业财务监督还缺乏监督力度，企业对财务控制力度不够，使得企业的经营效益得不到提高，甚至出现了效益下滑的现象，导致资金大量流失。

（二）财务危机预警体系有待完善

随着社会主义市场经济体制的进一步改革和完善，各企业在市场中的竞争也日益激烈，企业在市场经济中存在的财务风险也就进一步加强。企业财务风险管理是企业财务管理的重中之重，并贯穿于财务管理的始终，财务危机预警是企业内部控制的重要手段之一。企业经营的好坏与否，主要在于企业对经营资金是否合理利用，因此，建立完善的财务危机预警体系，对企业提高财务风险管理水平显得尤为重要。但是当前企业的财务危机预警体系还处于建设的初级阶段，其体系大多是借鉴西方发达国家企业的财务危机预警体系，还没有建立符合我国国情的财务危机预警体系。

（三）财务信息系统有待完善

21 世纪进入了信息化时代，各个企业之间也先后引入了信息化建设。信息化建设是企业财务沟通的重要渠道，是实现信息共享和信息交流的重要平台，也是和子公司沟通的重要途径。但是当前企业在信息化建设中还没有实现完全信息化建设，财务管理人员综合素质不高，不能对现代信息技术进行合理的运用，使得财务管理水平得不到提高。另外，财务信息系统不健全，使得各子公司之间财务信息缺乏可比性，信息沟通阻断，不利于内部之间的协作。

二、企业财务管理体制改革重点

随着经济全球化、贸易一体化步伐的加快、科技信息技术的飞速发展，为我国发展提供了良好的环境。但是，也经历了一些复杂的、特殊的公司财务管理问题、公司治理

问题，使经济效益下滑，特别是财务管理体制问题更为突出。为此，亟待在向国外先进经验学习、借鉴的同时，根据自身的发展状况，充分考虑我国国内的社会条件、经济形势等因素，逐步找到真正适合我国成长规律的财务管理体制。

（一）财务管理体制现存问题分析

1. 组织机构设置存在的问题

有的企业财务体制建设才刚刚起步，还没有建立明确的财务管理组织结构。首先，财务部门缺乏对财务管理的重视，仅限于做好会计核算工作，并未将财务管理的职能作用全部发挥出来，从而导致企业的管理缺乏方向性，财务状况堪忧。现行的企业制度中要求企业的财务人员必须做到：完成最基本的会计核算工作、完成财务管理工作、通过对相关财务数据的分析完善经营流程、在有效降低成本的同时加快资金的流转，从而实现价值最大化。但是，很多企业并未真正实现这一理想目标。其次，对于总会计师而言，一定要履行更多的财务监督职责和价值管理职责，在董事会、经营者之间形成相互的制衡关系，尽量避免在经营中出现"道德风险""逆向选择""内控人控制"等问题。例如：在企业的管理中，董事会是企业进行重大问题决策的主要机构，随着企业董事会规模的扩大，董事会成员之间的协调、沟通、制定决策的难度不断增加。这也就阻碍了企业技术创新、改革创新思路的拓展与突破，从而降低了企业的经营效率、增加了财务风险的发生。另外，如果董事会的规模超大，那么董事会成员之间将会产生相互依赖、心存侥幸的心理，而当企业真正面临风险时，董事会中的成员们都不会采取积极的、有效的、科学的措施来应对。

2. 财务管理制度存在的问题

我国很多企业已经在日常生产经营中逐渐意识到财务管理的重要性，已经着手对本企业的财务管理体制进行改进，并由企业的财务部门、企管部门共同根据企业内部的实际情况起草制度，例如费用审批制度、资金审批制度、费用预算制度等。这些制度看似囊括了内部的资金运营状况，但是制度的本身还不完善、不健全，特别是在投资、筹资、成本考核等方面并没有形成一整套集预算、控制、分析、监督、考核为一体的管理体制。可见，这种缺乏约束性、系统性、全面性、科学性的制度对的发展极为不利。例如：对于资金的管理，一般的企业在合并其他子公司后都希望在短期内能够驱动子公司进入市场，并占领市场份额，而对子公司其他方面的控制与管理存在着缺陷。特别是对于子公司资金的监管与资金使用效率的提升、挖掘方面更是千差万别，从而造成企业很难站在企业战略发展的高度来对各项资金的投资、融资活动等进行统一的规划和安排。

3. 高管薪酬设计中存在的问题

目前，很多的高管采取的是年薪加提成的方式，对高管业绩衡量的标准与依据就是净收益指标。如果净收益指标完成了那么可以拿到年薪，有超额的可以实现提成。但是，会计系统又完全是在高管的控制势力范围之内。很多国内外成功的经验表明，股权激励对于有效地改善公司的治理结构、降低代理成本、有效地增强企业的凝聚力、提升企业的管理效率、提升企业的核心竞争力等有着积极的促进作用。需要指出的是，股权激励不同于传统的经营者持股。股权激励和实施能够有效地促进企业的经营者更加关注企业的长远发展、能够有效地激发企业经营者的创新意识、能够有效地帮助企业以较低的成本留聘经营者。股权激励机制将上市公司的管理层的薪酬与股价进行了有机的结合，但是这样很可能会导致上市公司管理层出现机会主义行为，例如：公司的管理层在财务信息披露、盈余管理、经营决策中为了使之朝着有利于自己的方向发展，而对公司的股价、业绩等进行影响、干预。

（二）财务管理体制的构建

1. 体制的设计应与财务环境因素相匹配

财务管理环境主要是指对企业财务活动产生影响作用的企业的各种环境因素的总和。任何体制的建立都不能脱离环境因素，并且不同的系统之间、体制之间是相互影响、相互作用的。企业的环境因素主要包括宏观的政治因素、经济环境因素、法制制度环境、金融市场环境因素、社会文化传统因素、技术发展环境因素，这些均属于企业的外部因素；产权结构、文化与领导的处事风格、生命周期、法人治理结构、董事会的定位、组织形式等因素均属于企业的内部环境因素。因此，财务管理体制的设计应适应财务管理的环境。

2. 财务管理制度的构建

财务管理制度的构建应从财务管理的资金筹措、公司的运营、资金的投放、利益的分配、财务信息等方面进行设计。每个内容的设计都必须贯穿企业经营过程的整个环节，并在财权的划分上充分体现出决策、执行、监管的三权分立原则。对于母公司而言，应把控好对其他企业投资的权利、资金筹措与管理的权利、资产处置的权利、收益分配的权利；子公司应把控好单一的经营权、限额内的对内投资权等。可以通过建立财务共享中心来实现资金的集中管理。

3. 全面预算控制体系的建立

全面预算并不是独立于企业的各项经营活动而独立开展的，而是作为企业组织经营活动中的一种重要的管理与控制手段，与企业的投资决策账务核算、绩效管理等共同构成保证企业可持续发展的重要保障。在信息化环境下，企业全面预算管理的实现需要根据其长远的战略规划、发展目标进行预算的编制、执行、监控、调整与分析。企业全面预算的各环节之间是相互影响、相互制约的，这些环节通过循环完成企业的全面预算管理。信息化环境下的全面预算借助网络的环境运行，保证了预算的准确性、合理性、规范性、科学性，为我国企业增强核心竞争力，进军国际市场奠定了基础。

4. 不断提升资金的集中度

企业应遵循尊重现状、立足长远发展的实际情况，在兼顾资金的集中使用进度、融资需求、风险管理等多方面的综合因素的情况下，稳步推进资金集中管理，并分类分步实施资金的集中管理模式。对于经营性资金的集中管理，可以财务收支两条线和收支合一相结合的管理体系，将收入账户中超过限额的资金划转到共享中心的资金池中，同时，财务资金共享中心应按预算拨付到成员单元的支出账户上或者实行联动支付的方式。对于专项资金，应采用成员单位基建、科研等专项资金的集中管理方式，要求各成员单位必须将专项资金纳入到集中管理体系中。避免出现资金沉淀，专项资金被挤占、挪用等风险的发生。

5. 加强企业资金管理风险评估体系建设

随着企业经营环境的变化，在实现战略发展目标的过程中，将面临各种潜在的风险。这些风险发生的概率、影响程度等都是无法实际估量的。对于企业而言，建立资金集中管理流程的动态风险评估体系主要从风险目标的设定、风险的识别、风险的分析、风险的防范与应对这四个不同的方面着手。一定要注意对风险评估的持续性进行研究，将风险变化过程中发生的各种相关信息进行及时的收集与整理，定期或不定期开展风险评估，并对风险防范措施进行实时调整。

第三节 现代企业制度下财务会计模式的转变

现代企业制度是一种政企分开、管理科学的企业制度，它是市场经济发展的必然产物，是市场经济的开放性要求企业面向国内外市场法人实体和市场竞争主体的一种机制，它对企业的财务会计模式提出更高的要求。而一种会计模式受制于其所处的社会经济环境，随着信息技术革命的推动，网络经济时代和新知识经济时代的到来，企业在产业结构和经济增长方式等方面发生巨大变化，而传统的会计模式已难以适应企业的发展需要，以信息技术为核心和人力资本为管理中心的现代企业管理制度必然导致企业财务会计模式的转变。

一、企业传统会计模式缺陷分析

传统的会计流程独立于业务流程之外，它是会计人员以单位货币为计量工具，在会计核算的前提下，对企业的经济业务进行记录及审查。当企业经济业务活动发生后，会计人员根据原始凭证进行记账、编制。会计人员基本上不涉及业务方面的工作，仅负责业务方面的单据流转和记录。因此，在传统会计模式下，会计人员的工作缺乏灵活性，按部就班，对企业经济活动进行核算监督，缺乏参与管理决策，会计人员的地位和工作未得到应有重视。这里除受到传统经济发展模式和会计人员本身能力素质限制外，还和企业整体环境及企业领导的现代意识有关。而电算化会计只是将传统会计核算流程的计算机化，并加以运用现代网络技术及数据仓库管理，它只是发挥计算机的数据统计和记忆储存功能，未充分认识到网络知识经济对现代会计模式转变和企业经济增长转型的重要作用。激烈的市场竞争和企业经营环境的不稳定性，造成企业经营风险的增加，使企业决策层对企业数据的管理提出更高要求，会计数据的及时、准确和共享性是企业内部决策必不可少的，而传统的财务会计模式显然不适应现代管理的需要。以传统会计核算中，没有将人力资源作为一项资本进行核算的这一缺陷为例。

人力资源对经济增长的贡献份额越来越大，这点已被人们广泛认同。知识经济的兴起，意味着"知识与信息"已成为经济发展的关键生产要素，而知识与信息的生产、传播与利用必须以相应的人力资本为基础，因此人力资源已成为关系企业甚至国家竞争力的关键因素。人力资产所具有的特殊性要求我们在把人力资源"资本化"、用货币计量的同时，又必须要结合非货币的手段，运用会计的专门方法，对一定组织的人力资源进行连续、系统、全面的计量、核算、报告和监督。任何会计制度，都应该是以对经济生活的具体现实的有效归纳而不是以某种理论依据为主要基础，应该是以满足经济运行而不是理论论证的需要为根本目的。

（一）会计核算现状研究

1. **人力资源会计的主要观点**

人力资源会计是以货币为主要计量单位，结合其他非货币手段，运用会计的专门方法，对一定组织的人力资源进行连续、系统、全面的计量、核算、报告和监督的管理活动。人力资源会计即包含于计量人力上的投资及其重置成本的会计，也包含用于计量人对一个企业的经济价值的会计。因此，目前人力资源会计形成两大分支：人力资源成本会计和人力资源价值会计。前者是为取得、开发和重置作为组织的资源的人所引起的成本的计量和报告。它认为对人力资产应按照其获得、开发和重置作为组织的资源的人所引起的成本的计量和报告。它认为对人力资产应按照其获得、维持、开发过程中的全部实际耗费人力资源投资支出作为人力资产的价值入账，即把人力资源的成本予以资本化。后者是把人作为价值的组织资源，而对它的价值进行计量和报告的程序。它主要考虑到人力资源的能动性，即创利能力，认为人力资源会计报告的不是取得和开发人力资源所付出的成本，而应是人力资源本身具有的价值，即具有一定智能的劳动力资源的价值。

2. **会计核算中资本化的人力资源的重要性**

传统会计中财务报告所反映的是企业的资产、负债、所有者权益等会计信息，是向外界投资者披露的企业财务状况的重要渠道。而随着知识经济时代的到来，传统会计中对向外界投资者所披露信息的局限性已显现出来。首先，传统会计在核算上建立基本假设、原则、会计要素、利润分配等方面这一会计理念上，而这些会计假设在核算中往往忽略了人力资本的特殊情况。人力资本在资本化过程中受到传统会计理论的某些瓶颈的约束，如传统会计的基本假设中的货币计量假设，币值不变对于人力资本的计量准量性就存在局限性。对人力资本要素的计量还需要非货币的计量，这也是一大局限性，作为生产要素的主体的人，在会计核算中没有反映出给企业创造的未来价值，没有体现出核心地位。其次，放置在实物资产上的价值量的大小与企业创造效益、市场价值之间的相关性以及外部投资者对企业现状全部真实情况的了解已严重脱节。

（二）传统会计核算模式中存在的问题

1. 传统会计核算模式的缺陷

传统会计是系统化、从实践中逐渐总结形成的一整套完整的理论，也是一个经济管理的工具。在实践检验中，传统会计模式存在严重的缺陷，只是在传统的管理体制下没有完全表现出来而已。如它只能进行事后核算，而起不到预测和控制的功能。而知识经济时代则充分反映出它的弊端。如费用是指企业作为销售商品、提供劳务等日常活动所发生的经济利益的流出，它将引起所有者权益的减少，但随着企业转变为知识型企业，作为人力资产的投入价值，随着价值的投入便转化成了企业的人力资本，成为企业的一项资产，它并没有引起企业所有者权益的减少，而只是产生的变化而已。因此，人力资源的相关费用应予以资本化为一项资产核算，而不应该再作为一项费用核算。但在传统会计核算中，人力资源作为一项费用核算，作为损益项目双倍的递减了所有者的权益，从而使名义上的企业资产减少，利润减少，资产负债表和损益表的数据发生扭曲。几十年来，虽然这一理论缺陷遭到冲击，但最终没有在实践中体现出来。

2. 人力资源会计对传统会计的冲击

传统会计的计量与报告都是建立在以有形资产计量为核心的基础之上，只适用于传统的工业社会。特别是当今知识经济时代要求传统企业向知识型企业转变的情况下，只有对企业进行全面了解，才能帮助投资者进行决策。而传统会计难以提供详细的决策信息，企业内部的任何信息特别是会计信息应尽可能详细、系统、全面和真实可靠。决策者关于企业的人力资源管理方面决策很大程度上建立在关于企业人力资源的投入方面，从中吸取相关重要的信息，以便做出正确决策。但是传统会计上，企业是不计量人力资源成本的，使管理方面可能低估成本，导致决策失误。投资于人力方面的支出，企业往往作为当期费用，这使人力资产被大大低估，而费用则上升。另外，企业重心的转移也应随整个经济生活的发展而在变化。这必将冲击传统会计的变革，加速企业的发展，这种变革将辐射到各个领域。为了适应一定变革，要求我们重新构建会计核算体系和框架，建立一个适应当今时代的能全面反映知识经济时代企业所拥有或控制的经济资源的真实价值及其结构变化的会计体系。使人力资源资产和其他资产的真正价值在会计反映中的比重不断提高，得到价值的体现。

3. 人力资源会计对税收政策的冲击

公平合理是税收的根本原则和税制建设的目标。征税的宗旨是有利于提高效率，由于传统会计政策没有将人力资源资本化，而是将部分人力资源开发费用予以费用化从而增加了本期费用，减少了利润。在缴纳所得税时，大大减轻了企业纳税负担，这本是国家在政策方面给予企业的倾斜，有利于企业的生存与发展。但由于在不同的企业和企业的不同发展阶段以及不同时期所采取的相应政策是不同的。这样就体现不出公平合理的原则。又由于人力资本在企业运行过程中所起的作用为企业创造的价值是难以用货币来衡量的。高效率的企业在激励作用下，也给企业带来了很大的隐患，如不正当竞争等。作为一个国家经济的发展离不开一个良好的政策，作为一个国家机器在运行中运用税收政策杠杆发展经济是正常的。要想发挥好这一杠杆作用，就必然将税收合理而充分的量化。才能体现出公平与效率的统一，只有变革传统会计核算的框架才能适应现代企业管理需要。

（三）人力资源会计适合时代的要求

人力资源会计理论研究趋势随着人力资源会计理论的发展，产生了一些人力资源的新模式和新理论。例如，针对传统人力资源会计模式的不足，有的学者构建了劳动者权益会计框架。通过提出人力资产投资、人力资产、人力资本和劳动者权益等概念，对传统会计公式进行了重构，并论述了人力资本参与企业盈余价值分配的均衡机理和基本原则。从而，通过劳动者权益明确人力资源的产权归属，从根本上调动劳动者的生产积极性，初步解决了传统人力资源会计模式的不足。还有的学者提出了建立在生产者剩余基础上的人力资源会计计量模式。理论的创新之处在于通过分析企业所获得的经济剩余，明确指出企业剩余价值中的消费者剩余部分为企业投资者所有。而作为生产者的权益，剩余价值中的生产者剩余部分应归生产者所有。人力资本作为能够获得剩余价值的人力资源价值，表现为人所具有的创造剩余价值的潜在能力或生产能力，在此基础上，人力资本参与企业分配的形式可以有职工股、绩效工资等，也是切实可行的人力资源价值会计。

人力资源会计的设计与应用应遵循的原则包括会计信息质量的基本原则、会计处理的基本原则等，但最重要的还是成本效益原则。人力资源会计制度是一项创新的制度，它的设计应经济合理、简明实用，有较强的适用性与可操作性。首先，它应该也可以包容于原有的传统会计系统，以减少对传统会计的冲击。其根本原因在于，传统会计系统本身就是关于组织拥有或控制的各种资源的货币计量的信息系统（尽管原来对人力资源的计量反映很不充分），而人力资源会计的主要目的也正是要提供关于人力资源的货币计量的信息。其次，虽然从理论上说，只要是组织拥有或控制的人力资源就应成为人力资源会计的核算对象。但是组织人员众多，要对每项人力资源进行同样详尽的记录反映既不经济，也不符合现实条件，因此必须根据重要性原则与成本效益原则进行分类处理。人力资本理论的创立者、美国著名经济学家舒尔茨指出："并非一切人力资源，而是通过一定方式的投资并掌握了专门的知识和技能的人力资源才是一切资源中最重要的资源，即人力资本。"因此，可以把由于先天的天赋与后天投资而形成的、专业性的、特殊性的人力资源称为人力资本。人力资源的属性确认，企业不能声称对其人力资源拥有所有权，它只是通过产权交易拥有了它的支配权等派生权利。

人力资源会计为推动我国企业的发展是不可或缺的，是适应经济发展的趋势，促使我国会计行业不断探索，解决传统会计不适应经济发展的矛盾。促使会计理论不断完善成熟，人力资源会计和传统会计的融合，形成适合我国现代企业的自己的一整套完善的会计体系。在实践中为企业创造经济效益，为社会创造效益。

二、现代企业制度下的企业会计模式

如今，为了更好地推动我国企业的发展，需要在现代企业制度下对企业会计模式进行研究，使其更好地服务于企业的发展。现代企业制度下的会计模式虽发展迅速，但是在发展过程中还存在着较多的问题，主要体现在财务基础薄弱，财务控制力差；企业财会人员风险意识弱，财务会计人员综合素质低等方面。企业应建立多元化的现代企业财务会计目标模式及工作模式，加强财务会计工作的监督检查力度，加强对财务会计人员的培训及教育，实现管理制度、信息系统和监督体系三者之间的协调统一，进而不断的规范现代企业制度下的财务会计模式，从而不断地提高财会企业的工作效率以及经济效益。

（一）企业会计模式的构成

1. 会计机构设置

会计机构，顾名思义就是维持会计工作有序并有组织的进行工作的一项组织机构。会计机构在整个经济领域中起着调节经济的发展以及维持一个较为稳定的工作环境的作用。通过设置一定的会计机构，可有力地协调各部门之间的工作，使会计的各个部门处在一个平衡稳定的工作环境，以此来不断地改进会计工作以及提高会计的信息质量。此外，会计机构在发挥作用时，应具备以下特征：第一，目标一致。会计机构应遵循国家制定的有关法律法规，并有效的结合企业的主要目标，进而完成相应的会计工作。第二，加强各部门之间的协调力度。会计机构在工作的过程中，一定要加强注重各部门之间的协调力度，进而才能提升整体的工作效率。第三，明确各个部门的职责。要想保证会计机构各部门之间的有力协调，就必须明确各部门之间的职责，使各个部门各司其职，互相协调，进而提高会计的工作效率。

2. 内部控制制度

内部控制制度是企业会计模式中的主要构成部分。通过设置一定的内部控制制度，可有效地保障会计信息的可靠性以及有效性。所谓的内部会计制度就是会计企业内部的一种制度，即企业内部中各部门之间以及相关人员之间在处理经济业务的过程中所要遵循的一种经济制度。设置内部控制制度可有效地协调各部门之间的工作以及不断规范各部门的工作流程。为了发挥内部控制制度在会计机构中的作用，我们就需引入一定的会计方法和程序。随着会计行业的快速发展，现代的会计内部控制方法与程序也是多种多样的，其中主要包括内部审计控制、授权标准控制等。通过对会计方法以及程序进行规的不同发展阶段以及不同时期所采取的相应政策是不同的。这样就体现不出公平合理的原则。又由于人力资本在企业运行过程中所起的作用为企业创造的价值是难以用货币来衡量的。高效率的企业在激励作用下，也给企业带来了很大的隐患，如不正当竞争等。作为一个国家经济的发展离不开一个良好的政策，作为一个国家机器在运行中运用税收政策杠杆发展经济是正常的。要想发挥好这一杠杆作用，就必然将税收合理而充分的量化。才能体现出公平与效率的统一，只有变革传统会计核算的框架才能适应现代企业管理需要。

（三）人力资源会计适合时代的要求

人力资源会计理论研究趋势随着人力资源会计理论的发展，产生了一些人力资源的新模式和新理论。例如，针对传统人力资源会计模式的不足，有的学者构建了劳动者权益会计框架。通过提出人力资产投资、人力资产、人力资本和劳动者权益等概念，对传统会计公式进行了重构，并论述了人力资本参与企业盈余价值分配的均衡机理和基本原则。从而，通过劳动者权益明确人力资源的产权归属，从根本上调动劳动者的生产积极性，初步解决了传统人力资源会计模式的不足。还有的学者提出了建立在生产者剩余基础上的人力资源会计计量模式。理论的创新之处在于通过分析企业所获得的经济剩余，明确指出企业剩余价值中的消费者剩余部分为企业投资者所有。而作为生产者的权益，剩余价值中的生产者剩余部分应归生产者所有。人力资本作为能够获得剩余价值的人力资源价值，表现为人所具有的创造剩余价值的潜在能力或生产能力，在此基础上，人力资本参与企业分配的形式可以有职工股、绩效工资等，也是切实可行的人力资源价值会计。

人力资源会计的设计与应用应遵循的原则包括会计信息质量的基本原则、会计处理的基本原则等，但最重要的还是成本效益原则。人力资源会计制度是一项创新的制度，它的设计应经济合理、简明实用，有较强的适用性与可操作性。首先，它应该也可以包容于原有的传统会计系统，以减少对传统会计的冲击。其根本原因在于，传统会计系统本身就是关于组织拥有或控制的各种资源的货币计量的信息系统（尽管原来对人力资源的计量反映很不充分），而人力资源会计的主要目的也正是要提供关于人力资源的货币计量的信息。其次，虽然从理论上说，只要是组织拥有或控制的人力资源就应成为人力资源会计的核算对象。但是组织人员众多，要对每项人力资源进行同样详尽的记录反映既不经济，也不符合现实条件，因此必须根据重要性原则与成本效益原则进行分类处理。人力资本理论的创立者、美国著名经济学家舒尔茨指出："并非一切人力资源，而是通过一定方式的投资并掌握了专门的知识和技能的人力资源才是一切资源中最重要的资源，即人力资本。"因此，可以把由于先天的天赋与后天投资而形成的、专业性的、特殊性的人力资源称为人力资本。人力资源的属性确认，企业不能声称对其人力资源拥有所有权，它只是通过产权交易拥有了它的支配权等派生权利。

人力资源会计为推动我国企业的发展是不可或缺的，是适应经济发展的趋势，促使我国会计行业不断探索，解决传统会计不适应经济发展的矛盾。促使会计理论不断完善成熟，人力资源会计和传统会计的融合，形成适合我国现代企业的自己的一整套完善的会计体系。在实践中为企业创造经济效益，为社会创造效益。

二、现代企业制度下的企业会计模式

如今，为了更好地推动我国企业的发展，需要在现代企业制度下对企业会计模式进行研究，使其更好地服务于企业的发展。现代企业制度下的会计模式虽发展迅速，但是在发展过程中还存在着较多的问题，主要体现在财务基础薄弱，财务控制力差；企业财会人员风险意识弱，财务会计人员综合素质低等方面。企业应建立多元化的现代企业财务会计目标模式及工作模式，加强财务会计工作的监督检查力度，加强对财务会计人员的培训及教育，实现管理制度、信息系统和监督体系三者之间的协调统一，进而不断的规范现代企业制度下的财务会计模式，从而不断地提高财会企业的工作效率以及经济效益。

（一）企业会计模式的构成

1. 会计机构设置

会计机构，顾名思义就是维持会计工作有序并有组织的进行工作的一项组织机构。会计机构在整个经济领域中起着调节经济的发展以及维持一个较为稳定的工作环境的作用。通过设置一定的会计机构，可有力地协调各部门之间的工作，使会计的各个部门处在一个平衡稳定的工作环境，以此来不断地改进会计工作以及提高会计的信息质量。此外，会计机构在发挥作用时，应具备以下特征：第一，目标一致。会计机构应遵循国家制定的有关法律法规，并有效的结合企业的主要目标，进而完成相应的会计工作。第二，加强各部门之间的协调力度。会计机构在工作的过程中，一定要加强注重各部门之间的协调力度，进而才能提升整体的工作效率。第三，明确各个部门的职责。要想保证会计机构各部门之间的有力协调，就必须明确各部门之间的职责，使各个部门各司其职，互相协调，进而提高会计的工作效率。

2. 内部控制制度

内部控制制度是企业会计模式中的主要构成部分。通过设置一定的内部控制制度，可有效地保障会计信息的可靠性以及有效性。所谓的内部会计制度就是会计企业内部的一种制度，即企业内部中各部门之间以及相关人员之间在处理经济业务的过程中所要遵循的一种经济制度。设置内部控制制度可有效地协调各部门之间的工作以及不断规范各部门的工作流程。为了发挥内部控制制度在会计机构中的作用，我们就需引入一定的会计方法和程序。随着会计行业的快速发展，现代的会计内部控制方法与程序也是多种多样的，其中主要包括内部审计控制、授权标准控制等。通过对会计方法以及程序进行规范化，可有效推动内部控制制度在会计部门的有效实施。

3. **会计人员管理**

会计人员管理是企业会计构成模式中主要的一部分。而企业的财会工作主要是由财会人员进行完成。因此，加强对财会人员的管理以及不断提高财会人员工作的积极性，才能在一定程度上提高企业会计的工作效率。对于财会人员的管理主要是从对财会人员的专业知识水平的不断提高以及职业道德素养的不断提升两个方面进行培养。作为一名财会人员，首先应具备较强的专业知识。衡量一个较为专业的财会人员不应单从专业成绩方面进行评价，还应注重会计人员的专业素养。此外，对于财会人员的管理，不仅要进行专业方面的培训，还应进行后续教育，以此来加深财会人员对于获取财会知识的重要性以及提升自己综合素质的重要性。一名合格的财会人员不仅应具备较强的专业知识，还应具有较高的职业道德水平。这就需要相关部门应重点监督财会人员的职业道德素养。加强监督财会人员的道德素养，可增强财会工作的稳定性以及透明性。此外，良好的道德规范不是与生俱来的，这就需要财会人员具有一定的学习积极性，在工作中不断规范自己的工作行为，以此来不断提高财会工作的效率。在财会工作中，我们还可采取奖惩措施来提高财会人员的积极性，不断规范财会人员的工作行为，进而不断提升财会人员的专业素养。

（二）现代企业制度下的企业会计模式中存在的问题

1. **财务基础薄弱，财务控制力差**

财务基础薄弱、财务控制力差是当前我国现代企业制度下企业会计模式下存在的主要问题。随着经济的不断进步与发展，企业为了提高经济效益，就在一定程度上不断调整企业规模，虽然在一定程度上取得了成效，但在实际上企业内部还缺乏较为完善的内部控制制度。企业缺乏较为完善的内部控制制度的原因主要表现在：企业没有重视财会管理工作在财会企业所起到的重要性，这就在一定程度上导致财会企业在财会管理工作方面的投入力度减少。因此，为了提高财会企业的经济效益，我们就需在一定程度上不断地健全与完善财会管理工作制度，进而使财会工作变得更加系统性以及科学性，从而让财会管理制度在财会企业中发挥着越来越为重要的作用。但是，在当今的财会企业中，财会管理制度就形同虚设，只有当领导检查时，财会管理制度才能发挥其存在的作用，这就在很大程度上源于我国的企业财务基础较为薄弱，没有系统的管理制度对其进行规范。

2. **企业财会人员风险意识弱**

财务会计是与钱联系最为紧密的一个职业，同时也是风险较强的一个职业。因此，企业财会人员拥有一定的风险意识对于企业的长久健康发展是至关重要的。随着企业之间竞争力的逐渐增大，市场存在的潜在危机已是每个企业所要面对的问题。但是由于有些财务会计人员缺乏一定的风险意识，在一定程度上就会使个别企业存在较为严重的财务危机。导致其存在危机的主要原因有以下两个方面：第一，企业过度负债。一个企业要想得到长期稳定的发展，就需综合考虑自身发展方向，不断衡量自身企业的盈亏情况，在自己的还款能力范围内，有效的向金融机构获取贷款。但有些企业在实际经营中，会出现不根据自己的还款能力进行贷款的情况，进而出现无力偿还贷款的现象，从而就导致企业的亏大于盈，甚至要面临企业倒闭的危险。第二，企业短债长投。企业在发展的过程中往往会受到国家政策的影响。但是有些企业却忽视国家有关的政策与法规，在没有获得相关部门的允许情况下，自主的进行贷款，并非法修改贷款用途，进而就导致企业的负债程度要远远大于企业的盈利程度，从而造成企业面临倒闭的危险。

3. 财务会计人员综合素质低

随着网络技术的不断发展，将网络技术与财会行业有效的结合也是当前财会企业的发展趋势，但是这一发展趋势对财会人员的综合素质提出了更高的要求。但就针对当前的财会企业而言，财务会计人员普遍存在着综合素质低的现象。不少企业的财会人员对于企业所采取的先进管理模式尚未认识与了解。在工作中，依旧采用传统的管理模式，不能及时地对企业的管理模式进行创新，这就在一定程度上阻碍了财会企业的高效率发展。此外，一部分财会人员对于新型的网络技术缺乏较为深刻的认识，且还在一定程度上缺乏刻苦钻研的精神，这不仅在很大程度上阻碍了自身综合素质的有效提高，还在一定程度上阻碍了企业的有效发展。因此，我们应加强对于财会人员的思想教育工作，不断改变财会人员的认知度与价值观，不断提升财会人员的责任感，以此来不断促进财会企业长期有效的良性发展。

（三）现代企业制度下财务会计模式的创新

1. 建立多元化的现代企业财务会计目标模式

财务会计目标是一个企业有效发展的基础，因此我们应建立多元化的现代企业财务会计目标模式。财务会计目标的建立不仅需要财会企业拥有一个稳定的经济环境，还在一定程度上取决于企业给社会的影响力以及企业自身的发展能力。在内外环境的综合影响下，我们应建立主要的三个财务会计目标，其主要有：第一，会计工作要有合理的资金运动。一个企业要想良好、持续有效地发展，就依靠一定合理的资金运动，通过资金不断地进行运转，才能有效地保障企业财务处在一个稳定的经济环境中，进而为企业赚取一定的利润。此外，资金在运转的过程中，资金运转的速度与方向应与财会企业的实际发展状况相适应，不能违背企业发展的真实情况。第二，为国家的有关政策提供有效的会计信息。企业的运营情况也在一定程度上决定着国家经济的运营走向。因此，企业应如实的向国家提供真实可靠的会计信息。第三，不断的平衡有关债权人的利益。合理有效的财务会计模式可有效的平衡投资者与债权人之间的利益，使他们处于一个相对稳定以及平衡的经济环境中。

2. 建立现代化企业财务会计工作模式

随着经济水平的不断提高，建立现代化企业财务会计工作模式已是当前会计企业发展的必要之路。传统的报账以及算账的会计工作形式已无法满足现代企业发展的需要，这就需要我们应不断创新财务会计的工作模式。就针对当前企业的发展而言，其存在的财务会计工作模式主要有三种，即分散型管理模式、交叉型管理模式以及统一型管理模式。三种管理模式相辅相成，不断创新新型的财务会计工作模式。此外，现代的企业财务管理应做到内部管理与外部管理的有效结合，这样才能不断地提高企业财务的工作效率。

3. 加强财务会计工作的监督检查力度

企业要想得到长久的发展，不仅应建立良好的管理机制，还需要在一定程度上加强对于财务工作的监督力度。为了加强财务会计工作的检查力度，会计部门应在年末对企业的盈利状况进行有效的盘点，进而及时反映出企业的盈亏情况。但是在实际的操作过程中，往往会出现财会人员虚报以及假报数据的情况。一旦出现谎报以及虚报的情况，就会对企业造成不可挽回的损失。因此，为了促进企业的长期良性发展，我们就应加强培养财会人员的责任感以及加强对于财会人员的监管力度。此外，有关人员还应注重对年末账单的核对情况，避免出现漏单、错单的情况。还应大幅度培养财会人员的实际操作能力，减少财会人员统计数据的错误率，从而减少对企业的损失。

4. 加强对财务会计人员的培训及教育

加强对财务会计人员的培训与教育对于提高财会人员的责任感以及降低财会人员操作过程中出现的失误率是至关重要的。现代的财会工作是一项复杂、系统的工作，传统的工作模式已无法满足现代企业的工作。因此，我们应加强对于财会人员的培训及教育，不断提升财会人员的专业素养以及不断普及现有的会计技术。随着财会行业的不断发展，财会专业的技术也变得越来越复杂，进而专业性较强的人却越来越少。因此，我们应在遵守企业内部控制原则的基础上，积极聘用合格的会计人员，并加强对这些会计人员进行有效的培训与教育，从而使他们拥有专业性较强的会计技术，进而为企业的长期发展建立一支专业性较强、技术性过硬的会计队伍。

5. 实现管理制度、信息系统和监督体系三者之间的协调统一

实现管理制度、信息系统和监督体系三者之间的协调统一可有效地保证企业长期稳定快速的发展。其中管理制度的建立为财会行业的发展提供了一个良好的发展环境，为会计目标的确立以及会计模式的发展建立了一种稳定的经济环境。而信息系统的建立为会计目标的实施提供了一定的信息保障，在一定程度上确保了信息的准确性以及科学性，进而可将真实的会计信息有效地反馈国家，帮助国家进行合理的财政调控。监督体系是运行会计模式的有效保障，通过对会计目标以及会计模式的监督，不仅可以保障会计信息的准确性，而且还能监督财会人员的工作能力，进而在一定程度上提高企业财务的工

作效率。因此，将管理制度、信息系统和监督体系三者之间有效地结合起来，对于促进企业稳定的发展具有至关重要的意义。

随着企业之间竞争力的逐渐加深，不断的分析与研究现代企业制度下的企业会计模式对于企业长期稳定的发展是至关重要的。首先，我们应认识与了解企业会计模式的构成，进而了解到现代企业制度下的企业会计模式存在的主要问题有：财务基础薄弱，财务控制力差；企业财务人员风险意识弱；财务会计人员综合素质低等问题。进而从建立多元化的现代企业财务会计目标模式，建立现代化企业财务会计工作模式，加强财务会计工作的监督检查力度以及实现管理制度，信息系统和监督体系三者之间的协调统一这几个方面来进行现代企业制度下的财务会计模式的转变，进而不断规范现代企业制度下的财务会计模式，从而不断提高企业财务的工作效率以及经济效益。

三、企业财务会计人员管理体制的改进

《会计法》规定会计的基本职能为核算和监督。传统会计核算与监督主要是事后，现行会计的核算与监督职能已经拓展到事中与事前。但目前《会计法》赋予企业会计人员监督管理的职能却因受到各种因素的干扰而被大大削弱，究其原因是由于受现存体制和企业管理层的影响，企业会计人员行使监督权阻力大。因此，我国传统体制下的会计人员管理机制已不能适应新形势发展的要求，为使企业会计人员真正执行会计的核算和监督职能，提出将会计工作统一管理等建议。

（一）我国企业会计人员管理体制的现状

现行会计监督主要由国家监督、社会监督和企业内部监督三部分构成。当会计信息真实有效时，监督才能真正起到作用，否则形同虚设。经过50多年的摸索与探究，我国建立了企业会计人员管理体制，这一体制主要包括会计人员身份的界定、资格确认、工作职权规定等内容，归根结底，包括对会计师注册的管理和对企业会计人员的管理两个大的部分。一个好的会计人员管理体制要保证会计人员能够向决策者提供科学真实的会计信息。综观现行的会计人员管理体制，企业主管部门对会计机构负责人、会计主管人员进行任免和考核，而会计实务和具体操作的准则制定与考核权却在财政部门，实行人权和事权的分开。该体制更多体现的是计划经济模式下的要求，并未真正意义上对信息活动起到监督作用，不能保证会计信息的真实性，显示出了极大的弊端。以监督体系为主的问题，主要体现在以下几个方面。

1. 会计人员无法真正对单位负责人实施监督

在单位内部监督中，包括单位主要负责人对审计人员和会计人员的监督、审计人员对会计的监督、审计和会计对单位内部部门和经济活动的监督、审计和会计对单位负责人的监督。而在单位内部，会计、审计人员和单位主要负责人是上下级的关系，由于这一层关系的存在，对单位负责人的监督根本无从实施。这样就导致会计人员提供了真实

的会计信息给负责人，但负责人却臆造虚假却合法的信息。

2. 社会监督，实施可行性低

《会计法》明文规定注册会计师有权对被审计单位的财务会计资料进行监督审查、国家财政部门对注册会计师部门有监督权、任何单位和个人对违反有关会计法规的单位和个人有权进行监督，并且受国家法律保护。这些所谓的社会监督对企业会计信息具有一定的约束力，但在实施中却需要付出相应的代价，比如支付审计费，所以不具有可行性，且效果不值得肯定。

3. 忽略了所有者和债权人的监督

在《会计法》中规定了企业内部监督、社会监督、国家监督三个部分，却忽视了与本企业利益最相关的所有者和债权人的监督，未进行该部分的规定。所有者和债权人与企业利益直接相关，有权利和必要对企业会计信息进行监督，这是合情合理的，但法规在这方面却是一片空白。

（二）企业会计人员管理体制的发展

从当今企业会计人员管理体制进行分析不难发现，存在着严重的弊端，进行体制改革势在必行。

1. 企业会计人员管理体制发展改革的指导原则

改革是希望通过有效有力的监督，实现会计信息的真实性和有效性，从而提高企业的经济和社会效益。因此，要遵循下面几条原则。

（1）体制改革必须对企业会计人员的身份做出明确的规定，明确规定会计人员具体具备何种职能权利，只有做出明确的规定，才能够为其创造良好的条件，有利于会计人员更好地发挥其职能，起到更好的监督作用。

（2）体制改革是为了更好地适应现代企业管理，更好地服务于当代经济的需要。因此，新的体制必须满足现代企业对会计监督管理等方面的需求，通过新的管理体制，能够很好地调动会计为单位提高经济效益而努力的积极性。

（3）在新的管理体制下，能够充分发挥国家和社会对企业会计工作的监督和管理。

（4）体制改革最终是为了经济得到更好的发展，实现企业经济利益的最大化。所以体制改革必须牢牢抓住这一点，首先在满足需求的前提下，应尽可能地降低企业会计人员管理体制的成本，再者，保证该管理体制能够为企业带来经济利益的最大化。

2. 企业会计人员管理体制发展改革的设想

会计信息作为企业内外利益的相关者进行决策的主要依据，其真实性至关重要。从当今管理体制和现状分析可以发现，造成会计信息不真实的关键在于会计人员的地位并没有真正独立，所以改革必须实现会计人员的独立地位，从而保证会计信息的真实性。下面从五个方面进行体制改革的设想。

（1）真正意义上实现会计人员的独立化。在目前企业会计人员的管理体制中，会计人员附属于企业，受企业负责人的领导，行使职能非常被动。要想真正实现会计人员的独立化，可以将原来企业内部执行核算、记录、财务报告的会计人员分离出来，成立专门的营业性财务会计服务公司。这样，会计人员不再受原来企业负责人的管制，成为独立活动的主体，是独立于利益相关单位的第三者，专门为利益双方收集资料，提供真实、可靠、客观、公正的财务会计信息。另外，为了避免利益某单方面和财务会计服务公司串通谋取非法利益，由国家专门的机构和运行机制对其实施监督，并颁布具有强制力的法律法规加以保障。财务会计服务公司由专门的运行机制对其进行约束，作为独立的中介服务机构，进行自主管理、自我经营、自负盈亏，并进行依法纳税，是具有法律人格的法人实体。在整个流程中，企业委托会计服务公司进行会计服务，会计服务公司首先对企业提供的会计资料进行真伪性的审核，然后进行核算整理，最后将信息提供给利益相关的各方，这样就保证了会计信息的真实性。

（2）实现会计人员的企业化。在企业会计人员管理体制改革方向中，改变如今会计人员受企业和政府双重管理的现状，相应的可以在企业内部只设置管理会计。具体来说，新体制下，管理会计只是企业内部一个机构，该机构不直接受企业的管理，会计通过对企业的经营管理活动进行预测、监控等，为企业决策提供有力依据，然后为受托代理人提供真实有效的会计信息，为企业的发展和经济效益提供可能。而会计工作的动力是其利益与企业的经济效益进行挂钩。

（3）被服务企业支付会计服务费。会计人员独立出来成立专门的财务会计服务公司，作为利益相关方的第三者，通过对企业财务资料真实性的审查后向被服务企业提供财务会计信息，在这个过程中，被服务的企业承担会计服务费。同样，在众多财务会计服务公司中，通过市场竞争，实现优胜劣汰生存法则。其服务、信息的可靠性真实性、资料更具代表性、提供资料的时效性等是其进行竞争的主要对象，并由专门的机构负责监督。所以，财务会计服务公司，要想取得好的发展，必须不断地在实践、学习中完善自己，提高自己。

（4）委托人的规定。财务会计服务公司要真正实现独立，必须置身于所有利益相关者之外。这样做的后果可想而知，所有利益相关者都可能成为委托人，这就会造成一个委托权混乱的局面，这是肯定不允许发生的，所以，必须明确委托人。笔者认为，外部利益相关者不可以成为委托人，只有国家以及内部利益相关者可以，比如股东大会、董事会、经营者、监事会和内部职能部门及职工。而国家、股东大会、经营者三者进行任意组合成为委托人都会造成种种弊端，不利于会计信息的真实化。其中，监事会是由股东、董事、职工按一定的比例组成，综合分析，由监事会作为委托人是最佳选择。

（5）财务会计服务公司监督机制。为了确保会计信息的真实性，避免会计服务公司和利益单方串通弄虚作假，必须设置专门的财务会计服务公司监督机构或部门对其实施监督。这个监督可以是国家监督，也可以受制于注册会计师协会及下属职能部门的监督，还可以是利益相关方的监督。在发生以权谋私、弄虚作假，严重威胁其他利益方的正当利益时，受害方有权对其进行起诉。

（6）财务会计服务公司和被服务方法律责任归属问题。财务会计服务公司和被服务方之间是以真实可靠地财务会计信息为主要内容，会计公司负责向被服务方真实提供反映企业的经营状况，进行准确的分析的财务信息。因此，资料必须保证其真实合法性，否则企业利益相关者有权利就该问题对服务公司提起诉讼。

（7）财务会计服务公司的派驻人员与被服务对象内部职能部门的权利和义务。派驻人员主要起一个沟通桥梁的作用，是代表会计服务公司进驻企业收集真实的资料，并进行合理的财务核算。在此期间，职能部门负责提供有效资料，派驻人员有权利对资料等进行监督审核。同时，作为服务性的工作，派驻人员有义务就其资料信息、核算方法等对被服务对象进行说明。

由于经济的发展，我国经济活动由国内逐渐转为国外，而目前的企业会计管理体制日渐显示出弊端，导致财务会计信息的真实性得不到安全的保障，给企业、地区和国家都造成了严重的影响，蒙受巨大的经济损失。所以，进行会计管理体制改革就显得尤为必要。要想真正改变会计信息弄虚作假的现状，就必须使会计人员真正从企业中独立出来，成为一个独立的个体，置于利益相关方之外，成为独立的第三者，受专门委托人的委托进行财务会计活动，并接受多方面的监督，以真正实现会计信息的真实性，更好地为经济的发展做贡献。

第四节　我国企业财务会计管理体制的创新模式

会计管理制度的创新是一个庞大项目，必须步步为营，它必定要走从人治到法治的道路，以企业会计（主要是国有大中型企业会计）的管埋方式和制度为中心的创新会计管理制度。至今，总共有三种创新的会计管理方式，分别是会计委任制、财务监督制和纠察特派员制。

一、会计委任制

会计委任制是国家凭借所有者身份依靠管理职能，统一委任会计人员到国有大中型企业（事业单位也可）的一种会计管理制度。在此管理制度下，各级政府应为会计管理建立专门机构，负责向国有大中型企业（含事业单位）委任、审查、派遣、任免和管理会计人员。会计人员脱离企业，成为政府管理企业的专职人员，代表政府全面、持续、系统、完备地反映企业运转，并以此实现直接监察的目的。

（一）企业会计委派制的特点

1. 专业性

从委派人员的任职资格和工作职责来看，只有具备相应的专业技能，才能胜任委派的工作，才能进一步改进被委派单位现有的会计和财务管理体系，提高工作效率，规范会计基础工作。

2. 权衡性

由于受委派人员代表委派部门监督被委派单位的会计行为和经济活动，并在业务上受被委派单位领导直管，这种身份的特殊性导致被委派人员在面临监管者与经营者的立场无法取得一致时，就迫使委派人员需就事项的矛盾性作出一个公正的权衡性选择，既要保证做出的决定能真实、恰当地反映出企业当前的财务状况和经营成果，又能通过对会计确认、计量和揭示方法的选择与运用，有效地维护和提高企业自身的经济效益。可以说，委派人员在行使其职权的过程中始终处在一个比较和权衡的过程中。

3. 制约性

委派权的行使受多方面因素的制约。如委派人员后期管理适时跟进不足或派驻单位支持不够，公司内部控制的设计和运行的有效性存在缺陷，均会制约委派人员行使职权。

（二）企业会计委派应遵循的原则：

从实施会计委派制的目的来看，会计委派制必须遵循一定的原则。

1. 独立原则

从财务部门承担的工作职责来看，只有不盲目依从企业领导者的意见，从专业性的角度坚持应有的职业判断，正确决策，才能保持财务工作的独立性。

2. 协作原则

无论是目前公司并购后的财务整合，还是企业内部控制建设的层层推进，财务作为其中的一个模块，其各项工作的开展均需要得到公司内部各职能部门的支持与配合。财务工作的独立性仅体现为运用正确的计量方式反映每一笔经济事项的真实性，其监督职能也只是为了更好地规范各种不合规的经济行为，并不表现为一种制约其他部门的权力。因此，只有相互协作、相互配合，才能使委派人员在一个和谐的工作氛围中有效地行使监管职能。

3. 沟通原则

如何保持企业并购后财务信息的有效传递，如何提升企业预算编制的整体水平，这都要求企业领导者赋予会计委派者一个新的工作职责，就是建立沟通制度。也就是说，作为监管者，只有充分了解了被派驻单位的具体情况，与分管营销、产品设计、生产部门等的人员充分沟通，才能编制出对公司的生产经营具有指导意义的公司预算，才能使公司的成本管控落到实处，才能使公司的财务分析报告为公司经营者的决策提供数据上的参考依据。

（三）企业会计委派制得以有效实施的方法和途径

1. 树立服务意识，提高委派人员的综合素质

随着专业化程度的分工越来越细，各行各业对人才的需求也越来越具体。从单位人

事部门制定的岗位说明书来看，不仅有明确的年龄要求，还有更多的是对招聘人员整体素质的要求。委派会计人员作为会计队伍中较为优秀的财务人员，不仅要精通具体的会计业务，懂得会计法规，还要具备相应的管理才能，能够指导被派驻单位制定切实可行的经营计划，协助经营者在投融资决策等重大的经济事项中作出正确的选择。委派人员只有做好了必要的服务工作，与企业高层领导和其他管理者交换信息，建立有意义的关系，才能在日常工作的开展中得到尊重与认可，才能真正起到监督防腐的作用。

2. **明确单位负责人的会计责任主体地位，保障会计监督能够有效实施**

任何工作的推进，若得不到组织给予的必要支持，一定得不到贯彻和落实。会计委派制作为监督被派驻单位的具体经济行为的一种管理方式，若没有相应的保障机制来维护其依法行使会计监督和管理的职能，最终也只能落得流于形式。只有明确了单位负责人在经济事项中应该承担的责任，将报酬与业绩紧密地结合，那么违法违规甚至是腐败的行为必将得到遏制，这样会计委派制的初衷也就会在领导的自觉行为中得到有效实施。

3. **会计委派人员应当有明确的价值取向**

会计委派人员为了保持其自身的价值，必须做到如下方面：要建立持续教育和终生学习的信念，而不仅仅是通过资格认证；要保持自身的竞争力，能够熟练并有效率地完成工作；应恪守职业道德，坚持会计职业的正直及客观性。

4. **积极推行信息技术环境下会计信息系统的运用**

由于信息技术的应用彻底改变了传统会计工作者的处理工具和手段，将会计人员的工作重心通过自动化的方式从大量的核算中解脱出来，因此，会计人员不再仅仅是客观地反映会计信息，而是要承担起企业内部管理员的职责。从事中记账算账，事后报账转向事先预测、规划、事中控制、监督，事后分析及决策的一种全新的管理模式。作为会计委派人员，应将注意力更多地集中到分析工作，而不只是提供会计和财务数据，其作用更多地体现在通过财务控制分析参与企业综合管理和提供专业决策，从而使会计信息实现增值和创造更高的效能，真正达到监督和管理的目的。

为了维护企业会计委派制能够得到有效实施，除了从社会环境即法的角度加以保障外，就是从人的层面将其落实到位。也就是说，一方面在于委派人员自身所具备的职业素养能够在各种环境下胜任并提升委派工作；另一方面在于被监管企业的领导恪尽职守，知法守法，在实现企业价值最大化的过程中，用开放的心态接受委派人员，且用人不疑。

二、财务总监制

财务总监制是国家按照所有者身份，因对国有企业有绝对控股或者有极高的控制地位，对国有大中型企业直接派出财务总监的一种会计管理体制。执行此制度时，国有资产经营公司或国有资产管理部门调遣的财务总监有权依照法律对国有企业的财务状况开展专业的财务监督。

（一）合法性分析

财务总监这一名词是舶来品，中国以前是没有的。随着改革开放和与世界经济交往的不断加深，才由国外引入中国，为我们所熟悉。然而，我国的财务总监制度尚处于发展的初级阶段，在现实中，仍有总会计师、财务负责人、财务部长、财务经理等称谓与它具有相类似的职能。目前我国现有的相关法律法规并未涉及财务总监，从有关的法律法规分析来看，财务总监不同于一般的会计机构负责人和会计主管人员，而是属于公司决策层人物，需由董事会任免；母公司向子公司委派财务总监没有违反相关法律规定。

1. 财务总监不同于会计机构负责人和会计主管人员

《会计法》第36条规定："各单位应当根据会计业务的需要，设置会计机构或者在有关机构中设置会计人员并指定会计主管人员"。《会计基础工作规范》第6条规定："会计机构负责人、会计主管人员任免，应当符合《中华人民共和国会计法》和有关法律规定"。此处的会计机构负责人和会计主管人员（现实中如会计主管或财务部门经理等）是财会职能部门的领导者，他们主要负责企业日常具体财会核算活动（这些活动贯穿于确认、记录、计量和报告的四个环节当中），属于企业的中层管理者。而财务总监则不一样，他们应该是企业的高层人员，进入决策层，主要从企业全局角度进行战略管理和价值管理。尤其是在国外，财务总监同CEO一道为股东服务，广泛地活动于战略规划、业绩管理、重大并购、公司架构、团队建设以及对外交流等领域，而不再从事日常会计财务工作和具体的基本核算。

2. 财务总监相当于总会计师

《会计法》第36条还规定："国有和国有资产占控制地位的大、中型企业必须设置总会计师。总会计师的任职资格、任免程序、职责权限由国务院规定"。《总会计师条例》第3条规定："总会计师是单位行政领导成员，协助单位主要行政领导人工作，直接对单位主要行政领导人负责"；第14条还规定："会计人员的任用、晋升、调动、奖惩，应当事先征求总会计师的意见。财会机构负责人或者会计主管人员的更迭，应当由总会计师进行业务考核，依照有关规定审批"。由此可见，总会计师是主管本单位财会工作的行政领导，而不是会计机构的负责人或会计主管人员，全面负责财会管理和经济核算，参与单位的重大决策和经营活动，是单位主要行政领导人的参谋和助手。如果不考虑企业的所有权性质，一般企业中的财务总监的地位、作用和职责很大程度上类似于国有企业中的总会计师。

3. 财务总监由公司董事会任免

《公司法》第47和109条规定，董事会可以"决定公司内部管理机构的设置"和"决定聘任或者解聘公司经理及其报酬事项，并根据经理的提名决定或者聘任公司副经理、财务负责人及其报酬事项"。很明显，财务负责人和副经理相提并论，地位可见一斑，所指绝非一般的会计机构的负责人和会计主管（虽然有时在岗位设置上财务负责人可以兼任会计机构负责人或会计主管），而更倾向于财务总监这一角色。由于母公司对子公司的绝对控制，经由子公司股东大会投票选举出的子公司董事会实际上是由控股股东母公司决定产生的，继而子公司董事会若要任免财务总监，肯定要遵从母公司的意见。而母公司直接向子公司委派财务总监，只不过是省略了"经由董事会通过"这一环节罢了，最终结果还是一样的，并且没有违反《公司法》的规定。

（二）合理性分析

1. 理论分析上合理

根据委托代理理论，企业内的母公司作为子公司的控股股东，其和子公司的管理层之间属于委托代理关系。委托人母公司将资源分配给代理人子公司，并由其掌控支配；子公司在一定时期内负责资源的保值增值，并向公司汇报其使用资源的情况。但是，母子公司之间常存在信息不对称、风险不对称和利益目标函数不相同的现象，因此，母公司通常会派出财务总监对子公司的财务工作进行监督和控制，以维护企业的整体利益。财务总监委派制度的内在机理正是反映了委托代理理论的要求。这种委托代理理论关系实际上划分了两层：一层存在于母子公司之间；另一层存在于母公司与委派的财务总监之间。这也是对企业法人治理结构的一种完善，符合现阶段客观经济环境的要求。

2. 实际操作上合理

母公司对子公司的控制力，最主要是体现在对其财务的控制上。母公司实现这一目标的途径就是向子公司委派财务总监，进入该公司的决策层，对子公司的财务决策做到事前监督、事中控制和事后反馈，并及时向母公司汇报情况。对母公司而言，只需派出一个能胜任的职员，就可加强对子公司的控制和监督，减少代理风险，避免给企业带来巨大损害。可谓是"一夫当关，万夫莫开"。当然这个具备胜任能力的合格人选既可以从内部推荐选拔产生，也可以通过市场公开招聘录用产生，在实际操作上完全行得通。并且所耗费的成本费用，相对于其所带来的经济效益是微不足道的，符合成本—费用原则。

（三）应该注意的问题

1. 被委派者的胜任能力和道德品质

被委派者的胜任能力和道德品质主要包括专业胜任能力（精通财会、税务和法律等方面知识，具备丰富的财会从业经验等），管理胜任能力（如统筹规划、沟通协调、团结激励等）和职业胜任的品德（如独立公正、不徇私舞弊、恪守诚信等）。被委派者只有具备了这些能力和品德，才能担当重任，监督和控制子公司的财务行为，让母公司放心。

2. 职责权限和约束机制

基于双重代理理论，被委派的财务总监应当向母公司汇报子公司管理层的财务状况和经营成果，但不能任命子公司的最高管理层。同样，子公司也担负着向母公司汇报财务状况和经营成果的责任。在这种情况下，财务总监行使职能时不能对子公司过多干预，影响子公司的正常经营活动。子公司可以通过设立相关机构（如审计委员会）来监督和约束被委派财务总监的权力，使得子公司和被委派财务总监之间形成相互的监督与被监督的权力制衡机制。如果两者产生分歧和矛盾，最终裁定权应该在母公司手里，由母公司从整体利益的角度来做出适当的决策。

3. 薪酬管理体制

目前，我国企业对外委派的财务总监的薪酬大多由被派入企业——子公司自行决定，或者由派出者——母公司发放基本工资，奖金津贴由子公司发放。这种薪酬体制使得被委派的财务总监与子公司存在很强的利益相关性。根据委托——代理理论，被委派的财务总监的主要职责就是代表母公司对下属控股公司进行经济监督和控制，他所服务的对象是委托人——母公司，而非受托人——子公司，理应由母公司根据考核的绩效对被委派的财务总监支付薪酬。因此，被委派的财务总监的薪酬体系只有让母公司统一管理，才能从体制上彻底解决被委派的财务总监和子公司利益相关的问题，实现其真正的独立。这样做，对于企业整体来说，成本略高一点，但却大大降低了被委派的财务总监和子公司合谋共同侵害母公司利益事件发生的概率，相当于是为未来可能产生的风险损失购买了一份保险，是值得的！

4. 岗位定期轮换

尽管实行薪酬管理体制，仍不可完全避免被委派的财务总监与子公司管理层之间的合谋。当财务总监通过合谋获得的收益大于母公司支付给他的报酬，他就可能铤而走险。而且"天高皇帝远"，母公司不可能随时关注子公司，因此这种合谋行为通常不易被母公司发觉，有时即使被发觉也很可能为时已晚，会给母公司带来巨大损失。因此，有必要对被委派的财务总监实行岗位定期轮换，这样可以在很大程度上杜绝合谋事件的发生。多久轮换一次，则要视情况而定。

5. 对子公司和被委派财务总监的审计监督

在财务总监被委派到子公司的任期里，根据双重委托代理关系，母公司不但应对子公司的财务经营活动状况进行内部审计，而且应该对被委派的财务总监进行离任审计，以便客观、公正的评价财务总监的工作情况，防止财务总监对子公司的会计财务违法行为不抵制、不报告，甚至与子公司合谋来侵害母公司的利益。

三、稽查特派员制

此制度不仅有效督促国有企业中总会计师组织的形成和权力的合理应用，而且稽查特派员是由国务院派出的，他们不对企业经营活动进行干涉，其职责是代表国家对企业实施财务监督。最后，将监督后的财务状况进行分析，对企业执政方式和经营业绩做出评价。

（一）稽查特派员制的基本特征

（1）与所查企业完全独立，这样一方面实现了国家对企业的监督；另一方面又不干扰、束缚企业自主权的充分发挥，真正做到政企分开，意味着国家对企业监管形式发生根本性的转变。同时，为保证稽查的客观公正，对特派员实行定期岗位轮换制度。

（2）稽查特派员的主要职责是对企业经营状况实施监管，抓住了企业监督的关键。

（3）稽查与考察企业领导人的经营业绩结合起来，管住了企业的领导，也就管好了企业的会计，做到了从对企业会计人员的直接管理向间接管理转变。

（4）国家从国有重点大型企业里所获得的财税收益，同实行稽查特派员制度的开支相比，符合成本效益原则。

（二）稽查特派员制的必要性

稽查特派员制度的一个重要突破是把对领导人奖惩任免的人事管理与财务监督结合起来，迫使企业领导人从其切身利益出发，关注企业的财务状况和经营成果，真正体现业绩考核的基本要求。建立稽查特派员制度是一项长远的制度安排，是转变政府职能、改革国有企业管理监督制度和人事管理制度的重大举措，也是实现政企分开的举措：因为稽查特派员只是拥有检查权、评价权以及向国务院及其有关部门的建议权，并不拥有任何资源，也不履行任何审批职能，不至于导致新的政企不分；恰恰相反，稽查特派员制度是政企分开后体现所有者权益的必备措施，即在实行政企分开，放手让国有企业自主经营的同时，强化政府对企业的监督。

（三）稽查特派员制的存在问题

稽查特派员制度还存在以下一些问题。

1. 稽查特派员制度很难消除国有企业的"内部人控制"现象

"内部人控制"产生的直接原因是所有者与经营者之间的信息不对称。然而，按照稽查特派员制度的纪律要求，稽查人员不得对企业的经营决策发表任何意见，也不得提出任何建议，不参与、不干预企业的任何经营活动，这就意味着稽查特派员无法及时了解企业生产经营活动过程，无法正面了解企业经营者在指挥、控制和重大决策方面的表现，那么他凭什么对企业经营者进行财务监督与业绩考核呢？依据恐怕只能是企业提供的会计信息了。此时，会计人员与经营者的隶属关系并没有改变，会计人员的职务升迁、工资待遇仍然由经营者支配着，会计人员与经营者合谋歪曲会计信息、共同欺骗特派员的可能性依然存在。因此，稽查特派员制度很难消除国企普遍存在的"内部人控制"现象。

2. 稽查特派员制度仍依赖于政府至高无上的行政权力，而不是当事人之间的利益约束机制

为了保证稽查特派员的公正廉洁，政府对稽查特派员的选拔和培训是严格的，《稽查特派员条例》还明确规定了特派员及其助理人员的法律责任。然而，在市场机制下，符合经济规律的稳定制衡机制应该更多地依靠利益相互制衡、而不是靠行政手段赋予某一方更大的权力。稽查特派员对企业经营者的监督，并不存在直接的利益驱动因素，而完全是一种行政职责。他要关注的是经营者是否具有损害国家利益的行为，而不是如何实

现国有资产的保值与增值、如何提高企业经济效益，因为其自身利益并不与企业利益联系在一起，也就是在特派员、经营者和所有者之间并没有形成一个相互制约的利益制衡机制，这样执行的结果很可能导致特派员稽查乏力、形同虚设，也不排除特派员被经营者收买、合谋欺骗所有者的可能。

3. 稽查特派员制度只是一种事后监督，而难以实现事前预防和事中控制，难以贯穿于企业经营活动的全过程

稽查特派员制度真正具有威慑力的方面在于特派员有权对企业经营业绩作出评价，并对企业主要领导干部的奖惩任免提出建议，这对任何一个理性的经营者来说，确能形成持续的外部压力，促使其在工作中尽职尽力、恪尽职守。但对于非理性的或低能的经营者来说，这一监督机制事前控制能力差的弱点将会给国家利益带来巨大危害，因为它不重视过程监督，只重视结果考核；往往要等到企业巨额亏损形成后才发现问题，更换经营者。这种"亡羊补牢"的做法较之没有特派员、任凭经营者胡作非为固然是一种进步，但对已造成的经济损失也只能是望洋兴叹了。

稽查特派员制度作为我国国企改革转型期的特殊政策，在严格选拔和任用特派员的基础上。对于影响国计民生的特大型国有企业，能在一定程度上起到加强监督的作用，但其高昂的监督成本和忽视事前、事中监督的固有缺陷，决定了它不宜普遍推广。

第三章　多元化会计管理的核算模式

第一节　会计核算模式的基本框架

会计的基本前提是财务会计基本假设或会计假设，它是组织财务会计工作必要的前提条件，若离开这些条件，就不能有效地开展会计工作，也无法构建财务会计的理论体系。财务会计的基本前提是从具体的会计实践中抽象出来的，是为了确保会计核算资料的实用性、合理性和可靠性，一般包括会计主体、持续经营、会计期间与货币计量等内容。企业为实现会计目的，确保会计信息质量，要明确会计的一般原则，即会计核算的基本规则和要求，这是做好会计工作的基本要求。因此，企业会计核算人员必须掌握会计核算的基本前提和原则，以会计核算工作支持企业的运行和发展。

一、企业会计核算的基本前提

（一）会计主体

开展会计工作必须明确会计主体，明确会计人员的立足点，解决为谁记账、算账、报账等问题。会计主体独立于其本身的所有者以外，会计反映的一个特定会计主体的经济业务，而不是企业所有者的财务活动。明确会计主体要求会计人员认识到，他们从事的会计工作是特定主体的会计工作，而不是其他会计主体或企业所有者的会计工作。会计主体的规模没有统一的标准，它可能是独立核算的经济实体，独立的法律个体；也可以是不进行独立核算的内部单位。从财务会计的角度看，会计主体是一个独立核算的经济实体，特别是需要单独反映经营成果与财务状况、编制独立的财务会计报告的实体。

（二）持续经营

持续经营是会计主体的企业，它的经营活动要按既定目标持续进行下去，在企业正常的经营中被耗用或出售，它承担的债务也要如期偿还。财务会计的一系列方法是以会计主体持续经营为条件的。只有在持续经营的条件下，企业的资产才能按历史成本计价，固定资产才能按使用年限计提折旧。若企业不具备持续经营的条件，如已经或即将停业，进行清算，则需要处理全部资产，清理全部债权债务。会计处理要采用清算基础。

（三）会计期间

持续经营的企业不能等到结束其经营活动时才进行结算和编制财务会计报告。为定期反映企业的经营成果和财务状况，向相关各方提供信息，就要划分会计期间，把持续不断的企业生产经营活动，划分为较短的经营期间。会计期间一般为一年，即会计年度。

把会计年度的起止点定在企业经营活动的淡季一般比较适宜，这是因为在企业营业活动的淡季，各项会计要素的变化较小，对会计要素进行计量，尤其是对计算确定本会计年度的盈亏比较有利。还因淡季的经济业务较少，会计人员能有较为充足的时间办理年度结算业务，有利于及时编制财务会计报告。但随着现代市场经济的发展，目前各个行业企业的所谓淡季并不明显，这样的划分也存在着弊端。因此，我国《企业会计准则》规定，以日历年度作为企业的会计年度，即每年1月1日至12月31日为一会计年度。企业为及时提供会计信息，满足各方对会计信息的需求，也可把会计年度划分为更短的期间，如季度和月份。

（四）货币计量

企业会计提供信息要以货币为主要计量尺度。企业的经营活动各不一样、非常复杂。企业会计要综合反映各种经营活动，这就要求统一计量尺度。在现代市场经济环境下，货币最适合充当这种统一的计量尺度。以货币为计量尺度，为会计计量提供了方便，同时也存在一些问题。为简化会计计量，方便会计信息利用，在币值变动较小的条件下，通常不考虑币值变动。但是，因普遍性的较高的通货膨胀给企业发展及会计核算带来较大影响，因此出现了通货膨胀会计。这是按物价指数或现时成本数据，把传统历史成本会计进行调整，考虑消除物价上涨因素对财务报表的影响，或改变某些传统会计原则，真实科学地反映企业财务状况和经营成果的一种会计方法。

进行会计核算，还要确定记账本位币，在企业的经营业务涉及多种货币的环境下，需确定某一种货币为记账本位币；涉及非记账本位币的业务，需要采用某种汇率折算为记账本位币登记入账。按照我国会计制度与会计准则的规定，境内企业要以人民币作为记账本位币。

二、会计核算的几项原则

（一）会计核算要客观实在的原则

这一原则要求企业的会计记录和财务会计报告要真实、可靠，不可失真，能客观反映企业经济活动。会计核算要以企业实际产生的经营业务为依据，反映实际财务状况和经营成果。真实性和可靠性是会计核算的基本要求。

（二）会计核算要互相可比的原则

为比较不同的投资机会，信息使用者必然要比较不同企业的财务会计报告，以评估各个企业不同的财务状况、经营成果和现金流量状况。所以，企业进行会计核算和编制财务会计报告要遵循互相可比的原则，对同种经营业务，要采用同一会计程序和方法。国家统一的会计制度要尽可能减少企业选择会计政策的余地；同时，企业应严格按照国家统一的会计制度选择会计政策。

（三）核算要坚持一贯性的原则

这一原则要求会计核算方法要遵循同一律，前后保持一致，不能随意变更。企业会计信息的使用者不仅要通过阅读某一会计期间的财务会计报告，把握企业在一定会计期间的经营成果与财务状况，还要比较企业不同会计期间的财务会计报告，明确企业财务状况和经营成果的变化状况和趋势。企业进行会计核算和编制财务会计报告要遵循一贯性原则。企业所采用的会计程序和方法如果已经不符合客观性与相关性原则要求时，企业就不能继续采用，应采用新的会计政策。

（四）相关性原则

相关性原则是财务会计的基本原则之一，是指会计信息要同信息使用者的经济决策相关联，即人们可以利用会计信息做出有关的经济决策。对会计信息的相关性要求随着企业内外环境的变化而变化。随着社会主义市场经济体制的不断完善，国家对企业的管理主要是利用经济杠杆进行宏观调控。与之相适应，国家对企业会计信息的需要也出现了变化。随着企业筹资渠道的多元化，企业之间的经济联系也在增强，会计信息的外部使用者已不仅仅是国家，而扩大到其他投资者、各种债权人等与企业有利害关系的群体。随着企业自主权的扩大，会计信息在企业经营管理中发挥了更大的作用。因此，强调会计信息的相关性，要求企业会计信息在符合国家宏观调控要求的同时，还应满足其他方面的需求。

（五）及时性原则

此原则主要是及时记录与及时报告：及时记录要求对企业的经济业务及时地进行会计处理，本期的经济业务要在本期内处理；及时报告是将会计资料及时传送出去，把财务会计报告及时报出，财务会计报告要在会计期间结束后规定的日期内呈报给应报单位或个人。及时记录与及时报告紧密联系。及时记录是及时报告的前提；而及时报告是会计信息时效性的重要保证。所以，企业会计要把及时记录与及时报告有机统一起来。

（六）权责发生制原则

这一原则要求，对会计主体在一定期间内发生的各项业务，凡符合收入确认标准的本期收入，不论款项有没有收到，都要作为本期收入处理；不符合收入确认标准的款项，就是在本期收到，也不能作为本期收入处理。权责发生制所反映的经营成果与现金的收付不一致，它主要应用在需要计算盈亏的会计主体中。采用权责发生制反映企业的财务状况也有局限性，若按照权责发生制反映，有时企业虽然有较高的销售利润率，但现金流动性差，也可能遇到资金周转困难。一般企业是以权责发生制为主，辅之以收付实现制。

（七）配比原则

这一原则要求企业的营业收入与营业费用要按它们之间的内在联系正确配比，以便正确计算各个会计期间的盈亏。按营业收入与营业费用之间的不同联系方式，进行配比。

一是按营业收入与营业费用之间的因果联系进行直接配比。企业的某些营业收入项目与营业费用项目之间在经济上存在必然的因果关系，这些营业收入是因一定的营业费用耗费而出现的，这些营业费用是为取得这些营业收入而发生的，凡是这种存在因果关系的营业收入与营业费用就要直接配比。二是按营业收入与营业费用项目之间存在的时间上的一致关系。某些营业费用项目虽然不存在与营业收入项目之间的因果关系，但要与发生在同一期间的营业收入相配比。

1. 企业财务管理会计核算配比原则的基本含义

在企业进行会计核算的过程中，正确利用配比原则可以较为准确地反映出企业在一定时期内的生产运营情况，体现企业财务的管理效果；同时根据这些信息，可以为企业的管理者制定企业的发展决策奠定良好的基础。收入、成本、费用在会计核算中的分配比例可以在很大程度上影响会计结算的效果，只有进行均衡的配比，才可以实现预期的目的。

一般来说，配比原则的含义是在企业会计核算的某一个时间段内所取得的收入以及与收入所联系的费用、成本之间的配比程度，或者选定的不是某一个时间段，而是针对某一个会计对象来进行的配比。无论是哪一种，最终的目的就是要科学计算出企业获得的净损益值。实施配比原则的时候，主要根据受益方的利益来确定，在核算中谁受益最多，所要承担的费用就由谁来负责。此根据的本质特点是承认在会计核算的过程中，损益之间有着一定的因果联系。但需要说明的是，这种因果联系并不是在所有的情况下都有效。在实际的管理过程中，一定要根据相应的配比原则来科学分辨出存在因果关联的直接成本费用，同时还要分辨出不存在直接关联的间接成本费用。在进行某一时间段的会计核算中，一般要确定损益的情况是通过将直接费用和企业的收入进行有效的配比来实现。如果是用间接费用来确定损益的情况，则是依据与实际相符合的标准，在企业所生产的每一个产品中或者是每一阶段内的收入之间实行分摊的方式，根据收入配比的原则获得具体的损益情况。企业会计管理具体的应用中，配比原则的实施主要包括三方面的内容，这三者之间是相互联系相互统一的关系：第一是企业生产的某一项产品的具体收入和产品在生产中的实际耗费存在着相匹配的关系；第二是在企业进行会计核算的时间段内的具体收入同这一时期的具体耗费应该存在着相互匹配的关系；第三是企业某一部门的具体收入要同此部门在生产运营过程中的耗费存在着相互匹配的关系。这样才能保证企业财务管理的各个环节都在合理的会计核算的掌控范围之内。

企业财务管理中的会计核算匹配原则在使用过程中要选取适当的方式，才能取得预期的效果。具体的配比方法包括以下两种。

第一种是因果配比方式，通常也被称作对象配比方式。具体的含义是指企业在生产运营中获得的实际的收入，要和产生这些收入的费用进行合理的配比，这是为了更加科学准确地计算出企业进行经济交易时最终所获得的经济利润值。通常情况下，企业为了获得一定的收入，要先行垫付一些生产交易资金，在这一过程中要耗费一些人力、物力、财力，如此就产生了费用、成本、收入三者之间的因果联系，三者是相互对立又相互统一的。一般来说，企业获得的最终收入是一种结果，生成运营过程中的费用和成本是形成收入这一结果的重要原因。为了得到企业经济状况的损益值，就要实行因果配比方式来评估某一项经济活动的利润价值，对其涉及的成本、费用、收入进行科学的核算。

第二种是时间配比方式，通常也被称作期间配比方式。它的具体含义是指企业在同一个时期内对其生产运营活动的生产成本、费用、收入进行的配合对比分析，将分析的焦点集中在会计核算的某一个时间段中，也就是在一个会计期间内，认真确认其各项收入与其成本的关系，确切掌握在该时间段中的经济损益情况，为企业制定下一个时期的发展规划奠定良好的基础。

2. 企业财务管理中会计核算的配比原则在实际中的应用

在企业财务管理的会计核算中要正确利用配比的原则，才能使其发挥出应有的效果。首先是要仔细核对企业收入的实际金额，根据直接配比原则确定出与之相关的生产成本；其次根据间接配比的原则，核实企业的日常营业税额以及其他一些与企业损益情况有关的金额。具体来看主要体现在以下几个方面。

（1）配比原则要合理应用在企业所销售的产品的业务处理中。

通常情况下，进行产品的销售，要依据具体的收入水准来确认收入的金额。在此过程中，参照已经销售的产品所消耗的费用情况，对成本进行相应的结算，这样做是为了使产品的收入与成本的费用之间的配比关系均衡化。所以在具体的实施过程中，要依据企业具体交易的特征，对每一项交易的实质都进行认真的分析与评估，同时要根据收入确认的具体要求来执行。在一些企业中仍然存在着不合理的情况，包括对已经销售的产品的成本计算不够到位，或者是把获得的相关价款归属于收入的范畴之内。这样在会计进行核算的时候，就对成本的计量准确性造成了一定的误差，也会给企业收入与成本以及费用的配比关系上造成影响，不能真实地反映出企业的经营成果，也会影响企业制定有效的发展决策。因此在企业进行会计核算的过程中，对于收到的价款可以认为是一项债务，不适宜将其归入收入的范畴内，这样就避免了影响正常的利润核算，提高了成本估计的准确性。

（2）在与让渡财产使用权有关系的业务处理中合理运用配比原则，和让渡资产使用权有关系的业务通常与企业的利润有着密不可分的关系。

比如在金融企业中，计算资产负债表每天获得的利息收入中，也会涉及企业生产成本、收入、费用之间的关系。在实施会计核算的过程中，金融企业通常会依据他人使用货币资金的时间以及利率的大小来计算与核对利息的收入状况，同时，所发放的贷款在这一会计期间所确认得到的利息收入应该和这一时期在办理存款时所支出的利息是相配比的关系。通常情况下，企业在生产经营过程中如果涉及让渡资产的使用权，在确定使用费收入的时候，为了让结果更加准确，可以依据相关的合同条款以及协约的规定，来确定收费的具体时间，同时选择最为有利的计算方法。和当期存在关联的未来费用，要在本期内实施预提，同所有的预付款项有关的成本费用，进行记录的前提条件是当所有相关的收入都获得之后，这样做的目的是为了进行成本、费用、收入的合理配比。例如使用成本模式进行计量的具有投资性质的房地产企业在进行会计核算的时候，如果租金的收入是一次性获得的，就应该依据条款分摊到每一个收益期间内，算作是其他业务的收入，在当期计提的折旧或者是摊销则算作是其他业务的成本，这样就与收入形成了一种对应的关系。此外，如果在经营的过程中出现减值现象的，要做好房地产的减值准备工作，同时将其算作资产减值损失，这样也就构成了一种配比的体系。

（3）要在与公允价值变动损益有关的业务处理中合理利用配比的原则。

通常来讲，企业的公允价值变动损益核算企业在最初的核对时，一般会分成两种形式：一种是以公允价值计算同时其变动被归入到当期损益的金融资产或者是金融负债中；另一种是利用公允价值的计量方式实施后续的计量过程。那么在资产负债表中，企业通常会根据公允价值超出账面余额的差额来贷记公允价值的变动损益科目，同时也会依据公允价值低于账面余额的差额来借记公允价值变动损益科目，以达到预期的效果。当企业在会计核算的过程中，大部分的企业都会把该项科目与配比原则相结合起来使用。这样处理存在很多的不当之处，主要体现在：一是如果企业拥有该项资产当年可以进行出售处理的，可以把该项账户的余额全部结转到投资收益账户中来，这时候该账户反映的是企业在生产运营过程中的潜在收益。二是如果要对该项资产实施跨年处理，那么在处理资产负债表每天的财务管理时，就要将该项目的余额同时转结到本年度的利润账户中来，然后通过本年度的利润再结转到资产负债表中，这样在一定程度上也体现了成本、收入的相互平衡。

（4）要在企业的投资收益中合理利用配比原则。

一般情况下，企业的投资收益指的是企业在特定的时期内通过投资的方式得到的经济收入，该收入要同获得此收入所付出的成本费用进行相应的配比，这样有利于对企业实际利润的科学计算。需要注意的是，在会计核算中使用成本核算方式的企业，所得到的现金股利在某种程度上是属于长期股权的投资持有时间段内所获得的，如果将此也作为是投资收益，就应该使用配比的方式来具体核算企业当期的实际营业利润。如果获得的现金股利是在非持有的时间段内获得的，就不应该作为投资收益，在具体的核算过程中就不能参与到配比原则中来，这样才可以体现配比原则的实际效用。可见通过正确的方式才能将企业会计核算中的配比原则的功效发挥出来，从而对企业的生产运行成本、费用、收入进行科学的计算。还要注意每一环节的全面性，例如成本费用就包括制造费用、销售税金及附加费用等，同时要将收入与成本放在同一个时期内来计算，增强核算结果的可靠性，并为企业的经营实践提供更多的参照依据。

（八）谨慎性原则

此即稳健性原则，它是在存在不确定因素的条件下进行预计时，采取不造成高估资产或收入的做法，防范损害企业的财务信誉，避免信息使用者对企业的财务状况与经营成果持盲目乐观的态度。这一原则的基本内容是：不预计收入，但预计可能出现的损失；对企业期末资产的估价宁可估低，也不能估高。

1. 谨慎性原则的基本要求

谨慎性原则亦称稳健性原则，通俗地说是指在处理企业不确定的经济业务时，应持谨慎的态度。凡是可以预见的损失和费用都应予以记录和确认，对没有十足把握的收入则不能予以确认和入账。随着会计环境的变化，会计目标从报告经管责任向信息使用者提供有用的会计信息转化，谨慎性原则也逐渐成为具有相关性和可靠性质量特征的会计信息的修订性原则。我国会计准则中规定，企业在会计核算时，应当遵循谨慎性原则的要求，不得多计资产或收益，少计负债和费用，也不能计提秘密准备。谨慎性原则的基本要求是：第一，谨慎性原则存在的基础是不确定性所处理的是"可能发生"的事项。第二，对各种可能发生的事项，特别是费用和损失，在会计上确认和计量的标准是"合理核算"，对可能发生的费用、负债既不视而不见，又不计提秘密准备。对"合理"的判断则事实上取决于会计人员的职业判断。第三，运用谨慎性原则的目的是在会计核算中充分估计风险损失，避免虚增利润、虚计资产，保证会计信息决策的有用性。

2. 谨慎性原则的适用范围

谨慎性原则并不能应用于所有会计业务的处理，只能应用于存在不确定性的业务。不能把谨慎性原则简单地理解为不得多计资产或收益、少计负债或费用。对于处理真实可靠、能够准确计量的经济业务时，只能如实反映准确计量，不存在谨慎的问题。会计人员处理不确定性业务主要分为以下几种情况。

（1）会计业务的发生本身具有不确定性。

会计处理有些经济业务的发生具有不确定性，其结果须通过未来不确定事项的发生或不发生予以证实，比较典型的是或有事项。谨慎性原则要求在充分披露或有事项的基础上，对发生具有不确定性的经济业务进行会计处理时，可适度预计或有事项可能引起的负债和损失，而尽量不要预计或有事项可能发生的资产和收益。

（2）经济业务确认和会计政策选择时的不确定性。

会计规范规定的会计确认和会计政策选择标准一般是抽象、原则化的，是会计实务基本特征的综合性体现，是对会计业务做出的普遍性规定。而会计人员面对的会计业务是具体而复杂的，会计人员在处理具体业务时自然面临着抽象、原则化的标准与具体、特殊的业务之间存在的或多或少、或大或小的差别。在对经济业务进行确认时，需按照会计标准对具体的会计事项进行职业判断。

（3）经济业务计量时的不确定。

会计计量是指准确确定经济业务的发生额。会计人员在处理会计业务时，不仅要对经济业务进行分类确认，还要进行计量记录。在确定经济业务发生大小的时候，对企业发生的经济业务可以分成以下两类：一类是业务的大小可以取得实际发生的各种单据加以证实，只用按照单据写明的发生金额进行反映即可；另一类是业务发生额的大小无法取得实际发生的单据加以证实，业务发生的金额需由会计人员进行估计确定。在确认和计量过程中，当发生的交易或事项涉及的未来事项不确定时，必须对其予以估计入账。

（4）信息使用者信息需求的不确定性。

会计处理的主要目的就是满足信息使用者对企业财务状况、经营成果和财务变动状况等会计信息的需求。但会计信息使用者是多方面的，既有内部管理者，又有外部信息使用者，各方面信息使用者出于自身利益的考虑，其信息关注的重点以及对信息的要求也是不同的。另外，企业经营的过程是持续不断的，信息使用者的信息需求会随着时间的推移，社会状况、经济状况的不断变化呈现出新的特点。从谨慎性原则考虑，企业对外提供的会计信息，特别是会计报告应满足信息使用者各个方面、各个层次和不同时段的要求。企业不可能对各方面信息使用者分别提供报告以满足其个性化的信息需求，这就要求企业应尽量了解企业信息使用者各方面的信息需求，对外披露的会计报告应尽量全面的提供企业各个方面的会计信息，并随着时间的变化不断加以改进，以满足信息使用者的信息需求。

3. 实际运用谨慎性原则中存在的问题

（1）谨慎性原则可能使企业操纵利润具有更强的隐蔽性。

谨慎性原则是会计对经营环境中不确定性因素所作出的一种反映。比如存货，计提存货跌价准期不备使得当期利润计算偏低，期末存货价值减少，会导致以后期间销售成本偏低，从而使利润反弹。对于期末存货占资产比重较大的企业（如房地产开发公司），这不失为操纵利润的手段。因此，企业可能在某一会计年度注销巨额呆滞存货，计提巨额存货跌价准备，实现对存货成本的巨额冲销，然后次年就可以顺利实现数额可观的净利润。这种盈余管理只需对期末存货可变现净值作过低估计，而无须在次年大量冲回减值准备即可实现，因而具有更强的隐蔽性。

（2）谨慎性原则具有极大的主观臆断性。

谨慎性原则的主观臆断性，受会计人员的业务素质、职业判断能力的影响较大，可能导致会计信息的不可验证性。成本与可变现净值中的"可变现净值"如何计量确定在会计制度中表述为："可变现净值，是指企业在正常经营过程中，以估计售价减去估计完工成本及销售所必需的估计费用后的价值"。这三个估计中任何一个估计脱离实际较大，可变现净值就难以计算正确。接受捐赠的固定资产（或无形资产）在无取得发票账单和不存在活跃市场的情况下，制度规定按该接受捐赠的固定资产（或无形资产）的预计未来现金流量计算多少，折现率选用多大，都需要看会计人员的职业判断能力高低。由于谨慎性原则具有主观臆断和不可验证性，致使该原则易被滥用以达到实现虚增企业利润和欺骗外部信息使用者的目的，为企业进行利润操纵和会计欺诈造假提供了"合理"空间，导致会计信息具有不可验证性，造成了会计信息的失真。

（3）会计人员职业水平较低，滥用谨慎性原则。

谨慎性原则在运用中的"可选择性"，要求会计人员具有较高的业务素质和职业判断能力。目前，虽然我国会计业的发展较为迅速，但是所培养出的会计人员素质还存在较大的缺陷。一是部分会计人员业务水平较低，难以掌握新的核算要求，更谈不上在会计实务中正确应用新制度。因为新制度中"可选择性"的范围日益扩大，尤其是谨慎性原则应用的许多地方需要会计人员的职业判断，如坏账准备提取的比例、存货可变现净值大小等等。二是部分会计人员职业道德素质低下。虽然这些会计人员知道如何准备应用谨慎性原则，但基于特定目的，往往会对这一会计政策进行滥用。

（4）会计政策的可选择性较强，企业资产和利润易被扭曲。

会计政策是企业在会计核算过程中所采用的原则、基础和会计处理方法。会计政策选择是企业在公认的会计准则、其他法规等组成的会计规范体系所限定的范围内，管理当局在确认、计量、记录以及报告的整个过程中，对可供选用的特定会计原则、会计基础、具体会计处理方法进行分析、比较，通过主观判断，选择有利的会计原则、程序和方法的行为。如在实际成本计价下，发出存货的成本按什么价格计价，是采用先进先出法，还是采用后进先出法或加权平均法，企业作出的任何一种选择，都会使当期利润偏高或偏低；固定资产采用何种折旧法，也会影响到当期利润高低。由于会计政策的可选择性较强，使资产和利润的目的不一定能够完全实现。

4．完善谨慎性原则的对策

（1）进一步完善会计法规。

会计准则中存在大量的不确定措辞，比如"可能""极有可能""极小可能"等，如何界定这些情况便成为影响会计选择和会计处理方法的重要因素，所以在制度法规中应明确规定或说明。比如对企业的会计核算和信息披露进行严格规范，严格限定企业会计选择、会计估计变更、会计估计差错更正上的权力，尽量减少对同类或类似业务处理方法的多样性和选择性，对不同行业不同规模企业特有的业务做出分类的规定，某些企业只能适用其中的某一类情况等，从而缩小会计人员人为估计判断的范围，使其估计判断也有章可循。

（2）适当增加财务报表附注，对冲突情况予以充分披露。

有必要在信息披露中充分说明谨慎性原则的应用时间、范围和程序，揭示因与其他会计原则的冲突而对企业财务和经营成果的影响程度及其变动情况。对于某些运用谨慎性原则处理的会计事项，应在会计报表报告中加以阐明，不但要反映影响金额，而且应揭示会计事项的真实情况和会计人员的处理方法，以使信息的使用者明确事实，独立判断。充分的信息披露能有效地提高信息可比性，从而使与企业有利害的关系者能准确地把握企业的财务状况，防止冲突进一步恶化而误导企业会计信息使用者。

（3）提高企业会计人员的职业判断能力和职业道德。

任何会计原则、会计方法在会计实务中的贯彻和运用都离不开会计行为的主体——会计人员。会计职业判断能力主要是指会计人员在履行职责的过程中，依据现有的法律法规和企业会计政策做出的判断性估计和决策。鉴于会计准则和制度中"可选择性"的范围日益扩大，尤其是如何保证会计人员在应用谨慎性原则时把握好"度"，要求会计人员必须提高职业判断能力，使其能够准确地把握谨慎性原则的实质，在对不确定事项进行估计和判断时，力求客观和公正，避免主观随意性。提高会计职业判断能力可以从以下三个方面入手：其一，应当加强会计职业道德教育，会计人员必须遵纪守法、遵守职业道德；其二，会计人员应系统掌握会计专业知识，练好扎实的基本功，还应具有强烈的责任心，对本职工作态度严谨，立足岗位，踏实苦干；其三，会计人员应不断更新专业知识，加强后续教育，还应主动与相关部门沟通，具有团结协作精神。

（4）加强审计监督，强化企业风险意识。

谨慎性原则在实际操作过程中具有较强的倾向性和主观随意性，因此必须加强审计监督，防止滥用和曲解谨慎性原则，避免人为地加剧与其他会计原则的冲突。对企业的内部管理者而言，应认识到谨慎性原则的运用只是会计对风险加以防范和管理的一个环节，管理者不要过分信赖。要强化企业的内在约束机制，提高会计人员的职业道德意识，优化会计行为，从而使谨慎性原则得到合理的运用。并充分发挥独立审计的外部监督作用，为谨慎性原则的正确运用构造"防御"体系。为防止企业基于自身利益的考虑不用或滥用谨慎性原则，应加强以独立审计为核心的外部监督体系，确保会计信息的公允性和谨慎性原则的合理运用。

（九）重要性原则

这一原则是在保证全面完整反映企业的财务状况与经营成果的条件下，按一项会计核算内容是否对会计信息使用者的决策产生重大影响，决定对其进行核算的精确程度，及是不是在会计报表上单独反映；凡是对会计信息使用者的决策有较大影响的业务和项目，要作为会计核算和报告的重点；对不重要的经济业务可以采用简化的核算程序和方法，可不在会计报表上详列。会计核算的重要性原则，在较大程度上是对会计信息的效用与加工会计信息的成本的考虑。若将企业复杂的经济活动，都详细记录与报告，不但能提高会计信息的加工成本，还可能使使用者无法有针对性地选择会计信息，反而对正确的经济决策不利。

1. 重要性原则在会计核算中的应用

（1）在设置会计账户中的运用。

企业的主营业务与其他业务的划分主要是根据其不同的经营业务主次进行。企业主要的生产经营业务就是我们常称的主营业务，会计重要事项就是主营业务在会计核算中的主要反映。因此，专门设置了可以反映出主营业务成本变动、主营业务税金以及附加情况的"主营业务成本"和"主营业务税金及附加"。2016年22号文将"营业税金及附加"改为"税金及附加"。22号文去掉"营业"二字，具体规定为：全面试行营业税改征增值税后，"营业税金及附加"科目名称调整为"税金及附加"科目，该科目核算企业经营活动发生的消费税、城市维护建设税、资源税、教育费附加及房产税、土地使用税、车船使用税、印花税等相关税费；利润表中的"营业税金及附加"项目调整为"税金及附加"项目。由于其他业务相对次要，所以会计利用"其他业务支出"来记录和反映其他业务税金和成本，而不另行记录。

设置"预收或预付账款"账户。企业购买生长周期较长、投资较大且极为紧俏的商品时，必然要预付部分货款给对方，这就是常说的定金。在使用会计账户时，企业应当根据重要程度不同的预付货款进行不同的会计处理。企业预付账款在一定的时期内发生过多，企业预付账款在企业总的资产中所占的比重就会相对增加。因此，预付货款这一重要的企业经济业务，应当设置专门的"预付账款"账户来进行货款核算；相反，预付货款业务较少发生或偶尔发生时，"预付账款"就不存在专门设置的必要，企业可以将会计账户合并到同一账户中集中进行反映，以达到会计账户简化的目的。预收货款和预付货款可采用相同的会计处理方法，按照预收货款重要程度来决定其是进行单独的账户设置或是合并到"应收账户"中进行数据核算。

"投资收益"内容的核算。在企业的会计制度中规定，企业的对外投资收益以及损失均是由"投资收益"账户来反映的，用贷方余额来反映出企业投资的净收益，而借方余额则反映企业的投资净损失。也不存在分项核算损失和收益账户必要。

设置银行存款及现金日记账的必要性。在企业银行存款和现金账户设置中，企业会计制度中明确规定其在相应总账的设置之外，并根据企业分类设置的相应的日记账进行核算。现金与银行存款是企业资产中流动性极强的两种，是企业的经济命脉，如不设置银行存款与现金日记账，则可能造成企业资金被盗窃或是挪用等重大的企业经济损失。因此，企业应当加强对银行存款和现金账户的管理。

（2）会计处理方法中重要性原则的应用。

个别计价法按照实际进货单价计算已发出的存活成本，它属于存货计价法中的一种重要计价方法，使企业成本流与存货实物流转一致性得以实现。该方法具有较高的准确性、真实性以及合理性，它必须认定结存和发出的存货的具体批次。该方法操作复杂、效率低。因此，对存货数量较多且单价较低的货品，个别计价法并不适用。相对来说，那些较易识别、存货数量少、单位成本高的飞机、船舶等贵重物品才有采用个别计价法的必要，以确保成本的准确合理计算。

进行股票发行手续费与发行佣金等相关费用的具体处理。针对股份公司通过委托其他单位代理发行股票所产生的手续费及佣金等各项费用，其余额为减去股票发行的冻结期间利息收入。如股票的发行溢价不足以抵消的，或无溢价产生的，可直接计入企业的当期损益之中；而金额较大的，可作为长期待摊费用，在两年内摊销完毕，然后计入各期损益。为了保持各期损益的均衡企业可采用分期平均摊销法，以便于会计信息使用者制定正确的企业经营决策。重要性原则在会计处理中的运用较为广泛，且可以根据不同情况进行不同的选择。除上述介绍的几种方法外，还有对出借、出租低值易耗品与包装物进行成本摊销的方法、计提短期的投资跌价准备、处理债券投资中产生的手续费及税金等相关费用、确定企业融资租入的固定资产入账准备价值。

（3）在会计信息披露中重要性的应用。

财务报告主要由会计报表和会计报表附注、财务情况说明书三部分构成，企业会计信息的对外提供主要依靠财务报表来实现。会计报表附注又可分为补充和说明会计报表中的各个项目、披露并对那些会计报表中表现较为重要的企业财务信息进行说明，由于这些信息对会计信息使用者造成的巨大影响，根据会计重要性原则对这些信息加以披露。

在会计核算工作时刻体现了重要性原则。因此，应深入领会这种精神，才能更好地教育和引导学生，真正掌握重要性原则精神，起到更良好的会计教学效果，为我国企业核算工作提供合格人才，促进会计核算工作的发展。

第二节 会计核算模式发展分析

会计是社会发展到一定阶段，为适应管理生产过程的需要而产生的即对劳动耗费及劳动成果所进行记录、计算、比较和分析的工具，它是一个信息系统，通过对大量原始数据的收集和处理，反映企业财务状况和经营成果，对企业的投资做出正确的决策。

一、手工会计核算模式

手工会计核算是指会计人员主要靠人工进行对原始数据的收集、分类、汇总、计算等形式，通过对原始凭证和记账凭证的两种分类，采用日记账、明细账、辅助账、总账以及会计法规定的会计核算形式，采用"平行登记、错账更正、对账、试算平衡、结账、转账"等记账规则的运用，进行账目处理的会计核算体系。它在传统的会计处理中一直占据主导地位。手工会计核算模式的特点主要有几点。

（一）复杂性

信息关系复杂，会计信息主要包括资产、负债、所有者权益、成本、损益等几大部分。这些信息有着相互依存、相互制约的紧密关系，如资产、负债与所有者权益之间的平衡关系，成本与损益之间的消长关系，总括信息与明细信息的核对与统辖关系。信息接口复杂，会计信息是以货币形式综合地反映企业的生产经营活动，其信息的源点和终点触及供、产、销每个环节以及人、财、物每个部门或单位。信息计算复杂，会计信息的处理过程自始至终离不开各种计算方法，如固定资产折旧的直线法、双倍余额递减法、年数总和法，存货计价的移动加权平均法、先进先出法、个别认定法，产品成本计算的品种法、分批法、分步法等。

（二）有序性

会计系统对经济活动的反映与监督是根据经济业务发生的先后顺序连续不断地进行的，即根据主体每一经济交易或事项发生的时间先后顺序，填制和审核会计凭证，设置和登记会计账簿，试算和编制会计报表，进行财务分析。其间，涉及会计信息的判断、确认、分类、计算、组合、复核、记录、再分类、再重组等多个技术环节来生成对外会计报表和对内财务报告，然后再开始下一个会计期间的循环。这些环节环环相扣，循序渐进，不得随意打乱和跳跃。

（三）规范性

会计信息处理具有一整套系统、完整的程序和方法，必须遵循"企业会计准则"、"企业财务通则"以及行业会计制度的规定，会计信息的收集、处理、交换均必须以有形的实物为载体，如出库单、发票等原始凭证，活页式、订本式的账簿，具有一定格式的会计报表等，对于每一环节的处理结果都具有可验证性，并可追溯其来龙去脉，提供清晰的审计线索。

（四）分散性

由于会计信息系统综合、系统地反映企业经济活动的全貌，使会计信息处理的工作量很大，在手工条件下需要由多名会计人员分工协作才能完成。为避免人工在任何环节与任何时候都可能出现的计算、记录等方面的差错，根据复式记账原理，环环检查、平行登记、账证核对、账账核对、账表核对、试算平衡等技术要贯穿于整个处理过程。

（五）单一性

具体表现为：会计主体单一：会计信息系统仅收集、处理和交换与主体直接相关的经济事项的信息，而不包括所在行业的信息，以及与企业有关的国家宏观经济政策或市场信息，如产业结构调整政策、有关股票市价。会计期间单一：手工条件下，会计系统只能以"月"作为最小会计期间来提供会计信息，而不能提供更小单位期间的信息，如某产品的"周成本"或"日成本"。货币计量单一：会计系统只收集、处理和交换能够用货币描述的经济事项的信息，而不包括非货币计量的信息，如企业人力资源的投资与更新、企业环境绿化与"三废"治理的信息。核算方法单一：会计系统只确认主体认定的核算方法所生成的信息，而不包括其他备选方法或程序所可能生成的信息，如主体认定存货计价采用先进先出法，系统便不能存储和生成后进先出法、加权平均法、个别认定的存货信息。信息确认单一：会计信息系统仅收集、处理和交换已发生的经济事项的信息（历史成本），而不包括未发生的经济事项的信息，如未决诉讼、潜在的市场利润与风险等。

二、计算机会计核算模式

会计电算化是将计算机技术应用到会计领域，完成数据的自动化。会计电算化的概念有广义和狭义之分，狭义的电算化是以电子计算机为主体的当代电子信息技术在会计工作中的应用；广义的会计电算化是指与实现社会会计工作电算化有关的所有工作。会计电算化通过数据库存入或提取会计信息，打破了传统手工系统会计工作对会计事项分散处理的记账规则。

会计核算在财务工作中十分重要，但随着社会的发展，传统的会计核算模式已无法适应时代发展的需求，而网络技术的飞速发展为会计工作带来了新的契机，信息网络技术开始广泛运用于会计工作中，这使得财务工作变得十分便利。

（一）信息化环境下企业会计核算模式概述及应用现状

（1）与传统的会计核算模式相比，信息化环境下会计核算模式的基本框架并未改变，依旧遵循其基本原理，通过会计凭证账簿和报表来收集财务信息。同时，在传统模式上也缺乏创新。一些会计核算软件的应用，在一定程度上加大了会计核算的广度、深度和灵活度，增加了其时效性。大量的财务信息，纷繁的数据，通过软件来处理，充分利用网络信息技术，不仅能在短时间内得出精确的数据分析结果，也解放了人力资源。

（2）会计在长期积累经验和发展的过程中，逐渐形成了传统的核算模式。时至今日，虽然网络技术发展迅速，但传统的会计核算模式仍然是财务会计中重要的部分，具有非同寻常的意义。然而，传统的会计核算模式主要适用于手工核算方法，存在诸多缺陷，也不能适应信息时代会计核算的需求。随着科技的发展，信息时代的到来，企业会计核算也逐渐朝信息化方向发展，克服了许多传统会计核算技术存在的问题，使财务工作变得极为便利。

（二）信息化条件下会计核算的优势

信息化的会计核算，即把新兴的计算机网络技术与传统的会计核算模式结合起来，对传统的会计模式进行改良，使会计核算与企业管理形成互动和共享。信息化背景下，一方面会计核算的思想观念和核算方式都有了很大的创新；另一方面又遵循会计核算的基本原则。

（1）信息化深化了会计核算的标准。信息化的会计核算仍以账簿和报表为核算信息的主要方式，保留传统的会计核算的基本内容，但同时又深化了传统的会计核算方式。由于传统的会计核算是采用人工核算的方式，效率很低，因此每次只能采取单一的一种核算方式。然而，运用计算机网络技术，却可以同时采用多种会计核算方式进行核算，满足不同层次的企业管理的需要，具有高效性和便捷性。另外，在序时核算中，传统的会计核算方式只能采取三栏式日记账方法。在信息化的环境中，序时核算可以采取的方式不再只是一种，核算的科目也不只是货币资金科目，而是扩大到了其他科目。此外，信息化背景下的会计核算可以在电脑上完成，通过各种软件完成大量的各种各样的复杂型报表。甚至采用二维乃至三维的结构来更加全面和深入地反映一些问题，从而大大提升会计核算的深度。

（2）信息化增加了会计核算的广度。会计核算广度一般是说明会计核算的工作范围。信息化氛围中，会计核算不单单需要借助传统的价值尺度对其进行核算，且需要采用很多非货币的方式来进行核算，同时也可以根据不同的需要，设置多套账簿，从而解决传统核算模式单一的现状，增加会计核算的广度。

（3）信息化使会计核算的效率提升。信息化的企业会计核算模式在运行过程中使用了各种先进的理论和设备，在核算效率上有了明显的提升。在新的会计核算模式下，企业的经营情况能被更为直观地展现出来，财务人员的工作压力也明显减小，同时核算质量还获得了极大的提升。应用新的成本核算方式使得信息收集和分析变得更为便捷，减少了核算工作所耗费的时间，从而起到控制核算成本的作用。

（三）信息化环境下企业会计核算模式的分析

信息化有效推动了会计核算的发展，深化了传统核算模式的改革，促进了会计核算的深度和广度，提高了会计核算灵活度，增强了会计核算时效，同时也扩充了会计核算模式。下面从五类新的核算模式入手，探讨信息化环境下企业会计核算模式的改革。

1. **综合的零级核算模式**

为了更好地满足企业经营管理需求，需要对目前存在的一级科目进行分类，以便组建一个较高层次的会计科目，即所谓的零级科目，在该条件下进行的会计核算就属于零级核算模式。

（1）零级核算模式的主要特点。

首先，零级核算模式一般是选择随机核算制，可以对各种零级核算随机抽取；其次，一级科目一般是零级核算模式得以进行的基础；最后，重新分类，并由此进行零级核算，这样就可以构建一个概括性的零级科目。

（2）零级核算模式的常规分类。

零级核算模式的常规分类口径可以从会计对象、会计要素、会计科目、流动性等几个方面分类。零级核算模式的常规分类口径实现的是"全部分类"，即把所有的一级科目都按照要求划分到某零级科目中，从而实现单一的零级核算。除了从会计对象、会计要素、会计科目、流动性四个方面进行分类外，还可以把所有资产划分成一类，其余的科目不分类；所有者权益不分类，而其余的一级科目需要按照要求分类；将负债划分成一类，其余的科目不分类；按往来科目分类；按资产净值分类。小规模人等不能抵扣增值税的，购入材料按应支付的金额，借记本科目，贷记"银行存款""应付账款""应付票据"等科目。

2. **实时核算模式**

实时核算是指在会计核算期内能及时响应的核算，实质是实时操作在会计核算中的主要应用。在实时核算过程中，通常会形成核心的中央数据，其已成为控制随机核算数据的主要指标之一。

（1）实时核算模式的主要特点。通常情况下，实时核算模式包括以下三个特点：第一，采用实时核算制，可以实时提供符合要求的会计信息；第二，根据已编好的核算单位和科目编码进行核算；第三，采用汇总核算方法，这样可以确保实时核算的准确性。

（2）实时核算模式的基本内容。在进行核算过程中，实时核算模式一般会形成核心的中央数据，并将这些数据存储于中央数据表中，根据各级编码汇总和核算单位进行登记和分类，主要包括各级明细分类账和总分类账。其无法对逐笔序时的发生额进行反应，而仅能反映科目编码和核算单位的汇总数据。凭证表一般属于核算的数据源表，它提供的原始数据要在实时核算模式下进行加工。例如，会计电算化就是采用实时核算的一种核算模式，在发生可以用货币计量或以实物计量的经济业务时，会计从业人员将经济业务原始会计信息输入会计软件中，会计软件就可以快速分析和计算。会计电算化和会计软件在运行时都要遵循会计恒等、核算时要复式记账、平行登记和账账相符等原则，从而确保会计分录，会计凭证的正确度。根据经济业务的特点，经济业务可以是资产类业务、负债类业务、所有者权益类业务、成本类业务及损益类业务，每次输入新增的原始数据，会计软件就可以根据新增的会计信息实时分析和处理系统中已有的会计信息，并快速生成关于资产类、负债类、所有者权益类、成本类和损益类等科目的最新信息。管理者可以随时参考这种实时生成的会计资料，来为公司或企业的发展做出决策。

3. 分组核算模式

通常情况下，需要根据企业经营管理要求，对已有的各级明细科目进行随机概括和分组，这样可以形成一系列符合企业会计核算要求的会计科目，并且可以将这些会计科目定义为分组科目。然后依据分组科目进行分组核算，即所谓的分组核算模式。

（1）分组核算模式的主要特点。

分组核算模式包括以下两个方面的特点：第一，采用随机核算制，该过程中需要实时提供新的明细核算指标；第二，在已有明细科目基础上对其重新分组，从而组成全新的明细分组科目，其一般需要进行现场指定。

（2）分组核算模式的主要内容。

分组核算模式中所涉及的主要内容一般是由现存的明细科目分组口径来进行现场随机指定。对于一些比较常用的分组口径，通常会将相关信息保存到分组信息表中，并在后期使用过程中做到随时调用，而不需要重复分组。计算机或会计软件对于新增的会计信息，可以打破传统的分组方式，将系统内的会计信息再次分组，这种分组是瞬间完成的，而且分组的精确度非常高，为后期的会计核算奠定坚实的基础。分组核算模式的常规分组口径有以下两种。按现金流量大类分组或是按投资种类分组。

4. 重组的混合核算模式

根据企业经营管理的需要，对所有科目实施重新分类组合，包含各级和一级明细科目，从而组建一个混合科目，然后根据要求对其实施会计核算，即所谓的混合核算模式。混合核算模式使用对企业会计核算具有重要意义，其不仅打破了科目的级别特点，而且还能提供新的混合核算指标。

（1）混合核算模式的主要特点。

混合核算模式包括以下三个方面的特点：第一，采用随机核算制，其一般是按照新提供的混合核算指标进行会计核算；第二，不需要对编码级别进行分类就能实现现有科目编码的重组，从而形成新的混合科目，并对其开展混合核算，其一般需要在现场指定；第三，一般不需要采用汇总的核算方法，仅选择逐笔序时的核算方法即可。

（2）混合核算模式的主要内容。

混合核算模式中所包含的主要内容是由混合科目的口径来决定的。实际上，混合核算属于分组核算和零级核算的结合，使用起来比较灵活。混合核算模式可以对所有会计科目进行重组，不论是一级科目、二级科目或三级、四级科目，在形成新的混合科目之后，按照重新组合的混合科目进行核算，这种混合的科目组合可以满足企业特定情况下对会计工作的要求，如对企业会计信息进行抽查和试算平衡时，为保证审查工作的公平公正，将企业会计科目全部打乱，再审查企业会计工作是否合规；有时候在试算平衡时，如果花费了很长时间却不能找到哪里出现了错误，那么就可以采用混合模式，打破思维定式，寻找试算不平衡的原因。

5. 延伸的辅助核算模式

为了满足企业会计核算需要，可以对已有的底层明细科目进行适当延伸，从而形成若干会计科目，然后根据这些科目进行会计核算就是所谓的辅助核算模式。

（1）辅助核算模式的主要特点。

辅助核算模式包括以下三个方面的特点：第一，选择随机核算制，其能为企业会计核算提供比较细致的核算指标；第二，在现有底层明细基础上进行适当延伸，从而构建全新的辅助科目，并根据其标准进行辅助核算，一般需要在现场指定；第三，辅助核算模式不仅需要汇总的核算方法，同时也采用了逐笔序时的核算方法。

（2）辅助核算模式的主要内容。

辅助核算模式所包含的内容是由编码内外的划分来决定的。辅助核算模式对于那些具有纷繁复杂经济业务的企业和公司具有重要作用。在企业或公司的经济业务特别复杂时，为了方便会计分录工作，会计审核需要给一些经济业务进行辅助编码，这些辅助编码在企业的会计信息中占有一席之地，有效简化了会计人员的工作。

企业会计核算在如今企业发展中起着举足轻重的作用，随着社会的进步和经济的发展，它变得越来越重要。随着我国经济的高速发展和计算信息技术的飞速进步，对企业会计核算也有了更高的要求。因此，我们要不断创新，使之更加适应现代化的需求。

第三节　代理制会计核算模式

财务代理公司能够按照规范要求进行会计核算，为企业经营决策提供所需要的财务信息，无需配备专职财务会计人员进行会计核算，减少了会计人员薪金及劳动保障等用工成本支出，简化了劳动用工管理手续，也不必担心人才流失，照样可以享受高品质、更专业的财务会计服务。

一、企业施行代理制会计核算的必要性

(一) 我国小企业会计核算中存在的问题

1. 会计工作秩序混乱

我国大部分企业是合伙企业或合作制企业，根据相关法律规定，只有具备相应条件才能取得法人资格，多数企业并不具备企业法人地位，对外往往需要承担无限责任。一旦遭遇经济纠纷或者人员矛盾，就会造成会计工作秩序混乱，会计信息失真的情况比较严重，造假账、编假表、报假数等，缺乏有效的会计核算，不利于责任的明确划分，而且还会因提供无用的会计信息给国家宏观经济政策造成失误，给市场经济秩序造成混乱。

2. 会计人员素质低

目前，我国企业会计机构设置得较为简陋，会计监督严重弱化，导致职责范围不明朗，总体上难以形成一套可行实用的会计制度和工作流程；同时，多数小企业没有专业化的会计人员，更谈不上专业化的会计队伍，往往由非专业人员来兼职，人员素质低，更有部分企业的会计工作由企业主一人揽下，缺失明确的分工，以谋取私利或小利益，工作上往往顾此失彼。

3. 会计制度形同虚设

完善的会计制度是推动小企业向前发展的强大动力。然而，我国很多小企业并没有综合考虑自身经营情况，往往直接搬用大企业的会计制度。同时，会计人员一味听从企业主的意见去工作办事，造成原有会计制度操作性不强，约束力不大，会计工作中有法不依、执法不严、违法不久的情况比较严重。

4. 会计内部规范弱化

一是银行账户多，货币资金管理混乱，公款私存私借、白条抵库现象严重。二是各类票据多，收支凭证乱，普遍存在使用自制收支票据的现象，大量的收支凭证要素不齐。三是违规账目多，会计核算及档案管理混乱，自行设置会计科目，会计报表在编制上较为粗糙，种类不齐全。四是收入不入账，"小金库""账外账"屡禁不止，扩大报销范围和标准。有的财会人员只管付款，不管审核凭证；只管记账，不管监督。且认为企业主要领导批的就有效，内部控制制度不严，致使应予体现的会计信息不能真实、完整地体

现，严重影响会计工作质量。

（二）我国小企业采用代理记账的必要性

《会计法》第三十六条第一款规定："各单位应当根据会计业务的需要设置会计机构，或者在有关机构中设置会计人员并设定会计主管人员；不具备设置条件的，应当委托经批准设立从事代理记账业务的中介机构代理记账。"为了具体规范代理记账业务，《代理记账管理法》第十一条规定："依法应当设置会计账簿但不具备设置会计机构或会计人员条件的单位，应当委托代理记账机构办理会计业务。"由此可见，不具备设置会计机构的小企业，可以采用代理记账的方式。

现代企业在发展过程中，对会计的要求不再是简单地记账就万事大吉了，需要会计出谋划策、运筹帷幄，这就对企业会计提出了更高的要求。由此，具有一定专业水平、专门为小企业提供会计咨询服务、为企业的发展和经营提供可靠财务保障的代理记账公司应运而生。记账公司的出现从很大程度上弥补了小企业在会计核算中存在的不足，之所以能被接受和推广，主要是存在以下两方面的因素。

1. 节省成本开支

不具备设置会计机构或会计人员条件的小企业，如果聘请能力较高的会计，虽然账务处理能力较强，但是会计的费用相对较高，对小型企业来说难以承受。再加上许多有一定能力的会计不愿到这种类型企业任职，这就给企业拥有业务能力强的会计带来了一定的难度。

而代理记账公司能为小型企业提供做账、报税、企业咨询、财务顾问等专业性的服务，小企业委托代理记账机构来进行会计核算，不仅可以减少对会计人员工资及社会保险等费用开支，无须花费较大的成本培养专业人才，也不必担心人才的流失造成企业不必要的经济损失，这样就能以较小的付出，得到专业化、高质量的管理服务，由此可以看出代理记账可以为小企业带来诸多方便!

2. 提高企业效益

代理记账公司是经过工商机关审核、注册登记的企业，有固定的办公场所，公司员工一般具备合法代理记账、代理申报纳税、会计业务咨询服务、会计人员培训等资格，对会计电算化和电子申报等现代化手段运用熟练，能满足各类中小型企业对会计工作的要求。小企业在委托代理记账时，还可享受代理记账公司根据企业需要提供的税收筹划，从而合理利用税收优惠政策，为企业节省许多不必要的开支。通过代理记账公司的关系网络，很好地提供财务信息，为企业的运营提供便利的条件，有利于企业的经营管理和经济效益的提高。如果代理公司的差错造成企业损失，将由代理公司赔偿。这种责权关系也可解除企业的后顾之忧。

随着社会的发展和进步，经济也在快速发展和提高。许多企业的财务控制目标是"价值最大化"，而代理记账业务既可以为小企业节省成本，同时又能够为企业提供专业化的会计服务。虽然小企业实施代理记账也存在着的一定的问题，比如代理记账行业自身发展弊端，委托代理记账双方缺乏必要的沟通，代理记账会计人员素质有待提高等，但从总体情况来看，还是利大于弊。如果把代理记账弊端逐步克服，在现有代理记账的基础上逐步完善其自身功能，相关部门做好监管工作，相信代理记账行业对于小企业是一个很好的存在。而对于不具备设置会计机构或会计人员条件的小企业来说，利用代理记账来规范会计核算工作也是大势所趋。

因此，企业对自己的定位应该是用较少的成本提供会计信息使用者所需的会计信息。这就是说，企业应该牢牢抓住会计处理方法简单、会计信息简化、会计报表的种类和内容简明且要求不高的特点来选择获取会计信息渠道的方式，以减少小企业经营成本和管理费用。同时，还促使小企业能及时足额地给国家上缴税金，能给银行提供有效的信息，能满足政府管理当局利用会计信息作出有效管理决策的需要。

二、企业会计委托代理制的治理结构效应

小企业实行会计委托代理制，对改善企业的内部治理结构，也起着积极的作用。

（一）有利于扭转会计信息失真的被动局面

众所周知，我国目前会计信息失真严重，小企业同样避免不了这种尴尬局面，其原因是多方面的。相对于大中型企业来说，小企业的会计机构本来就残缺不齐，会计人员业务素质和职业道德素养普遍比较低，会计基础工作规范化能力偏弱，了解和执行会计法律法规的能力较差，企业的财务管理能力偏低。更甚的是，小企业主或管理人员出于个人利益的动机而指使会计人员做假账和提供虚假会计报告时有发生。可以说，低素质的小企业会计队伍是造成和加剧我国会计信息失真的一个重要原因。如果我们针对不同规模的小企业分别推行不同的会计核算管理制度，比如实行会计委托代理制度，从而淘汰掉不合格的小企业会计队伍，就可能有利于提高会计信息的真实性、可靠性，进而在某种程度上缓解会计信息失真的现状，对提高反映企业的经营现象或资产状况的质量，对为相关部门作正确决策提供真实信息会有所贡献。

（二）有利于完善小企业内部控制制度

现存小规模企业的特征集中体现为：所有权和管理权集中于少数人，组织结构简单；经营活动的复杂程度低，会计账目简单；制度和授权存在缺陷；不相容岗位分离有限；企业主（经理）凌驾于内控制度之上；管理人员会计知识有限；企业主（经理）可能支配所有的经营管理活动；注册会计师对会计报表的完整性认定难以获取充分、适当的审计证据；企业主（经理）的品德受到怀疑；企业主（经理）无视存在的内部控制；缺乏成文的内部控制制度，会计记录没有原始凭证支持或没有将原始凭证入账；等等。这些特征决定了小企业内部管理的混乱，很大程度上制约着企业的健康发展，削弱了企业的市场竞争水平。推行小企业会计委托代理制度，由企业聘请会计中介机构代理记账业务，

授权会计中介机构设计会计内部控制制度，可以整顿企业的内部管理秩序，改善公司内部治理结构。其效果集中体现在：提高小企业资金的安全性，健全的企业内控制度保证资金在一个合法的环境内运行，防止资金被不法侵占；提高企业资金的使用效率，树立企业主（经理）的资金时间价值观念，培养企业主（经理）依法治企的意识。

（三）有利于提高企业会计报告的可审性，降低其审计风险

企业会计代理制度的实施对贯彻《会计法》、《企业财务会计报告条例》和规范小企业会计行为，促进小企业健康发展，都具有非常重要的现实意义，是整顿和规范小企业会计工作秩序的重要组成部分。小企业会计工作的规范化以及会计信息、会计质量的提高将增强小规模企业的可审性。统一了的小企业会计核算制度，也便于注册会计师进行审计判断。此外，小企业会计代理制可降低小企业审计的固有风险和控制风险。审计风险包括固有风险、控制风险和检查风险。小规模企业的固有风险和控制风险通常较高，小企业会计代理制度的推行，进一步规范小企业的会计行为，减少了会计估计的使用，必然会提高会计报表项目的正确性，降低小企业会计报表的固有风险。小企业的制度和授权存在缺陷，不相容职责分离有限，内部控制比较薄弱，企业主（经理）凌驾于内部控制之上的可能性较大，因此控制风险通常较高。随着小企业会计代理制度的逐步推行，企业主（经理）对内部控制的高度重视以及直接实施一些控制程序，在一定程度上弥补了内部控制的上述缺陷，降低审计的控制风险和检查风险。

三、企业会计委托代理制的实行要项

在企业中实行会计委托代理制，必须注意以下几个问题。

（一）企业会计委托代理制度的适用主体要明确

这是要求对实行会计委托代理制度的企业应该有比较明确的界定标准，以保证会计委托代理制度有一个科学合理的适用范围。由于小企业的发展速度很快，经营规模、职工人数、资产总额等指标经常变动，因此，小企业是否长期实行会计代理制度应该充分顾及原则性和灵活性相统一，要坚持适应事物不断发展的权变管理观念。

（二）企业会计委托代理制度适用的会计核算办法应简单、便于操作，披露的会计信息应通俗易懂、便于理解

这一原则是要求在制定小企业会计制度时，应针对小企业会计业务的特点，从会计科目的设置到会计报告的编制都应体现简单实用的指导思想。相对于大中企业而言，小企业会计业务比较简单，会计信息使用者也主要限于企业管理部门、政府税务部门以及债权人。因此小企业会计核算过程中更应强调会计核算办法的简单、易懂和便于操作，充分考虑小企业管理人员的能力和水平，兼顾会计核算实施过程中的成本效益原则。这样更利于小企业普遍建立起简单、灵活、实用的会计核算系统，及时向信息使用者提供真实完整的会计信息。

（三）企业会计委托代理制度适用的会计准则应适当体现谨慎性原则

自2001年起在股份有限公司实行的《企业会计制度》充分运用了谨慎性原则，主要表现是提取八项资产减值准备。从目前我国小企业发展的实际情况来看，不少企业面临诸如设备陈旧、技术落后、研发投入不足、竞争能力不强、贷款困难等问题。如果从财务管理的角度来分析，小企业要实现稳健经营和健康发展，就需要向社会提供真实可靠的会计信息，避免虚盈实亏的情况发生。而要做到这一点，就应该在实行《小企业会计制度》时适当运用谨慎性原则。

（四）企业会计委托代理制度应尽可能地实现委托代理记账与委托代理纳税相统一

企业既是大企业的摇篮，更是推动一国经济发展、实现市场繁荣的重要力量，这就要求企业会计代理制度的实行要兼顾企业纳税的需要。小企业会计信息披露对象的重点在企业管理者和政府的税务部门，实现小企业会计委托代理和税务委托代理相统一，就会提高企业财务工作效率。

（五）小企业会计委托代理制度适用的会计制度应尽可能与国际标准相协调。

我国加入世界贸易组织后，会计国际化趋向将更加明显，不论是《企业会计制度》《民间非营利组织会计制度》，还是《小企业会计制度》，都应该尽可能与国际标准相协调，这也是我国开放会计市场的必然结果。小企业会计制度与国际会计标准的协调，必将有利于企业在发展过程中吸收更多的国内外风险投资家的资本，增强自身的资金实力，从而赢得更加广阔的发展空间。

四、小企业会计委托代理制的保障机制

我国会计中介机构的市场地位已经确立，随着市场经济的发展，会计中介机构已经成为我国市场经济的重要组成部分，它在企业、政府和社会组织之间发挥的沟通、协调作用日益明显，它的社会地位日益突出。会计中介机构的会计委托代理业务是一种市场商业行为，受到市场经济的约束与保护。因此，一旦小企业实行会计委托代理制度，它和会计中介机构发生的经济往来就会受到政府会计管理部门的监督，其合法权利自然地应被纳入已经建立起来的市场经济保障机制之中。

再者，提高会计中介机构的从业人员的职业道德和业务素质也是小企业实行会计委托代理制度的有力保障。近几年，在政府会计管理部门和行业协会的加强指导和管理下，我国会计中介机构逐步走向规范化管理，行业自律行为规范得到贯彻实施，从业人员的素质得到了普遍提高，这是小企业实行会计委托代理制度的强力支撑。作为小企业会计委托代理业务的受托方，会计中介机构应该积极提升自己的品牌价值，树立行业权威，成为行业典范。会计中介机构的执业注册会计师除了熟悉运用《小企业会计制度》，还要坚持准则、诚实守信、严守秘密、热情服务，要有与其会计职责相适应的职业道德水平。而作为会计委托代理业务的委托方，小企业主（经理）也要熟悉《小企业会计制度》和

其他相关的会计制度，不得有授意、指使、强令会计中介机构及其会计从业人员伪造、变更、隐匿、故意销毁会计资料的违法行为，保证会计原始凭证、资料的真实有效，共同推动小企业会计委托代理制度的健康发展。

第四章　建立适应市场经济体制的会计核算规范

第一节　会计核算规范化管理模式的概念和意义

一、企业会计核算规范化管理模式的概念

会计基础工作是为会计核算和会计管理服务的基础性工作的统称，是会计工作的基本环节。加强会计基础工作有着非常重要的意义。而会计核算基础工作是会计基础工作的一部分，它通过对经济活动的核算和监督，提供为经营管理服务的会计信息。

会计核算基础工作是规范会计工作秩序的需要。一个单位，如果会计基础工作做得不好，基础工作薄弱，整个会计工作必然秩序大乱，会计职能作用就不能正常发挥，就会造成内部财务收支紊乱，漏洞百出，财产不实，家底不清，数据不准，信息无用，违法乱纪现象严重。这样不仅给单位内部经营管理带来损失，而且还会因提供无用的会计信息给国家宏观经济决策造成失误，给市场经济造成混乱。加强会计基础工作，不仅仅是一个企业、一个单位的问题，而且是一个更为严重的社会问题。必须切实加强会计基础工作，而会计核算基础工作是会计基础工作中的基础环节，会计所提供的会计信息主要是通过会计核算工作来完成，因此加强会计核算基础工作尤为重要。

会计核算的基础工作主要包括会计凭证的填制、审核；会计账簿的登记核对；会计报表的编审；会计档案的保管等。

会计凭证的填制必须取得合法有效的会计原始凭证。发票、非税收据、借据、工资单、税票等在会计上被称为原始凭证，它是最初记载和证明经济业务发生、明确经济责任的一种原始凭据，作为会计记账原始依据的一种会计凭证，是发生会计事项合法的书面证明。由原始凭证记载的经济业务具体发生事项，是具有法律效力的书面证明，因此原始凭证本身要合乎规范，原始凭据记载的经济业务事项要真实、完整、合法。

（一）原始凭证

必须有原始票据名称、填制凭证的日期、填制单位名称、填制人姓名、经办人签名、接受单位名称、经济业务内容、数量、单价和金额等，内容必须齐全。从外单位取得的原始凭证必须有填制单位的财务专用章；从个人取得的原始凭证必须有填制人员签名或者盖章；自制原始凭证必须有经办人员、经办部门领导或指定专人签名盖章；对外开出的原始凭证必须加盖本单位财务专用章。凡填写有大小写金额的原始凭证，大小写金额必须相等；对于大写金额印有固定位数的发票、收据等单据，填写大写金额时，凡空白

和为零的位数，应逐一填写"零"，不得用"另""×""0"等代替。购买实物的原始凭证必须有验收证明，以确认实物已验收入库。发生销货退回的，除填制退货发票外，还必须有退货验收证明。经上级有关部门批准的经济业务应当将批准文件作为原始凭证附件，批准文件需单独归档的，应在凭证上注明批准机关名称、日期和文号。原始凭证不得涂改、挖补。发现原始凭证有误应由开出单位重开或更正，更正处应加盖开出单位印章。尤其注意几点：原始凭证所记载的各项内容均不得涂改，随意涂改的原始凭证为无效凭证；要修改必须在修改处加盖原出具单位印章；原始凭证出现金额错误的不得更正，只能由原出具单位重开。原始凭证出具单位对于填写有误的原始凭证，负有更正和重开的法律义务。复印件只能作为原始凭证的附件，原始凭证遗失应取得填制单位的书面证明，并附存根复印件，确实无法证明的，由当事人写明详细情况，按规定程序审批后才能代作原始凭证。原始凭证必须按规定程序和权限审批，同时有经办人证明人签名。原始凭证的质量决定着会计资料的真实性、完整性，因此，会计人员必须认真审核原始凭证，让会计凭证的填制建立在真实完整的信息资料的基础上，为会计核算基础工作打好坚实的基础。

会计人员必须对原始凭证的取得途径是否规范进行认真鉴别，去伪存真，防止以假乱真；必须对经济事项是否符合财政法规和会计制度，是否按预算、计划执行，有无业务合同，是否履行业务合同等进行认真审核；必须对原始凭证记载的数字是否真实、计算是否正确、有无添加、划擦、挖补、涂改的现象进行认真的审核；必须对原始凭证的内容是否完备进行认真的审核。对那些不符合财经法规和会计制度，不按预算、计划执行，无业务合同的原始凭证，对那些无中生有、大头小尾，内容不实的原始凭证，拒绝受理，并向单位领导报告；对金额计算有误、有涂改的原始凭证给予退回，并要求原始凭证开具单位重新开具；对那些内容有误、不完整、手续不完备的原始凭证，应及时通知经办人进行更正、补充。会计人员要严格遵守职业道德，同时要求填制原始凭证的单位依法履行好职责，应当对原始凭证的真实性、完整性、合法性负责，共同维护经济秩序，维护国家的利益，让经济犯罪没有存在的土壤，保证会计原始资料真实完整。会计人员必须根据真实完整的原始凭证加以审核后编制记账凭证。

（二）会计账簿

为了连续、全面、系统、完整地反映单位资本的营运、负债、权益的增减变动，合理考核单位的财务成果，分析单位生产经营过程中出现的问题，为单位填制会计报表提供主要资料，保证会计报表的质量，必须设置体系完整、组织严密、简便实用的会计账簿。为了加强对货币资金的管理，必须设置订本式的现金日记账和银行存款日记账，按照各项经济业务发生的时间先后顺序，采用订本式账簿逐日逐笔登记经济业务。为了使账簿记录的业务具有合法性，明确记账责任，保证会计信息的完整，防止舞弊行为，在账簿启用时必须在账簿的扉页上填列"账簿启用和经管人员一览表"，账簿启用后由专人负责，并盖有单位公章。更换记账人员时，应办理交接手续，注明交接日期，接办人的姓名及签字盖章。为了使账簿记录保持清晰、耐久，便于长期查考使用，防止涂改，记账时必须使用钢笔和蓝黑墨水或碳素墨水书写，红色墨水只可在结账画线、改错和冲账时使用。账簿中文字和数字书写要规整、易于辨别，不应写满格，在格内上方要留有适当的空间距离，数字排列要均匀。必须按编定的页次逐页逐行顺序连续登记，如果发生了隔页跳行，应将空格处画红对角线注销，并加盖"作废"字样。对订本式账簿，不得任意撕毁，活页式账簿不得任意抽换账页。必须以审核无误的会计凭证为记账依据。如果发现有登账错误需要更正只能采用相应的正确的错账更正方法给予更正，主要有画线更正、红字更正、补充登记三种方法。会计在计账之后要进行对账，就是把账簿上记载的会计信息进行内部核对，做到账证相符、账账相符、账实相符。为了考核某一会计期间的经济活动情况，必须在每一会计期间终了时，在把本期内发生的经济业务全部入账的基础上进行结账，不能为赶编会计报表而提前结账，或把本期发生的经济业务延至下期入账，也不能先编会计报表，后结账。期终将本期的期末余额结转下期，作为下期的期初余额。

（三）会计报表

会计报表所反映的各项指标数字必须真实准确，严禁弄虚作假、估计数字、提前结账，必须在本期所有已发生的经济业务和转账业务全部登记入账的基础上，结清各个账户的本期发生额和期末余额。会计报表的各项指标必须按照会计法、会计准则的有关规定统一计算口径，按照会计报表的种类格式、勾稽关系、规定时间，准确计算填列。以免影响逐级汇总和信息反馈的时效性，为此财会部门必须科学地组织好日常会计核算工作，认真做好记账、算账、对账工作。同时在编制会计报表时，会计人员必须密切配合，加强协作。

（四）会计档案

会计账簿，包括总账、日记账、明细账、辅助账等，财务会计报告，包括月度、季度、半年度、年度会计报表及相关文字分析材料等会计档案，应由单位会计部门按照归档要求负责整理立卷或装订。当年形成的会计档案在会计年度终了后，可暂由本单位会计部门保管一年，保管期满之后，原则上应由会计部门编制清册，移交本单位的档案部门保管；未设立档案部门的，应当在会计部门内部指定专人保管。档案部门接收保管的会计档案，原则上应当保持原卷册的封装，个别需要拆封整理的，应当会同会计部门和原经办人共同拆封整理，以分清责任。对会计档案应当进行科学管理，做到妥善保管，存放有序，查找方便，不得随意堆放，严防毁损、散失和泄密。保存的会计档案应当积极为本单位提供和利用。会计档案原件原则上不得借出，如有特殊需要，须经本单位负责人批准，在不拆散原卷册的前提下，可以提供查问或者复制，并办理登记手续。

当前企业会计核算的规范化管理却并不是非常完善，仍旧存在着一系列的问题，这些问题直接影响企业的生产经营活动。

二、企业会计核算规范化管理模式的意义

（一）企业会计核算规范化实施策略研究

1. 明确企业会计工作分工，为会计核算规范化管理体系建设提供基础

首先，企业管理部门应该明确企业财务会计部门的主要职责，即完成会计核算以及内部会计监督工作，主要涵盖企业经营活动中的各种财务会计核算、企业财务状况以及经营成果的反映、财务收支的控制、税收缴纳以及财务决算报送；同时还应负责统筹管理财务问题，进行企业财务会计人员的培训。其次，对企业会计工作岗位职责进行明确，重点是进行资金管理、投资管理、存货管理、资产管理、费用管理、销售往来款项管理、财务成果管理等方面的具体核算，同时负责会计报表编制、财务预算计划、会计信息化实施、档案归纳等方面的管理。通过对财务部门以及岗位员工实施责任制度管理的方式，使各部门以及会计工作人员明确自己的工作职责以及内容，确保会计核算工作的顺利实施开展。

2. 按照现代企业治理结构完善企业会计组织体系的建设

实现企业会计核算的规范化与标准化，必须结合新时期现代企业的治理结构，完善企业的组织体系以及机构设置。由于现代企业大多实行董事会管理制度，因此会计管理应该由企业董事会指派总经理或者是财务总监，对会计工作以及会计信息的真实可靠以及合法、合规问题进行监管。同时对于具体执行会计工作的财务部，应该设置相应的部门负责人、总账会计、收支会计、薪酬会计、成本会计、薪酬管理会计以及出纳会计等，可以采取一人多岗，但是应该遵循不相容职务分离原则开展会计管理工作，为企业会计管理的规范化提供良好的组织结构基础。

3. 完善企业会计内部牵制制度的建设

企业会计内部牵制制度对于确保会计核算的准确可靠，维护企业资产的完整安全具有非常重要的作用。在企业会计内部牵制制度的具体规定上，应该坚持每一项经济活动的会计核算业务由两人或者多人共同分工完成。同时在企业的会计核算管理方面，应该实行账目、资金以及资产相互独立管理的方式，以便于单独准确地反映企业的资金收支变化、资产变动以及财务状况变化情况。此外，对于每一项会计核算业务，都应该明确会计业务的办理时间、办理人以及办理流程，以提高企业会计核算工作的规范化水平。

4. 规范企业会计核算的流程

对于企业的会计核算工作，应该按照权责发生制以及配比原则开展，同时准确地划分企业的收益性支出以及资本性支出，并按照相关规定统一设置完善的会计科目进行会计核算工作。在会计核算工作具体开展实施过程中，应该明确企业会计核算工作的核心，就是以企业的账簿作为核心，通过把企业的会计凭证处理、会计账簿记录、会计报表编

制、记账程序管理等内容有机地整合起来，形成过程合理、流程严密的企业会计核算体系。在具体的会计核算工作开展过程中，企业还应当结合企业自身经营管理的实际情况以及会计信息化的基本要求，选择适当的会计核算信息系统软件，以提高企业会计核算工作效率，确保会计核算工作质量，提高企业会计核算的整体规范化水平。

5. 提高企业会计核算工作人员的素质水平

当前部分企业会计核算工作水平不高的主要原因就是由于会计工作人员的素质能力不高。因此应该将提高会计工作人员的素质能力水平作为会计核算规范化实施的重要途径。首先，应该对企业会计工作人员进行职业道德培训教育，让企业会计工作人员树立会计从业职业尊严与荣誉，能够遵守客观公正、廉洁自律、遵纪守法的原则开展企业的会计核算工作。其次，应该将企业的业务素质培训作为重要内容，重点针对企业的会计法、会计制度、会计准则以及会计基础工作规范对会计工作人员进行能力培训，使其熟练掌握会计核算工作流程的基本规定与业务操作要求，提高会计核算质量。

（二）企业会计核算规范化管理模式的意义

企业的会计核算对企业的发展起着重要的作用，它不仅反映企业的经营情况，也为企业未来业务的发展提供重要的依据。因此，企业要重视并加强会计核算的规范化管理工作，及时发现并解决会计核算工作中存在的问题，加强会计核算人员的专业素质，杜绝企业会计核算工作中违法违规现象发生，确保企业会计信息的真实性、准确性、完整性，降低企业的财务风险，帮助企业更好地发展，提高企业对未来发展的前瞻性。深入了解企业会计核算规范化管理模式的意义，分析企业会计核算中存在的问题，提出企业会计核算规范化管理的有效策略，帮助企业更好的经营与发展。

第二节　企业财务会计核算体系的规范化管理模式

会计法律制度的变革不断进行，但是一些企业对建立核算体系却不是很重视，一些企业财务管理人员并没有充分认识到核算体系的重要性，甚至还有很大一部分企业没有建立规范化的会计核算体系，这就无法发挥会计核算体系在企业经营活动中起到的重要作用。近几年我国市场经济发展十分迅速，企业发展急需规范的会计核算体系。

一、会计核算体系的概念和重要性

（一）会计核算体系的概念

会计核算是会计工作的一个重要组成部分，是指以货币为主要的计量尺度，反映会计主题在一定时期内的资金运动情况。会计核算是对企业或者其他组织的预算工作和经济活动等进行准确、系统、连续的记录和计算，利用编制财务报表的形式对会计核算系统进行总结，以达到提高会计工作质量和效率的作用。而会计核算体系是指各种彼此独立但又互相联系的会计方法组成的一个有机的统一整体。会计核算体系又叫会计方法体系，主要有会计分析方法、会计预测方法、会计决策方法、会计检查方法、会计核算方法等。建立规范的会计核算体系的意义在于实现企业的会计目标，归纳计算相关的会计信息并向与企业利益相关的人提供相应信息，作为政府提供经济政策进行各项宏观调控的重要的参考信息和政府对企业进行经济上的合法监督的重要依据。通过会计核算得出的会计信息对企业加强内部管理、控制企业成本、提高企业经济效益、控制产品质量等工作的开展都有重要作用，并且有利于企业会计信息为基础制订企业发展计划、统筹融资方案、确定生产目标、制定销售技术创新规划等企业发展远景策划。同时，通过会计核算得出的会计信息还对债权人、投资者和商业客户的经营决策提供一定的信息，有利于在投资人进行各项商业运营决策之前对企业的发展有一个清醒正确的认识，降低投资人在商业投资方面因为信息不明确而产生的风险。

（二）会计核算体系的重要性

规范的会计核算体系在社会经济活动中起着非常重要的作用，会计信息能给决策者提供有用的重要信息，全面的会计核算信息对各方面都有着重要的作用，如果会计信息不全面的话，反而会给决策者带来不必要的麻烦甚至是大量的损失。

系统的会计核算体系能对企业的经营进行合理的预测和决策，配合企业高层管理能对企业进行良好的控制，随着企业现代化信息化的发展，规范的企业会计核算体系成为企业发展壮大的重要前提，建立规范的企业会计核算体系也成为企业走上正轨的迫切要求。

二、企业财会核算体系运作中的问题分析

（一）缺乏规范性的监督体系

在实际的财会核算过程当中，部分企业实质上并不具备规范性的监督体系，所以监督管理工作也存在落实不到位的问题，这会使企业财会核算环节出现更多问题，对于会计信息的真实性与完整性有着很大的负面影响。但国内部分企业的管理方通常都会将财务管控工作的关注更多投注在收益上，对于财会核算工作的监督管控环节则并不具备足够的重视，这样的工作思想很容易阻碍财会监督职能的进一步发挥，影响财会原始数据的真实性与全面性。

例如，会计机构不健全，会计人员配备不合理，岗位责任制不明确、不落实，缺乏行之有效的内部管理制度和会计监督制度。长期以来我国中小企业在会计方面的资料保存、内部控制较弱。我国企业普遍存在会计基础工作比较薄弱，漏洞较多，原始凭证不真实、不合法、不完整；财务人员的素质不高造成了会计信息的失真。有些企业缺乏有效的内控管理制度，对供应、生产、销售各环节出现的虚假会计信息不能及时地发现和纠正；不按规定设置、使用会计科目和会计账簿；会计政策、会计处理方法不一致；生

现代财务会计与企业管理

产成本及其财务计账制度方面不符合国家标准，而无法提供准确的生产经营等商业资料，甚至还有不少企业出于偷税、私设小金库等。很不利于企业的长足发展。

1. 会计核算不规范

会计核算不能及时有效地配合企业向市场经济过渡，不能准确、完整地贯彻企业的经营思想，起不到应有的控制、反馈和监督作用。经营决策、预算编制、指标考核等管理行为，虽然利用了所谓真实的会计数据，但因为这些会计数据不能完整、准确地反映事物的客观现实、发展规律和潜在危机，其有效性和准确性受到较大的影响。

2. 会计核算主体界限不清

企业的产权与个人财产界限不清，企业的经营权与所有权的分离远不如大企业那么明显，尤其中小企业中的民营企业，投资者就是经营者，企业财产与个人家庭财产经常发生相互占用的情况，给会计核算工作带来困难。曾经有一个小企业老总，随着经营规模扩大，非常希望企业的财会制度健全、规范，但是对聘请的财会大专毕业生不放心，老总自己兼任出纳，随意从公司账上支出现金，甚至从自己个人的存款账上直接发放工资，进货取现金，很多购买的存货及费用开支无正规发票，账务处理难度很大。

3. 会计基础工作薄弱

（1）会计机构与会计人员不符合会计规范。会计从业人员资格认定及规范考核的问题也很多，会计无证上岗现象严重，会计主管不具备专业技术资格的现象不胜枚举。会计人员的后续教育培养工作几乎没有进行。

（2）建账不规范或不依法建账，会计核算常有违规操作。小企业的会计核算常有违规操作。不依法定规范建账簿。

有些企业根本不设账，即使设账也是账目混乱。还有相当一部分中小企业设两套账或多套账。据有关问卷调查资料反映，我国小企业存在两套账的比率高达75%，这表明我国小企业会计信息严重失真。

（3）会计的基本职能之一就是实行会计监督，保证会计信息的真实准确，保证会计行为的合理合规。内部会计监督要求会计人员对本企业内部的经济活动进行会计监督，但是中小企业的管理者常干预会计工作，会计人员受制于管理者或受利益驱使，往往按管理者的意图行事，使会计监督职能几乎无法进行。

（二）企业财会核算工作审核基准缺乏统一性与完善性

在实际的企业财会管控过程当中，部分企业通常存在会计核算违规现象，如果不能够依法规进行财会管理，则很容易出现成本虚增、账目混乱以及人为虚假操作等行为。这些弊端的产生，多数都是因财会核算考核基准缺乏统一性与完善性而导致的信息混乱，如果无法及时得到规范，影响是极其严重的。

1. 岗位分工不合理，导致会计信息失真

目前有的企业在开展财务会计集中核算制度工作时，采用的是财务核算工作通过统一的形式让核算中心进行负责。这样的工作安排对于一些企业而言就会出现精减财务工作人员的问题，同时由于财务工作人员减少，在一些岗位上就会出现身兼数职的问题。这样的岗位分工，很容易导致内部监督机制的弱化。而且由于财务会计工作量巨大，人手不足的问题也会逐渐凸显。在一些企业内部问题的把关上出现不严格的问题，导致会计信息失真，影响到其他一些部门的发展，直接影响到整个企业的规划与发展方向制定。

2. 体制建设不健全，导致数据支持力度不足

由于我国的会计集中核算制度的引进以及实施，目前还处于一个初步开展的阶段，所以，对于财务管理整体而言还处于初步实施阶段，整体建设仍存在一些不健全的部分。而且在具体开展工作过程中，由于各个部门对于这项工作的认识不到位，会出现一系列阻碍工作开展的情况发生，从而导致企业会计集中核算工作无法真正地落实到位。同时，由于企业的核算中心与被核算单位之间缺乏一定的沟通，两个部门之间会产生一定的隔阂，被核算单位无法进行全面的配合，核算中心所获取到的信息缺少一定的真实性与完整性，对企业财务管理工作造成了非常大的阻碍，无法确保其工作的顺利开展。这样的问题存在还会让一些部门出现违规情况，很大程度上加大了核算中心的工作难度，不能真正意义上为企业发展提供有效的数据支持。

（三）一部分企业管理者对财会核算规范化建设不重视

许多企业在财会核算管理工作过程当中，都很难意识到财会核算工作规范化的重要意义，加之部分企业财会部门管理者的管控能力还明显不足，需要进一步提升，所以导致会计核算知识体系及相关技能整体相对比较落后，这样的趋势必定会对企业内部财会核算体系的整体规范性产生影响。这些都是规范性上的缺陷，有待得到进一步解决。工作积极性不高，导致核算工作无法有效开展。有一些企业由于对于会计集中核算制度的认知不足，容易导致某些财务人员或者某些部门领导无法接受这项核算制度。由于存在不满足，在工作中经常会表现出一种抵触情绪，不仅在很大程度上影响到部门的正常工作，还严重地影响到会计集中核算工作的开展进度。企业在引导会计集中核算管理制度时，某些核算部门会错误地认为企业资金，无论是管理还是核算工作都应该是由核算中心来承担，从而某个核算部门就失去了企业资产管理的工作积极性，甚至当企业核算中心在开展工作时，采取不配合的态度，让整个核算工作无法有效地开展。出现了某些单位采用虚假发票来套取现金的问题，严重地影响到了企业资金的规范管理。

三、企业强化财会核算体系规范化建设的建议措施

（一）企业财会核算工作规范化管理体系的建立

对于国内多数企业的财会管理者来说，内部财会核算体系规范化管理机制的建设及完善，是确保企业内部日常财会核算工作稳步推进的重要基础，也是科学化管理企业内部财务的核心要素。在普遍情况下，企业内部财会核算体系规范化建设与不断完善，可

以围绕企业财会实际核算岗位设置、企业财会核算岗位职能与责任的明确以及企业财会核算人员的职业道德及技能强化、财会资质审核等几个方面展开。特别是在当前的情势之下，国内经济发展不断加快，所以国内各类企业内部财会核算相关人员的流动性也在不断增强，因此会导致企业在财会核算及数据交接等诸多方面出现问题。相关财会核算工作是否能够高效且顺利地完成交接，对于企业内部财会管理工作质量及效率都会直接产生影响。如若在交接过程当中出现了数据遗漏等问题，便极易导致企业内部日常财会核算管理工作受到负面影响，进而引发不必要的问题。除此之外，在企业内部财会核算体系的规范化机制建立过程当中，企业还应当更多关注到会财会档案资料的保管工作，以保证财会信息的完整性与准确性。

（二）在企业内部制定统一完整的财会核算考核管理机制

随着国内经济市场的持续发展，国内企业的运作范围及经营领域也更加广阔，使得经济行为在量与质上都有了更大的发展空间。这样的趋势不但使得企业内部财会核算的工作量大幅提升，也使得企业财会计核算工作的难度有了进一步提升，甚至在财会核算相关规章上也存在一定差距。为确保企业内部财会核算相关信息的准确性与真实性，应当首先确保会计核算考核机制的统一性，并不断完善，以保证企业内部任何贸易活动运作都能符合相关标准要求。除此之外，为确保对企业财会核算科学化进程的不断推进，企业管理人员还应当更加积极地结合企业内部管理实践概况及实际需求来确保考核政策可行性的提升，才能最终确保财会考核的相应政策能够在各个业务部门之间产生共通作用，督促每个部门的工作。即是说要确保财会管理相关规章能够在整个管理部门当中适用，这样才能真正意义上避免因业务部门之间经济业务差异而产生的权责不明、核算结果不符合实际等问题。可见对财会工作审核机制的完善，一方面需要企业管理者的关注与慎重思考；另一方面也需要内部各个相关部门的遵从与落实。从管理者角度来讲，应当充分结合当前企业自身所积累的实践经验以及财会行业的实际特点来订立出更符合企业实际的需求且能够充分体现出财会工作精准性与真实性特点的财会核算考核体系及审核内容，并进一步完善相关要求。以确保企业内部整体数据系统的一致性，并有效规避因考核基准无法确切落实而导致的信息衔接断层及信息失效问题。除此之外，作为企业的管理者，在思考企业财会考核政策的建设与落实时，还应当谨慎斟酌、衡量孰轻孰重，在确保内部每个部门之间考核内容达成一致的前提之下，最大程度确保考核内容的统一性。

（三）确切落实损益预算的规范化管理

在目前的发展情势下，国内多数企业在财会核算管理规范化过程中，最主要的工作重点，还是集中于对损益预算的管理，在与此相关的管理过程当中，一切的相关核算规章政策，都应当具备不可违背的权威性及约束效力，这也是任何会计相关环节能够得到确切落实的先决条件。在此前提之下，企业应当更加积极地落实损益预算管控规范化流程。这一过程主要包含以下内容：其一是企业实际费用的支出以及实际成本之间的划分；其二是固定资产的折旧以及内部无形财产的销售管控；其三是企业资金控股升值贬值相关财会核算；其四是企业整体盈利核算管控以及内部存货管理；其五还包括投资活动管控等环节。这些都应当作为企业内部财会核算规范化管理的核心要点来落实，也只有这样才能够真正意义上确保企业财会核算体系向着规范化的方向发展，为企业后续发展奠定基础。

（四）提高企业成本会计核算水平促进核算体系完善

企业能否对生产成本实施有效的控制是当今企业参与市场竞争并在竞争中处于有利地位的关键性因素，要想降低企业的生产管理成本，提高企业的总体经济效益，就必须在成本控制方面下功夫，因此，成本会计核算体系的建设就显得尤为重要。企业成本会计核算可以更为直观地反映出企业的生产经营状况，帮助企业制定科学的生产经营决策，企业要不断改进成本会计核算方法，并采用更为新型的核算手段，提高成本会计核算的效果。成本管理是企业获取竞争优势的必胜武器，但成本管理绝对不仅仅是砍掉成本费用，需要根据公司自身实际和发展战略，建立起合适的战略成本管理体系。作为企业综合实力中十分重要的一环的成本会计核算对于企业的生存和发展发挥着越来越重要的作用。在新时期，传统的成本会计核算已经与现代企业发展不相适应。

1. 企业在成本会计核算体系建设中存在的主要问题

（1）缺乏完善的成本会计核算体系。

①缺乏良好的会计环境。成本会计核算工作，缺乏完善的会计制度保证，进而在会计工作的组织开展中，出现管理部门的职能交叉，造成了会计成本核算项目的混乱，降低了企业的成本会计工作效率。

②没有形成完善的成本会计核算体系。有些单位不设成本会计核算机构，甚至不设成本会计岗位，没有专人进行成本会计核算工作，只有财务会计兼管，造成成本会计核算不到位，会计信息不真实。

③企业各部门重视不够。成本会计核算是一项系统工程，应树立全员成本管理意识。许多企业在内部分工、协调、合作上，都出现了较明显的问题，严重影响成本会计核算正常进行。

（2）缺乏有效的成本会计核算。

①缺乏有效的成本核算。企业在成本管理中，缺乏有效的成本核算控制工作，造成了实际的成本消耗与预算值存在较大的差距，这给企业的经营策略的制定、调整，带来巨大的困难。

②成本会计核算方法滞后。很多企业在重视研发投入、重视技术进步的同时，往往忽视甚至牺牲会计成本核算工作的改进，使其跟不上企业技术进步的要求，进而出现企业决策失误性问题。

(3) 成本会计核算缺乏有效的监管。

有些企业的成本会计工作，由于缺乏财务、审计等职能部门有效的内部监管，形成在成本会计核算中，出现诸多的不规范。甚至出现多部门在成本会计核算流程上不完善、不认真，发生一些人为的混乱和会计信息不完整、不真实等问题。

(4) 成本会计核算的理念薄弱。

在多变的市场经济之下，成本会计核算的理念也在发生着比较大的转变，许多成本会计仍沿袭传统的成本控制观念，现代成本会计核算理念薄弱，这就造成了当前成本会计核算效率不高、成本信息不正确的问题。

(5) 缺乏专业素质良好的会计人才。

许多企业的会计管理人员聘用不规范，员工大多缺乏创新精神，成本管理理念陈旧，导致成本会计核算滞后，产品成本不实，价格决策失误，影响产品竞争优势，失去市场占有率。

2. 如何提高成本会计核算水平，建立完善的核算体系

(1) 更新管理理念，积极吸取先进的管理经验。

传统的成本会计核算体系和方法已经不能够满足现代企业管理需要，企业要想提高成本控制效果，就要积极引进和应用现代化成本会计核算方法，并不断吸取和借鉴国内外的先进管理经验，保证企业管理理念和方法的先进性。

(2) 创造良好的成本会计核算工作环境，提高工作效率。

①企业要营造一个适合于现代成本会计核算的工作氛围，加大核算体系建设，并制定完善的会计核算制度，设立专业独立的部门开展核算工作，还要将各部门的职责加以明确，实行权责明晰的管理制度。

②对于会计成本核算人员的工作分工要明确，成本核算项目安排要科学系统，对具有重要意义的核算项目要进行优先处理，以最大程度保证会计成本核算的效能。

③企业管理者要从宏观管理角度出发，根据企业的实际生产经营情况制定适合的会计核算体系，并应用现代化的管理系统对企业实施全方位的管理，以增强企业的综合竞争实力。

(3) 充分发挥企业领导的模范带头作用。

①在建立企业成本会计核算体系的过程中，企业领导者的作用不可小觑。领导者要从根本上转变自身的管理理念和态度，吸取先进的管理经验，然后再将新型的成本控制理念深入到下属员工和会计核算部门，并不遗余力地提供工作上的支持。

②企业要将成本控制与其他生产经营环节相结合，综合多方面因素加以考量，不要让成本核算体系与其他环节相脱离，要保持各环节间的关联性，以确保更快更好的建立成本会计核算体系。

（4）完善企业人员培训机制，使成本管理理念深入人心。

在企业的实际经营管理中，要在全员范围内宣传现代成本管理体系的优势，树立员工的现代化管理意识，加强员工的成本控制意识，定期对会计员工进行专业技能的培训和考核，并完善人员的管理机制，对于能够出色完成任务的员工要予以奖励，并完善员工晋升机制，从根本上提高成本管理的效果。

（5）建立健全成倍会计核算监管体系。

①首先要完善企业成本会计核算体系的外部监管环境，政府相关部门要定期开展对企业成本核算效果的检查和监督，社会大众也要发挥其监督的作用，对企业中出现的不合理的管理机制要指明，并为企业提出合理的改进建议。

②企业内部监督体系的建立是改进会计成本核算质量的根本，从管理者角度出发，要加强对生产经营各环节的监管和掌控，对成本控制严格把关，企业员工也要树立成本管理意识，提高生产效率，降低生产成本。在企业内部要设立独立的监督部门，对企业内部的生产经营活动实施有效的监控。

目前我国企业成本会计核算过程中还存在一系列问题，成本核算体系的建设还不够完善，这与企业自身的生产管理状况不无关系。一些企业没有重视成本会计核算的重要性，相关理念薄弱，对成本会计核算缺乏有效的管理，进而导致了成本会计核算没有充分发挥其作用，对企业生产经营决策的帮助也就无从谈起。现代企业管理制度要求企业内部建立完整科学的成本会计核算体系，企业要想跟上时代发展的趋势，就必须加强内部的核算体系建设，更新落后的管理理念，真正发挥成本会计核算的作用，使之为企业的成本控制和决策管理发挥最大的作用。企业内部的财会核算体系，对于我国的每个企业来说，都有至关重要的意义，决定着企业的发展。企业为确保自身发展，只有对这一环节多加重视，确保严格管控机制的建立，确保核算工作的确切落实，保证财会数据的准确性、全面性，才能让财会管理工作更具实效性。这对于企业的长久稳定发展有着决定性作用，是国内企业都应当重视的重要环节。

（五）企业财务会计集中核算问题的解决措施

1. 岗位分工合理化，提高核算工作的有效性

由于我们目前在开展企业财务会计集中核算工作还处于初级阶段，缺少一定的指导性，再加上财务会计工作时有的复杂性，让企业财务会计内部岗位的工作人员数量与其实际工作量无法匹配。而且，许多企业还没有配备专业的审计核算工作人员，在开展集中核算工作过程中，这些问题都容易导致其工作无法顺利开展。因此，企业管理层应该注重企业内部工作人员以及岗位分工合理化的问题，改变传统的岗位分工形式，安排专人对核算单位财务报表、记账等工作进行统一的负责，这样才能够真正意义上保证会计信息的真实性以及有效性。严格遵循内部控制制度，确保每一个核算单位的各项编制工作都是由专人来完成。同时，还需要结合企业的实际情况建立起岗位轮换制，确保每一个会计工作人员都能够参与并了解到财务工作的每一个操作环节，认真地学习每一个岗位中的相关知识。针对企业开展财务会计集中核算制度，企业内部还需要进行专业知识的培训，让每一个财务工作人员对整个核算工作内容以及流程都进行认真的了解，提高会计工作人员的核算能力，这也成为企业财务会计集中核算工作能否顺利开展的前提。

2. 建立相关的制度，严惩违规行为

通过观察发现，引进企业会计集中核算制度，对于我国市场的整顿有着非常明显的作用，但是由于这项工作还处于一个实施的初级阶段，没有任何的经验指导，我们只能在不断的探索中来完善这项工作。在开展集中核算工作以来，有些企业工作人员，对于这种新型的财务管理制度难以接受。同时，开展这项工作一定会影响到某些部门以及个人的利益，从而会产生不同层次的抵触情绪，严重地阻碍了这项工作的顺利开展。甚至有的人为了保证自身的利益采取一些极端的行为，违反一些相关的制度。因此，我们应该加快建立相关制度以及法律法规的进度，为企业会计集中核算工作提供坚强的后盾，对于违规者严惩不贷。

3. 建立考核制度，完善激励机制

一个企业中工作人员的工作热情以及积极性，通常都是与资金有一定的联系。我们应该在认真地把集中核算工作落实到位的同时，建立起相应的核算结算制度。此外，还需要建立起相应的激励机制来调动起企业工作人员的积极性。在相应的核算结算制度中，严格规定企业内部核算部门自有资金的使用权，并且在规定中还要制定出相应的责任。当核算单位在进行资金申请时，要严格按照审核流程完成审核之后，才能够发放资金。同时，建立起相应的监督制度，严格地监管起资金的使用情况，有效地避免资金滥用的情况发生。为了能够调动起工作人员的积极性，还需要结合企业自身的实际情况，建立起完善的激励制度。建议可以采用积分制来对员工的工作表现进行严格的考核，每一项工作都通过评分来进行奖罚，让激励机制成为提高工作人员积极性的有效手段。

我国企业会计集中核算制度还处于实施的初级阶段，在开展这项工作时，依然存在着许多的问题。我们应该针对出现的问题积极地寻找出解决的措施，通过对会计集中制度的不断优化，促进企业的稳定发展。

四、煤炭企业会计核算成本管理模式

煤炭作为我国发展的主要能源原料之一，为我国经济的飞速发展提供了源源不断的动力。然而在节能环保的现代主题召唤下，煤炭企业的传统管理模式在初衷上与现在的主体精神有所出入。随着我国改革的深入、我国国际影响力的不断提升，我国煤炭企业在管理上的弊端也逐渐显现出来，并引起了许多影响不好的负面事件。所以，站在现代的时代主题下，结合我国现在的发展状况，应该对我国煤炭企业进行必要的及时的创新改革。针对煤炭企业的经济效益问题，根据现在我国煤炭企业的在会计核算方面的相关管理现状，为了提高煤炭企业的经济效益、增强煤炭企业的综合竞争力，应该在会计核算成本方面提出相关具体的改革措施，转变经营理念，强化成本管理意识。接下来将从加强煤炭企业会计核算成本管理的必要性以及完善会计核算成本体系这两个方面进行探讨。

（一）煤炭企业加强会计核算成本管理的必要性

就煤炭企业在我国发展中的地位而言，它是我国最为主要的能源之一，为我国各个行业的发展提供了能源支持，因而它在我国经济发展过程中占据着不可动摇的地位。但是站在煤炭企业整体管理而言，尤其是在会计核算成本的管理方面，它的管理与它在我国经济发展中的地位是不相符的。而这些落后烦琐的会计核算对我国煤炭企业的造成了小的阻碍，可以说是不利于煤炭企业的稳定发展的，并对我国的经济发展造成了一定程度的影响。

会计核算是管理企业的一个重要的控制环节，并影响着相关决策的抉择，从而影响企业的发展方向。但是现在我国煤炭企业在会计核算方面仍旧存在着很多的问题：首先，会计科目的设置不合理，造成了会计工作的紊乱，从而加大了会计核算的成本；其次，会计核算标准不全面、核算过程不规范，从而给会计工作的进行造成了阻力，使得会计工作没有一套完善的工作程序，降低了会计核算的效率，同时会计工作的连续性也得不到保证；最后，对会计核算成本的控制意识不强，这个成本是潜在的成本，因而不易引起注意，但是这个成本是衡量会计工作绩效的一个标准，从而控制核算成本对整个企业的运营是十分关键的。因此，就现在的我国煤炭企业的会计核算成本而言，加强这一方面的管理是十分重要的，它不仅仅关系到财务部门管理体系的构建，而且对这个煤炭企业的发展方向以及发展速度都有着影响。所以，加强煤炭企业的会计核算成本管理是十分必要的。

（二）完善煤炭企业会计核算成本管管理体系

作为财务部门的一个主要工作内容，会计核算成本控制是一个重要的环节，通过这个环节可以对整个公司的资金流进行有效的控制，进而加强整个公司操作的透明度。但是，现在的会计核算成本管理在我国煤炭企业还没有形成一套完善的体系，因而降低了我国煤炭企业的整体经济效益。应该根据我国煤炭企业的发展具体状况，从以下几个方面进行改革。

1. 积极转变成本管理观念，认真开展内部经济核算工作

过去我国采用的是计划经济，而煤炭企业作为我国主要的国有企业，受到国家各项政策的保护而能在市场上任意游行。但是现在实行的市场经济与过去的计划经济有着本质的区别，强调的是市场的自我调控能力，因此过去的温室内保护发展方式不再可行。应该转变观念，加强煤炭企业自身的竞争力。这个理念就包括成本管理观念。过去煤炭企业的盈亏都由国家财政支持，不需要受到市场需求的影响，而现在应该强化自主经营

的理念，自负盈亏。其中最为主要的是将承包责任制在全企业内部彻底执行，这就涉及到核算和管理两个方面的问题。只有通过详细的经济核算才能将各个职责细分，并通过加强管理，层层深入，方能将责任制在全企业内部贯彻执行。

2. 尽快转变职能，强化会计核算的作用

会计核算工作不仅仅局限在"核算"这一方面，它应该跟上时代的要求相应地充实一些其他的信息。现在的会计核算应该以"管理"为核心，以"核算"为基础，通过对企业内部各个部门的数据收集以及分析，为企业的预测、决策以及监督等工作的开展提供参考。而会计核算的成本是一种潜在的成本，它主要是对会计工作绩效的一种考核，涉及很多方面。所以在会计核算的成本控制主要是通过管理上的完善提高会计工作的有序性以及效率，从而减少控制成本。

现在我国煤炭企业在探索新型发展道路上还尚属于探索期，有很多的问题需要面对和解决。这也是它在突破以往管理模式所必须经历的一个过程，要求企业在创新改革的同时依照具体的发展状况做出相应的调整。而作为控制环节之一的会计核算成本控制也应该推陈出新，站在现在商业经济的角度思考问题。

第三节 手工与计算机会计核算规范化管理模式的异同

会计是一个信息系统，它可以是手工会计信息系统 Hand Accounting Information System(HAIS)，也可以是以计算机为工具的计算机会计信息系统 Computer Accounting Information System(CAIS)。CAIS 是一个信息管理系统（MIS），是采用计算机对会计数据进行采集、加工、存贮、传输并输出大量有用信息的系统。用 CAIS 取代 HAIS，不仅是会计工作手段的提高，而且是会计管理工作的改进和现代化。

一、CAIS 与 HAIS 的联系

（1）系统目标一致。两者都对企业的经济业务进行记录和核算，最终目标都是为了加强经营管理，提供会计信息，参与经营决策，提高企业经济效益。

（2）采用的基本会计理论与方法一致。两系统都要遵循基本的会计理论和方法，都采用复式记账原理。

（3）都要遵守会计和财务制度，以及国家的各项财经法纪，严格贯彻执行会计法规，从措施、技术、制度上堵塞各种可能的漏洞，消除弊端，防止作弊。

（4）系统的基本功能相同。任何一个信息要达到系统目标，都应具备信息的采集输入、存贮、加工处理、传输和输出这五项功能。

（5）都要保存会计档案。作为会计信息系统的输出，会计信息档案必须妥善保存，以便查阅。

（6）编制会计报表的要求相同。两系统都要编制会计报表，并且都必须按国家要求

编制企业外部报表。

二、CAIS 与 HAIS 的差异比较

(一) 系统初始化设置工作有差异

HAIS 的初始化工作包括建立会计科目，开设总账，登录余额等；CAIS 的初始化设置工作则较为复杂，且带有一定的难度，其内容主要有会计系统的安装，账套的设置，网络用户的权限设置，操作员及权限的设置，软件运行环境的设置，科目级别与位长的设置，会计科目及其代码的建立，最明细科目初始余额的输入，凭证类型设置，自动转账分录定义，会计报表名称、格式、数据来源公式的定义等。

(二) 平行登账上存在差异

在 HAIS 登账时，总账由一名会计人员根据审核无误的记账凭证，或科目汇总表，或汇总记账凭证进行登录，明细账由另一名会计也根据原始凭证或记账凭证进行平行登录，月末校验两者是否相等。由于两名会计在登录时有可能发生错误，因此平行登账可以检查错误。但是在 CAIS 中，总账与明细账的数据均来源于原始凭证或记账凭证，计算机按照登录总账和明细账的程序命令，将数据从记账凭证数据库中转移到总账数据库和明细账数据库，而计算机的内部运算是不可能发生数据运算错误的，所以在 CAIS 中总账金额恒等于明细账金额。因此，平行登账的校验功能在 CAIS 中已失去了其原先的作用。

(三) 科目的设置和使用上存在差异

在 HAIS 中，由于手工核算的限制，将账户分设为总账和明细账，明细账大多仅设到三级账户，此外，再开设辅助账户以满足管理核算上的需要；科目的设置和使用一般都仅为中文科目。而在 CAIS 中，计算机可以处理各种复杂的工作，科目的级数和位长设置因不同的软件而异，有的财务软件将科目的等级设置到 6 级以上，完全满足了会计明细核算方面的需要；科目的设置上除设置中文科目外，仍应设置与中文科目一一对应的科目代码，使用科目时，计算机只要求用户输入某一科目代码，而不要求输入该中文科目，但在显示打印时，一般都将中文科目和与之对应的科目代码同时显示。

(四) 账务处理程序上存在差异。

HAIS 根据企业的生产规模、经营方式和管理形式的不同，采用不同的会计核算形式，常用的账务处理程序有记账凭证核算形式、科目汇总表核算形式、汇总记账凭证核算形式、日记账核算形式等，对业务数据采用了分散收集、分散处理、重复登记的操作方法，通过多人员、多环节进行内部牵制和相互核对，目的是为了简化会计核算的手续，以减少舞弊和差错。而在 CAIS 中，一般要根据文件的设置来确定，常用的是日记账文件核算形式和凭证文件核算形式，在一个计算机会计系统中，通常只采用其中一种核算形式，对数据进行集中收集、统一处理、数据共享的操作方法。

(五)日记账和明细账功用有所差异

在 HAIS 中,通常仅对现金和银行存款设置日记账,目的是为了序时记录货币资金的发生情况,做到与货币资金日清月结、钱账两清。凭证信息是分散的,不便于查询,明细账仅是为了方便查询凭证而设置的,根据凭证信息按科目重新登录在明细账上,耗时且易错。而在 CAIS 中,虽然任何科目都可有日记账和明细账,但所有日记账和明细账上的数据均来源于记账凭证,由于采用了计算机这一高效能的工具,在账务软件中对记账凭证提供了多种查询条件,如日期、凭证号、科目代码、摘要、单位名称、单据号、录入员、审核员、借方金额、贷方金额、收入数量、余额等等,查询的方法可分为确定查询、自由查询、组合查询和模糊查询四种,可查询到企业的所有业务信息,由此看来,明细账在 CAIS 中意义已不再重要,可以取消,根据财政部文件规定,明细账可以一年输出一次,仅是为了存档的需要。

(六)账簿格式存在差异

在 HAIS 中,账簿的格式分为订本式、活页式和卡片式三种,并且对现金日记账、银行存款日记账和总账必须采用订本式账簿。而在计算机会计系统中,由于受到打印机的条件限制,不太可能打印出订本式账簿,因此根据《会计电算化工作规范》规定,所有的账页均可按活页打印后装订成册;总账账页的格式有传统三栏借贷式总账和科目汇总式总账,后者可代替前者;明细账的格式可有三栏式、多栏式和数量金额式等。

(七)簿记规则上存有差异

HAIS 中账簿记录的错误要用画线更正法或红字更正法进行更正;账页中的空行、空页要用红线划销等。而在 CAIS 中,可以不存在纸质账簿,一切数据均以文件形式存在机器内部,登账只是一个沿用的旧名词,而且文件也并不一定按日记账、总账、明细账分别设置,有些系统甚至只设置一个凭证文件,根本就不存在机内日记账、总账和明细账,各种财务信息可直接从凭证文件中导出,画线更正法或红字更正法根本就不存在,代之以的是负号更正法。实际上只要凭证输入正确,机器处理是准确无误的,即使由于凭证数据有错或变更,导致机内账的结果有错,也不能直接进行修改而只能通过记账凭证去更正。

(八)会计报表的编制形式上存在明显差异

会计报表是企业会计核算中一项重要的事项,在 HAIS 中,报表的编制是最复杂的一项工作,报表编制人应了解各种报表的结构,报表中各个数据的来源渠道。若数据来自账上的,还应弄清是发生额还是余额,通过何种运算关系取得;若数据来自本报表或外报表中某项目的,应懂得其各种运算关系;同时还应明确各种报表之间的勾稽关系及数据的对应关系,这样才能开始编制报表。而在 CAIS 中,各种报表的注册、结构描述、格式定义、数据的取数公式定义、报表的审核公式定义、报表的打印参数设置等工作,则作为报表子系统初始化设置的内容,在正式编制报表前可预先设置好,尔后在月末编制报表时，操作员只需在键盘上轻按报表子系统提供的报表生成命令键，系统即自动根据数据的取数公式取得数据，在短则几秒，长则十几分钟的时间内快速生成报表，并且能自动校验报表数据的各种内在关系，此外，还能使不同账套或上下级公司之间的同名报表即时合并。

（九）**在能否使会计发展为管理型方面存在根本性的区别**

在 HAIS 中，由于手工会计核算的复杂性，使会计人员耗时耗力，穷于应付手工的记账、算账、结账、报账，使企业会计停留在会计核算上，对会计向管理型发展受到了很大的约束。而实行 CAIS 后，在手工会计中纷繁复杂的会计核算工作已由计算机高效而精确地完成，使企业会计向崐管理型发展，目前，我国已出现面向市场、中国模式、价值化、系统化、电脑化、基于现代企业制度、国际化以及普遍化管理的新管理时代的财务及企业管理软件体系 UFERP.·电算化会计可以发展为以会计核心的信息管理系统，可以形成会计分析预测系统、会计决策支持系统和会计专家系统，使会计的职能得以转变和发展。

（十）**人员、组织体系、内部控制方式、运算工具和信息存贮介质上存在差异**

HAIS 中，人员均为会计专业人员；组织体系按会计事务的需要，分为不同的专业组，通过账证相符、账账相符和账实相符等内部控制来保证数据的正确；运算工具主要采用算盘和计算器；信息存贮介质以纸质材料为载体，占用空间大，查询烦琐。而 CAIS 中，人员除会计专业人员外，还有计算机软、硬件技术人员和操作人员；组织体系按系统的需要可划分为电算主管、软件操作、审核记账、系统维护、电算审查和数据分析等专业组；内部控制扩大到对人员、计算机设备、数据和程序等各个方面，而且其要求将更为严密；运算工具采用计算机；信息存贮介质采用磁性介质材料（一般用磁盘），占用空间小，查询检索方便。

三、CAIS 与 HAIS 比较的现实意义

通过比较可以看出，CAIS 与 HAIS 之间有着许多共同之处，也存在许多明显的差异。这些差异，使得我们在建立 CAIS 过程中，应注意做好如下几方面工作。

（一）**注重系统的初始化设置工作**

评价一个 CAIS 的优劣，可根据系统处理的最终结果，即账簿数据和会计报表数据的是否精确无误、过程控制是否有效来判断。当财务软件本身的程序及控制正常可靠的情况下，数据输出结果的正确与否则直接与系统的初始化设置有关，为此，在系统初始设置时，应根据本企业会计核算的需要，正确设置会计科目的级数和位长，建立标准的会计科目代码体系；认真整理和录入最明细科目的年初余额和本年累计发生额；慎重设置操作员的姓名、用户代码和口令，根据会计工作的分工和内部控制的要求，合理开放每位操作员的权限；正确设置企业的凭证类型、记账方法、核销方法、外汇汇率的记账

方法、自动转账分录、非法对应科目和各种外部设备类型等参数。

（二）科目代码设置应力求精确和完整

实行会计电算化后，科目代码是 CAIS 中最重要的一种代码，处于核心地位，系统内部涉及会计科目的处理几乎都以科目代码为依据，系统的运行都是根据科目代码而进行的，为此，合理设置科目及代码是至关重要的。由于计算机处理的高速度和准确性，我们可以将会计科目划分到足够精细，特别应根据报表数据取数的需要，应将科目的级数和位长设置得恰如其分，以获得更加详细的会计核算资料。但应避免将科目代码的级数和位长设置得过多过长，这既不利于记忆和使用，又浪费存储空间，应根据整个科目体系来确定。例如，如果只是个别科目需要划分的级数较多，可采用别的方法来解决，而不因为照顾个别科目而将整个科目体系的级数增加，但是，如果同级科目的明细较多，则可通过适当增加级数来解决。系统运行后，科目的修改或删除是一项非常困难的工作，因此，应该在初始化时周密考虑，把科目代码设置完整，一般不要在年度中间进行修改。

（三）要正确地修改凭证带来的差错

在 CAIS 中，因为经审核过的记账凭证是总账、明细账、日记账、各种辅助账和报表数据的数据源，如果发现账簿或报表数据有差错，则可判断必定是记账凭证存在错误。修改错误凭证可有如下三种情况：一是凭证未审核时发现有误，则可由凭证编制员直接修改；二是凭证已审核后发现有误，则应先由审核员取消审核标记，由编制员修改后，再经审核员进行审核；三是登账后发现凭证有误，则再不能修改该凭证，应由编制员先编制一张红字凭证冲销错误凭证，再编制一张正确的凭证，将红字凭证和正确的凭证经由审核员审核后，进行登账，即可达到更正错误凭证和账簿数据崐的目的。

（四）正确进行报表系统的初始设置

报表子系统的初始设置是 CAIS 中最复杂的工作。在商品化的 CAIS 中，目前大都采用通用报表程序，即系统提供一种接口，由用户自己定义报表的名称、表线的类型、空表格式、数据来源公式等，这样，当报表格式或数据来源改变时，只需修改原先的定义，而不必修改系统内部的程序，从而适应了各种崐不同用户的要求。初始设置时，要求设置人员充分理解报表的编制原理及公式表达式的设置规则，特别应推敲每一项数据的取数公式，因为在众多公式中某一个符号的差错都将导致报表数据的错误。如发现报表数据有误，应首先查出导致报表最终结果错误的出错数据项，并检查其数据取数公式是否有误，如有误，则予以改正，如无误，则可判断是账簿或凭证数据有误，根据该项错误的数据项公式可推断账簿或凭证的错误之处，比照上述更改错误凭证的方法给予改正，而后重新生成报表。

（五）注重 CAIS 的维护与安全

基于 CAIS 的特点，应对其进行经常性的维护，且维护工作应伴随整个运行阶段的始终，直至系统过时或报废。维护的内容有硬件设备、财务软件、数据文件和各种编码维护，以上几种维护工作，除了硬件维护外，都有可能涉及软件的维护，可见软件维护是系统维护中最重要也是最艰难的工作。软件维护可分崐为：为修正运行中发现程序错误的正确性维护、当软件的外界运行环境发生变化时的适应性维护以及因系统扩充功能或改善性能而对软件进行修改的完善性维护三种类型。同时，应保护系统的安全，可通过建立会计组织体系的内部控制制度、系统和操作员口令的定期修改与保密、数据的定期备份与保存、增强程序自身的自我保护能力等措施来实现。

第五章　基于ERP的企业集成化财务管理模式

随着市场经济的高度发展，我国企业大量涌现，并逐渐向国际化方向发展，成为我国企业参与国际竞争的中坚力量。企业为提高管理水平，增强竞争力，纷纷引入ERP（企业资源计划）项目。ERP的广泛应用，内外部环境的巨大变化，使作为企业管理核心的财务管理也发生了变革，传统的财务管理模式逐渐不适应高度发展的企业，这种形势下，迫切需要构建一种全新的财务管理模式，以充分发挥财务管理的功能，促进企业的发展，使我国企业在激烈的国际竞争中立于不败之地，基于ERP的集成化财务管理模式应运而生。

第一节　ERP与企业集成化相关理论的认识

一、ERP的理论认识

（一）ERP的概念及发展历程

1. ERP的概念

ERP（Enterprise Resources Planning，企业资源计划），可以从管理思想、软件产品、管理系统三个层次给出它的定义：即是整合企业管理理念、业务流程、基础数据、人力物力、计算机硬件和软件于一体的企业资源管理系统。

2. ERP的发展历程

第一阶段，20世纪40年代的订货点法。订货点法是指物料或产品库存量降低到某一预先设定的点时，即开始发出订货单（采购单或加工单）来补充库存，直至库存量降低到安全库存时，发出的订单所订购的物料（产品）刚好到达仓库，补充前一时期的消耗。此订货的数值点，即称为订货点。订货点法也称为安全库存法。

第二阶段，20世纪60年代的MRP（物料需求计划）。MRP就是根据产品的物料清单，来计算原料或零部件的相关需求，将相关需求汇总，再根据在途产品、当前库存，求得原料或产品的净需求。MRP系统虽然使企业的原料可以在正确的时间到达生产线（既不提前、也不落后），但却没有考虑车间能否有足够的加工能力来生产出产品。

第三阶段，20世纪70年代的闭环MRP。闭环MRP在MRP的基础上，加入了加工能力管理、工艺路线管理和生产管理等内容。在计算物料需求的同时，会考虑生产是否有足够的能力来加工制造，同时会根据客户订单的交货期来排列加工单的优先级。当有新的订单加入滚动计划时，闭坏MRP会根据产品的物料清单和加工路线、工作中心的加工能力来模拟结果，察看加工能力是否满足对负荷的需求，在不能满足需求的情况下，需要如何调整才能达到所需结果。

第四阶段，20 世纪 80 年代的 MRPII（制造资源计划）。MRPII 在闭环 MRP 系统的基础上，将财务的功能囊括进来，MRPII 包含了成本会计和财务功能，可以由生产活动直接产生财务数据，把实物形态的物料流动直接转换为价值形态的资金流动，保证生产和财务数据一致。财务部门从系统中及时取得资金信息用于控制成本，通过资金流动状况反映物料流动和企业生产经营情况，实时分析企业的成本和利润，提供决策所需的数据，指导和控制生产经营活动。这种管理系统已能动态监察到产、供、销的全部生产过程。MRPII 作为集成统一的系统，做到了企业各部门之间的数据共享和数据统一。

第五阶段，20 世纪 90 年代的 ERP（企业资源计划）。进入 90 年代，企业之间的竞争明显加剧，跨国界竞争成为主题。整个供应链的反应速度和能力决定了链条上所有企业的竞争力，供应链管理成为时代的主题。ERP 是由美国加特纳公司（Gartner Group Inc.）在 90 年代初期首先提出的。ERP 集成了质量管理、全员质量控制（TQM）、准时制生产（JⅡ）、约束理论、精益生产、敏捷制造、计算机技术、项目管理、运输管理、供应商管理、客户管理等丰富内容；ERP 中的企业资源包括了全部可供企业调配使用的有形和无形的资产，强调人、财、物、供、产、销全面结合、全面受控、实时反馈、动态协调，以销定产、以产供求、效益最佳、成本最低、流程式管理、扁平化结构，真正体现了先进的管理思想和理念。ERP 强调供应链的管理。除了传统 MRPII 系统的制造、财务、销售等功能外，还增加了分销管理、人力资源管理、运输管理、仓库管理、质量管理、设备管理、决策支持等功能；支持化、跨地区、跨国界运行，其主要宗旨就是将企业各方面的资源充分调配和平衡，使企业在激烈的市场竞争中全方位地发挥足够的能力，从而取得更好的经济效益。

（二）ERP 的核心管理思想

1. 体现对整个供应链资源进行管理的思想

供应链是指生产及流通过程中，涉及将产品或服务提供给最终用户活动的上游与下游企业，所形成的网链结构，包括供应商、生产商、经销商和客户等。企业要有效地参与市场竞争，必须把经营过程中相关各方如供应商、制造工厂、分销网络、客户等纳入一个紧密的供应链中，充分利用全社会一切市场资源快速高效地进行生产经营，以提高效率，获得竞争优势。ERP 的核心思想就是将整个供应链作为市场竞争的主体，而将企业作为其中的一部分，从整个供应链的角度管理企业的经营活动，整合整个供应链的资源，增强企业竞争力。

2. 体现精益生产、同步工程和敏捷制造的思想

企业按大批量生产方式组织生产时，把客户、经销商、供应商等纳入生产体系，形成利益共享的合作伙伴关系，组成一个企业的供应链，这即是精益生产的核心思想；敏

捷制造思想，是指为适应瞬息万变的市场需求，企业组织由特定的供应商和经销商组成的临时性供应链，形成"虚拟工厂"，把合作单位看作是企业的组成部分，运用"同步工程"（SE）组织生产、即时反映市场需求，并保证产品的高质量和个性化。

3. 体现集成管理的思想

ERP集成管理思想体现在两个方面：一是在企业内部生产、采购、销售、财务等是一个有机的整体，ERP将这些职能有机集成，实现"整体大于各部分之和"；二是在供应链内将供应商、分销商等集成到ERP系统中，整合供应链上的资源实现高效管理。

（三）ERP对企业财务管理的影响

ERP对财务管理的影响主要表现在：企业从财务型管理走向全过程财务管理、从事务处理的管理模式走向智能、高效、优化控制。

1. ERP使财务管理成为企业管理的中枢

企业往往业务复杂繁多，在传统财务管理模式下，财务管理的重心不得不放在收集、处理财务数据上，财务部门不能为决策层提供有力支持，重要性不能得以发挥。而ERP环境下，机械重复的繁重工作由系统自动完成，财务管理实现了权利的集中监控、资源的集中配置、信息的集中共享。财务管理渗透和贯穿于一切经济活动之中，通过价值形态对进行的综合性管理，已成为管理的中枢。

2. ERP使企业财务管理高度集成

ERP环境下财务管理高度集成不仅表现在系统内部各模块的集成，更重要的是与供应链和生产制造等系统也达到无缝集成，克服了传统财务管理模式下形成信息孤岛的弊端。使财务管理能够直接对所有系统的最原始数据进行处理分析，保证了数据及结论的可靠性。

3. ERP使企业能够及时、全面获取财务信息

企业结构复杂庞大，在传统财务管理模式下，信息获取、传递困难，导致财务信息总是滞后于业务信息，且难以全面获取。ERP环境下，各系统高度集成，数据实现共享，在交易或事项发生时相关人员将信息输入系统，全部的数据都储存在中央数据库中，财务部门可同步利用。

4. ERP使企业财务管理由静态转为动态

ERP环境下财务系统与业务系统高度协同，财务数据的实时更新，财务管理以变幻的市场需求为起点，实施快速的财务预算，提供动态的财务信息，支持动态的财务管理。

5. ERP使企业财务管理支持国际化经营

在ERP环境下，基于B/S的技术架构，为分布世界各地的子公司及分支机构提供了一个统一的财务管理平台，同时也能兼容和协调各国当地的财务管理模式和会计核算上的差异，成为国际认可的财务管理系统，实现跨国的投资、筹资和现金流的监控，从而实现跨国经营管理。

6. ERP 对企业财务机构、财务人员具有重大影响

实施 ERP 后，财务管理上升到企业管理的中枢地位，其职能的范围扩展到财务决策、计划、控制、分析，由原来单纯的核算领域扩展到管理领域。财务机构主要职能的转变，减弱了核算和监督工作在财务人员基本工作中所占的比重，从而使财务人员更多地参与企业管理，对汇集到财务机构的信息进行处理、分析和反馈，为信息使用者提供决策依据。

二、集成化财务管理模式的理论认识

以我国报业出版为例。自加入世界贸易组织以来，面临着国际传媒和大鳄资本的强势冲击，暂且不说如何冲出国门参与国际市场竞争，能保持国内市场份额和现有地位已属不易。与外国传媒相比，我国报业出版发展比较缓慢，经营业务（品种）较单一，很少有跨媒体、跨区域化经营，报业出版经济实力普遍较弱。除了广告收入、发行收入和少量的物业租金收入外，缺乏其他生产经营手段。无论在资金、设备、技术还是人才方面，我国报业出版都不具备领先优势。如要与国外报业同场竞争，就需增强自身经济实力。国家新闻出版总署批准报社组建报业出版集团，推动文化事业单位改制，支持符合条件的报业出版集团上市，就是为了尽快将我国报业做强做大，更好地促进文化产业发展。为适应报业市场的激烈竞争，企业应对自身有更全面的了解，清楚报业出版集团的核心竞争力在哪里，特别是在报业经济的发展过程中，很多有实力的报业出版集团正尝试实现跨媒体、跨区域的多元化经营，出现众多的子公司和分公司，面临着投资分散、财务分散的复杂情况，必须清楚地知道资源优势和经济实力。资源越分散，越需要集成化的财务管理，要求有效整合的优质资源，进行科学合理配置，充分发挥资源的最大效率。

（一）企业财务管理集成化的发展阶段

集成化财务管理是利用现代的网络技术和信息集成方法，将企业的供、产、销环节与财务管理集成起来，追求资源的整体效率和综合效益，缩短生产的前置时间，提高产品质量和服务质量，增加的整体柔性，使具有低能耗、低物耗、高效益和高应变能力，实现物流、资金流和信息流的高度统一，最终达到实时获取准确的、全面的财务信息。这种管理模式有三个基本特点：一是集成化的高效管理，它不仅对企业的财务信息进行管理，而且对库存、生产、销售等方面业务进行管理，不仅管理企业内部，而且与整个供应链管理高度集合；二是高层的直接管理，通过信息网络技术减少了传统财务管理的诸多中间环节，使高层领导能够直接对底层员工进行有效管理；三是总部财务的实时管理，在整个供应链通过信息网络技术联系到一起后，总部的财务主管根据动态的会计信息，能够快速调整财务思路及工作安排，并通过内部网络传达下去，实现实时动态的在线财务管理。

实现集成化的财务管理模式，一般需要经历三个发展阶段。

第一阶段，改革原有的财务管理体制。信息网络时代的一大特点是实现组织机构的扁平化管理，因而需要对企业原有的财务模式加以改革，削减过多的纵向运作环节，发挥专业财务人员的积极性和主动性，让财务管理人员贴近实际的生产经营活动，接近真正的市场营销环境，财务流程运作扁平化，实现"纵向到底，横向到边"的经营管理目标。改革原有的财务管理体制，推行财务层级管理扁平化，是实现集成化财务管理的组织基础。

第二阶段，建立财务集成化的管理模式。财务集成化管理的具体方法是建立内部会计信息网，内部各会计核算主体与总部财务中心全部联网。这样做的好处主要表现在：第一，及时传递会计信息。总部财务中心能够实时了解下属机构的经济活动，将内部所有的财务信息集中到总部统一核算、集中管理和监控分析。第二，降低财务运作成本。通过网络信息技术系统，总部财务中心将下属机构的财务信息集中起来，下属机构成为一个会计报账单位，从而可以减少基层单位财务人员和会计费用支出，最终降低会计信息之间的传递成本。第三，提高资金的使用效率。通过分析内部各单位的业务结算情况，利用网络技术建立内部网上银行系统和外部网上银行系统，实现内部各单位的资金由财务中心集权管理，使暂时闲置的资金随时能够找到用途，极大地提高资金的流转速度和使用效率。建立企业财务集成化的管理模式，实际上就是运用网络信息技术，建立财务网络内部管理系统，实现会计核算和财务管理的实时管理。

第三阶段，实现内部财务与业务的有效集成。信息网络技术的最大优势就是能够把企业各部门及各种业务有效地联系起来。财务管理是企业经营管理的核心部分，它从价值方面反映整个企业的供、产、销以及收支结果，直接体现出创造价值。企业供、产、销环节的经营状况，以及人、财、物的合理调配，直接影响到企业的财务状况和经营成果。现代化的财务管理重点应该从事后的会计核算转到计划、分析和提供决策参考意见上来，如经过过滤的综合信息出现滞后或者失真，就会使财务人员的核算分析工作带来根本性错误。

财务与业务的集成要通过管理软件来实现，管理软件比财务软件涵盖的范围更广，一般应包括总账管理、应收应付管理、采购管理、销售管理、库存管理、成本管理等功能模块，财务系统是其中的一个重要组成部分。在传统的管理方式下，如库存材料管理，财务部门与采购部门、仓管部门基本脱节，更谈不上动态管理存货，因而无法合理安排采购资金，控制库存资金占用，节约资金的使用成本。采用财务集成化的管理模式，可以对企业内部工作流程进行重组，精减中间环节，建立跨职能型群体，就能有效解决诸如此类问题。以报业出版某项采购业务为例，采用集成化管理的业务流程如下：第一，物供部采购员通过共享的信息网络系统下达物料采购订单，经部门主管审核通过后发送给指定的合约供货商；第二，资产部仓管员根据共享的信息网络系统中的采购订单验收货物,并将验收结果传递给财务中心;第三,财务中心的财务人员审核系统自动生成的采购凭证,通过信息网络系统报告上级主管领导,经批准后按合同约定和采购金额通知付款。

通过上述例子可以看出,推行集成化财务管理,实际上就是将财务管理与经济业务结合在一起,实现内部供应链(供—产—销)与财务管理的有效对接,目前我国报业出版基本上处于初始发展阶段,现正全力朝着财务集成化管理方向推进,但还面临着很多发展问题。

(二)集成效应有哪些内容

企业集成化财务管理的动因是集成效应。集成效应,简单地说,是指由于集成所带来的实际效果。从企业财务管理的角度看,集成效应最终主要体现在财务管理活动的经济效果上。正是企业集成化财务管理所导致的巨大经济效益的吸引与诱导,才使得集成思想逐渐渗透到传统的财务管理实践当中,并导致企业集成化财务管理的产生和出现。由此可见,集成效应是导致企业集成化财务管理产生的根本动因。集成效应有哪些内容,现作简要分析。

1. 范围经济效应

范围经济是西方学者在研究企业运用先进制造技术从事生产的经济效益时提出的一个新概念。它与规模经济的概念相对应,反映了不同生产制造环境里的一种新的经营概念。范围经济是指通过扩大企业所提供的产品或服务的种类而引起的经济效益增加的表现。随着社会生活的进步,人们的消费需求呈现出多样化、个性化的特征,规模经济的优势已经无法适应新形势的需要。范围经济的产生是随着科技进步和社会经济的发展而出现的。范围经济强调的是以适当的成本提供尽可能多的产品品种、种类,从而顺应时代发展潮流。范围经济的实现必须具备一定的条件,即集成化管理。以先进制造技术为核心的制造系统、集成体系奠定了范围经济的存在基础,先进制造技术体系的集成同时也需要集成化财务管理,如适时制成本管理系统、适时制筹资、投资分析系统等。范围经济的成功,离不开各种先进制造技术及管理信息系统的集成应用,也离不开集成化财务管理的配合支持。从这个意义上讲,正是由于集成,才导致了范围经济效应的产生。

2. 聚集经济效应

聚集经济效应显然是一种集成效应,因为聚集本身就是集成行为的一种表现。企业通过集成化财务管理之所以能产生聚集经济效应,主要是由以下几方面原因造成的:第一,有利于减少交易成本。传统财务管理,由于企业之间的交易活动存在许多障碍,导致成本居高不下。当实行集成化财务管理时,各个企业在区位上可以相互靠近,通过空间集聚可以大大减少交易成本。第二,可以实现要素匹配、优势互补,提高经济效益。通过集成化财务管理,可以使众多业务上有联系的企业聚集在一起,由此使得各项生产要素够达到最佳配置状态,实现优势互补,从而取得更好的经济效益。网络财务即可产生聚集经济效应。第三，有利于资源共享，获得外部规模经济。高新技术产业区的出现，其实就是为了实现资源共享，加快资金周转，降低各种成本，利用人才优势，促进企业技术创新、开放和竞争，从而获得外部规模经济效应。为了配合好高新技术产业区的企业真正实现聚集经济效应，企业必须实现集成化财务管理。第四，有助于企业更好地了解技术竞争态势，提高创新水平。企业通过实现集成化财务管理，在资金上更及时地保证企业竞争的需要，从而提高企业的技术创新能力和水平。

3. 速度经济效应

经济领域中的变化令人应接不暇，企业竞争的格局瞬息万变，竞争越来越激烈。谁能够在速度上领先，谁往往就取得了主动权。传统企业财务管理往往关注产品的成本和价格。随着产品更新换代的加快，谁能更快地制造出适应市场的新产品，谁就更容易取胜。速度经济效应是指企业由于在经营速度上比竞争对手具有更大优势而赢得的一种比较经济利益。企业集成化财务管理可以大大加速企业理财的运作能力，实现理财的速度经济效应，即比竞争对手更快、更早地对市场作出反应。企业集成化财务管理就是要求财务管理部门站在企业整体战略的高度，对市场上的各种变化作出快速反应，使自己的应变能力大大加强，既提高自身在资本市场上的应变能力，又提高在产品市场、内部管理方面的应变能力。企业集成化财务管理还可以把其他企业在财务管理方面的优势综合起来为自己所用，这也是一种速度经济效应。

4. 知识经济效应

传统的财务管理主要是以经验为基础，因为那时人们的知识水平普遍不高，人们无法也不可能运用太多的科学知识来改善企业财务管理状况。随着社会发展和进步，人们掌握和积累的知识越来越先进，越来越丰富。获取知识经济效应的根本途径就是提高企业财务管理过程中的知识含量。企业财务管理通过与先进的电子信息科技、创造性思维策略的集成，企业财务管理系统的各种要素及功能被注入了越来越多的知识含量，智能化、信息化、柔性化的特征日益明显，企业集成化财务管理获得的知识经济效应也越来越多，比如现在许多企业成功地进行大规模、高水准的资本经营，就是一种知识经济效应的具体体现。注入知识的企业集成化财务管理导致知识经济效应的机理如下。

（1）复合型人才、技术、管理、理财策略和战略等智力资源要素的综合集成，促使企业财务管理的知识含量不断增加，从而有助于增强企业理财的市场前景的预测力和判断力，提高理财战略决策水平，推动企业实现超常规发展。而对当今动荡不定的理财环境，企业的理财战略决策能力和水平日益显得重要。企业实施集成化财务管理，则可以有效地聚集各类智力资源的优势，从而提高企业财务战略的知识决策水平，制定出能为企业创造价值最大化的竞争方案。

（2）创造性的理财策略、思维及智力资本的集成，为企业开拓了广阔的理财空间，能够使企业降低或避免因各种原因造成的生产能力闲置、产品积压、资金积压、亏损，从整体上提高企业的经济效益。创造性理财策略、思维是无价之宝，是企业制胜的利器，是为企业赢得财富的源泉。在新形势下，为了提高理财决策水平，"外脑"的作用日益增大，集资不如集智也日益成为人们的共识。智力资本的集成构成了企业效益的基础，并日益成为知识经济社会的首要资源。

（3）理财中高科技的集成极大地提高理财效益。采用高科技参与理财，不但可以大大提高决策水平，还可以更快、更及时地制定理财方案，分析方案的执行情况及执行效果，更有利于降低成本，更有利于配合企业新的经营方式、生产方式的运作。无论是企业财务管理指导思想，还是财务管理实践，集成化财务管理都将成为一种客观现象。企业集成化财务管理观点的提出是一项顺应时代发展潮流、符合财务管理创新趋势的必然选择。

三、ERP 环境下集成化财务管理模式的内涵

（一）ERP 环境下集成化财务管理模式的概念

ERP 环境下集成化财务管理模式是指在信息技术的基础上，遵循科学、及时决策和最优控制的原则，将信息作为战略资源加以开发和利用，将业务、供应链与财务有机集成，提高整体效率和效益，缩短生产前置时间，提高产品质量和服务质量、提高企业的整体柔性、减少库存等，使企业具有低能耗、低物耗、高效益、高应变能力，实现企业物流、资金流和信息流的高度统一以及财务的实时管理，以适应柔性生产、组织扁平化和产品个性化的市场要求。基于 ERP 的集成化财务管理模式强调的是财务系统的整体优化和企业资源的优化配置。其思路是基于 ERP 信息管理系统，实时动态集成相关业务及财务信息，在全面预算的基础上，对生产经营和财务状况进行全面控制管理。其核心在于管理集成、信息集成、业务集成和资本集成，以提高整体效率和效益，缩短生产前置时间，提高产品质量和服务质量等，使适应市场全球化的要求。需要说明的一点是，ERP 环境下集成化财务管理区别于传统财务管理模式的最重要方面在于它充分利用网络及信息技术，使业务管理与财务管理融为一体，利用 ERP 系统，实行从生产经营源头进行管理，对财务进行实时动态管理，真正发挥财务管理的事前计划、事中控制和事后反馈功能；并且结合全面预算，有效地对下属分、子公司进行全面控制，进而实现对生产经营的全过程进行实时动态管理。

（二）ERP 环境下集成化财务管理模式的特征

1. 动态性

ERP 环境下企业财务管理不是孤立的，而是涉及内外各种要素不断交织变动。这些要素交织变动是非线性的，使要素集成的综合优势效应大于各要素优（劣）势效应之和，即动态非线性要素互相制约、耦合，产生优势聚变。

2. 开放性

ERP 是基于整个供应链的管理系统，支持化、跨地区、跨国界运行。ERP 环境下集成化财务管理覆盖领域广泛，向外界全方位开放，以最大限度地优化配置资源，实现优势互补。

3. 整体优化性

企业集成化财务管理是一种整合性的管理创新，它的目标是提高企业财务管理系统的整体功能，重视系统的集成，如筹资、投资、营运、分配的集成；技术、管理与人的集成等。由于集成贯穿于企业财务管理活动的全局和整个过程，因而各项管理对象、资源要素可以实现全方位、全范围和全阶段的优化，激发单项优势之间的聚变放大作用，从而最终促进整个企业财务管理活动的效果和效率的提高。

4. 集成协同性

集中与协同指财务与业务的集中与协同，包括与企业内部部门的协同、与供应链上其他合作企业的协同及与相关业务单位的协同。企业实施集成化财务管理模式后，由于运用了网络技术，企业内部各个部门，供应链上的其他合作企业以及相关业务单位就可以相互连接，资源实时共享，达到财务与业务的同步，从而使集成化财务管理具有集中与协同处理的特点。

第二节　企业集成化财务管理模式的构建

一、集成化财务管理模式在企业发展中的重要性

目前企业多采取法人制来进行治理，但是企业的财务关系和法人制却不适应，不少企业的财务控制中存在着集权和分权不合理的现象，因此不少企业提出了集成化财务管理模式。集成化财务管理模式的合理应用在企业的发展中有重要作用。

（一）集成化财务管理模式的特点

近年来，我国多数企业倾向于采用集权化的财务管理模式。产生这一现象的原因是多方面的，其中很重要的一点是很多企业是以行政力量组建而成，发展的历史较短，母公司确立控制能力，加强凝聚力的愿望比较强。这对一些大企业的迅速崛起无疑起到了重要的推动作用。但是，企业的市场竞争环境正在迅速变化，与此相适应，企业组织结构的扁平化正成为现代企业管理方式发展的重要趋势，而扁平化的核心是分权。那么，到底应当继续推动集权化的财务管理模式，还是提倡分权化？显然，至少在短期内我们无法得出一个简单的结论。事实上，考虑集权与分权，不仅要考虑成员企业间业务联系的必要程度和母子公司间的资本关系，而且要取决于集权与分权的"成本"和"利益"差异。集权的"成本"主要是子公司积极性的损失和财务决策的效率的下降，分权的"成本"主要是可能发生的子公司财务决策目标即财务行为与母公司总体财务目标的背离，

以及财务资源利用效率的下降。集权的"利益"主要是容易提高财务决策效率和调动子公司的积极性。此外，集权和分权的考虑因素还包括环境、规模和管理者的管理水平有关。既然无法清晰地判断是集权还是分权。所以，在这种情况下，集权不死、分权不乱、收放灵活，无疑是企业财务控制的最高境界。这种财务控制的最高境界反映的是财务管理模式应该是柔性的、适时化的，能够随时或者说尽可能应变或透明的模式。集成化财务管理模式为集权与分权的"困惑"打开了另一条道路。它绕开集权与分权的争论，不拘泥于某种确定的集权或分权，转而根据变化日益激烈的市场竞争环境，动态地调整企业各层次的权力分配和财务控制方式。集成化财务管理将财务系统与存货系统、生产系统和销售系统相结合，企业不仅对资金进行管理，而且参与对生产经营全过程的管理，并且运用网络技术，减少工作中的许多中间环节，对所属各单位进行及时的直接管理，根据动态的财务信息，及时做出财务安排，进行全企业的在线管理，充分发挥企业的整体优势。

集成化财务管理依赖于两个重要的前提条件：一是企业组织结构的规范和扁平化。不管母子公司之间集权与分权的程度如何，这种规范的母子公司产权结构和治理结构必然建立，否则集成化财务管理就失去了存在的基础。二是计算机网络技术的发展。这会让集成化财务管理能够让财务管理流程和业务流程集成起来的手段和工具。这样一来，与传统的以手工记账为主的传统财务管理模式相比，集成化财务管理的特点在于：远程管理、全程管理、在线管理、灵活管理和集中与协同的特点。

（二）集成化财务管理模式的独特优势

1. 动态调整财务管理方式

ERP 环境下集成化财务管理模式充分利用信息及网络技术，将财务、业务一体化集成，实现了原始经营信息的实时传递、共享，减少了非增值环节，提高了财务管理的效率。企业可以根据市场环境的变化动态调整权利配置，走出了传统财务模式下权衡集权分权的困境，从而能够适应当前的市场环境。

2. 实现资源有效配置和整体优化

ERP 使企业的物流、资金流、信息流充分集成，在此基础上，集成化财务管理能够使资源在整个甚至更大范围内得到有效配置，协调母子公司的利益，使企业整体利益最大化。综上所述，传统财务管理模式的种种缺陷导致其不适合现代企业的发展，而 ERP 环境下集成化财务管理模式克服了传统的弊端，是高度发展的企业理想的财务管理模式。

（三）集成化财务管理模式对企业的作用

目前我国企业财务管理存在的问题概括起来说就是管理控制薄弱，信息时效性差、利用率低。首先，资金管理松散，资金利润率低、风险大、成本高。企业在资金管理上存在着方式落后、手段欠缺的问题。下属企业多头开户的现象比较普遍，资金管理不严，体外循环现象无法避免，投资随意性大、有沉淀现象、周转慢、使用效率不高的问题同益显露。其次，预算管理困难。目前只有很少的企业建立统一的财务预算体系，大多数企业的整体预算还处于简单化的"拍脑袋"方式。再次，的财务系统与业务系统无法协同，缺乏面向业务流程的财务信息收集、分析和控制手段。最后，不能灵活设置财务管理的汇总级次，管理层不能得到实时准确的各下级单位财务信息以及汇总财务信息，对下级单位的财务监控力度不够，监管力度和时效性不足，财务信息的准确性不高，信息孤岛现象严重，对内对外的信息披露迟缓。上述问题都是由于传统财务管理模式不适应环境的变化造成的。随着经济全球化的发展，企业规模更大，业务更加复杂，瞬息万变、日趋激烈的竞争环境又要求企业能够及时、快速、准确的反应市场需求。财务管理作为企业管理的核心，是企业参与市场竞争最重要、最基础的一环，这一环衔接不好，在市场竞争中获胜就无从谈起。传统的财务管理模式通常在集权和分权之间权衡，从前面的论述中，我们得出集权和分权都有其不可克服的缺点，集权模式下，能够统一战略，齐心应对市场竞争，却因信息流动不畅而缺乏灵活性，显然不能适应不断变化的经营环境；而分权模式下，灵活有余，却统一不足，失去了成员联合作为企业存在的意义，即资源得不到最优配置，难以实现整个利益最大化；集权分权相结合的模式，作为一种折中的模式，只是通过类似于代数抵消的方式弱化了两种模式的部分弊端，但没有完全解决问题，而且，找到集权分权的最佳结合点非常困难，更何况内外部环境不断变化，需要实时调整集权分权的程度，实际操作根本不可行。

根据集成化财务管理模式的优点，可以看出集成化财务管理模式不同于传统的财务管理模式，对企业的发展有着重要作用，这种作用主要体现在四个方面。

1. 方便企业对投资决策权的统一规划

企业为了扩大规模往往设有众多子公司，其中，母公司是投资的主体，对重大的投资决策具有决定权；子公司对于与子公司的资本构成一定比例的投资项目有一定的决策权。集成化财务管理模式有利于对投资决策进行统一的管理。利用集成化财务管理，可以利用网络对投资决策进行在线管理，也可以在企业内部设置投资指导网站，通过设置用户和权限的管理参数，有利于对子公司的权限进行限制和界定，有利于对投资决策和投资的情况进行控制，同时有效的、有针对性的评价体系来对投资项目进行评估，也可以提高投资决策的有效性，减少投资的风险性。

2. 促进融资管理和决策制度的统一和规范

利用集成化财务管理模式，有专门性的融资网站，可以使企业在融资过程中以自身的运作情况和融资特点为依据来设计资金的调控权利，使内部资金的流转实现系统化。如果融资的审批数目在限额之外，或者超过投资中心的审批数额，利用集成化财务管理模式可以对资金进行内部控制。

3. 实现企业资金的流动性

集成化财务管理模式可以有效地分配资金的调度权力，通过资金运作可以对资金的调度权力进行有效设置，利于企业内部的资金流转的系统性，通过计算机智能化的分析，系统可以分析子公司的具体特点，根据其特点设置不同的资金管理方式。

同时，也有利于母公司的成员企业根据不同的企业特点而采取不同的融资方法。在层级结构比较紧密的企业，集成化财务管理模式可以实现企业和银行的虚拟结算，利用虚拟结算可以使银行对企业的财务管理权限、内部资金结算和拆借等进行统一代理。如果企业处在紧密层之外，集成化财务管理模式又可以为企业资金的规划进行统一管理。

4. 利于对预算的管理权限进行明确

集成化财务管理模式有利于企业建立起健全的预算制度。集成化财务管理模式可以将预测对象明确，对预算单位的级别进行划分和确定，计算机系统可以使企业内部确立起中心网站，预算管理网站可以对预算的管理权限进行设定。另外，集成化财务管理模式可以明确企业预算的内容，有利于对企业的现金和费用进行有效预算，对成员企业的费用、销售、现金流量等资金进行全面的预算。同时，集成化财务管理模式又可以将预算的程序固定下来，通过预算程序的编制、审核、调整等流程进行程序化设定，对管理的权限、责任以及时限进行设定。同时，集成化财务管理模式还可以为企业收入分配的明确起重要作用，利于收益分配方案的有效实施。

集成化财务管理模式有着集成性、直接性、实时性和灵活性等四个重要特点，对企业的生产经营和企业的发展有重要的作用。企业的财务管理层面要强化对集成化财务管理模式的优势的认识，在日常工作中要不断加强对集成化财务管理模式的探索和应用，使集成化财务管理模式真正为企业的发展发挥积极作用。

二、集成化财务管理模式的构建基础

（一）业务及财务流程再造

1. 业务流程再造

ERP 是一种面向供应链管理的现代企业管理思想和方法，它把经营过程中的有关各方如供应商、制造工厂、分销网络、客户等纳入一个紧密的供应链中，有效地安排企业的产、供、销等活动，使企业利用全社会一切市场资源快速高效地进行生产经营。为了适应现代企业外部竞争环境的变化，实现业务流程中的所有资源的有效利用，从而改善管理水平与管理效率，增强企业的核心竞争力。很多企业实施了 ERP 项目。但是，据不完全统计，目前我国企业在 ERP 系统应用中，按期、成功实现系统集成的只占 10%～20%，没有实现系统集成或实现部分集成的占 30%～40%，而失败的却占 50%。调查显示，不少的企业在 ERP 应用过程中没有提前或同步实行业务流程再造（BPR），有的企业即使实行了 BPR，但实行不到位，也未能达到预期目的。未实施 BPR 或实施 BPR 不当是 ERP 项目失败的一个主要因素。我国的许多企业，还没有完全从传统的计划经济经营方式转变到市场经济经营方式上来，管理方法和管理手段也相对落后。而 ERP

是从国外引进的一种运行于典型市场经济模式的系统，与国内企业的经营流程有着很大的区别，这就要求企业在应用 ERP 之前，首先要进行业务流程的再造。很多成功实施 ERP 的企业，其效益的提高，一方面是来自于 ERP 软件本身，另一方面还得益于业务流程再造。可见业务流程再造是企业成功应用 ERP 的一个重要的因素。企业业务流程再造可以从以下几个方面进行。

（1）工作合并。

在流程再造中，最普通与最基本的做法是将许多过去不同的任务和工作合并为一个。例如，成立项目小组（projectteam），每个项目小组负责某一专门的项目。小组的成员从各个部门中抽调，采取脱离或不脱离的形式组成，每个小组中有一个负责人。以新产品进入市场这一流程为例，先由市场部门的人决定产品进入市场的时间，然后由生产部门的人排定生产日程，再由研究人员制定开发计划。这样各个部门的人共同工作，实现信息共享，便于相互之间的沟通，减少了管理费用，提高了控制程度。

（2）决策成为人们工作的一部分。

业务流程再造不仅使流程在水平方向上简化，同时也在垂直方向上简化，即在原流程中许多需要向上级请示的节点，变为由员工自己决策。这样既节约时间，又降低管理成本，并且能够实现对"客户"的迅速反应。

（3）采用并行过程。

传统的企业中，流程的每一环节必须在上一环节完成之后开始，而流程再造对一些流程进行并行处理。以产品开发过程为例，由于实现了信息共享，使市场人员在搜集到足够的信息后即可开始产品的研制等工作，而不必等到市场研究过程完全结束后才开始。这样使得许多工作可同时进行，节约时间，提高效率。

（4）超越组织界限工作。

现在企业中多数工作是由连续的几个部分组成，这几个部分分别由相互独立的部门执行。流程再造后，工作可以超越组织界限转换，以提高整体效果。每一项工作在其最有意义的地方进行吸引，从而节约了时间，降低了成本。

（5）建立标准作业程序。对每一项工作都建立规范化的程序，规定事务处理时间、方式等标准要求。其主要意义不是在作业时提供参考，而在于在制定过程中对工作合理化的深入思考。由于企业竞争环境的不断变化，企业的标准作业程序也应定期修正，以适应市场。

（6）减少检查及控制。流程再造强调一次做好工作，避免返工和修正错误。这种观念扎根企业，就能有效减少检查和控制这种无价值的工作，可以大大降低成本及控制所带来的其他弊病例。

（7）建立计算机管理系统。流程再造以完善的计算机信息系统为基础，达到实现内的信息共享，保证流程再造的彻底性和有效性。

2. 财务流程再造

（1）会计数据的系统收集方式原始数据采集是传统财务流程的起点，会计记账以真实、合法的纸质原始凭证为依据，传递具有滞后性。传统的财务信息系统没有与其他管理子系统集成，是一个孤立的系统，不能直接共享各管理子系统的数据，而要手工录入到会计信息系统中。这样，信息重复录入，浪费了大量人力，增加了错误概率，且财务人员的工作量大，不能全面、及时提供决策支持信息，财务部门的职能局限于事后反映。鉴于传统财务信息系统的缺陷，采用流程重组的方法，运用信息技术，根据整个系统的目标要求去收集财务信息，这种收集方式称为系统收集方式。其基本原理是建立企业局域网，运用信息技术将企业财务信息系统和其他管理子系统集成起来。可利用 Web 服务器提供信息和收集信息，即当业务事件发生时，业务部门将原始数据录入并存储到全局共享数据库中，财务部门可以直接从全局数据库中提取所需数据进行处理，实现信息同步共享。利用信息技术实现会计数据的系统收集后，财务人员的工作量大大减少，会计数据收集范围、数量和效率大大提高，财务监控的深度和力度加大，财务部门能够实时监控业务，控制风险。对于外部信息，可以将企业局域网与互联网相连，利用电子邮件、文件传输等功能从企业外部广泛、高效、低成本地收集决策相关的信息，使会计充分发挥在管理、决策方面的作用。

（2）会计处理方式传统财务信息系统是功能驱动的，是一个顺序化的信息处理过程，通常将财务系统分解为若干有专门职责的子系统。其缺陷是只对经济活动的结果进行反映，不能跟踪每项经济活动发生、执行与完成的全过程，而且采用单一化的信息披露方式，定期将全部会计信息存放于几张固定的报表中予以反映，只能提供以历史成本为基础的价值信息，且只能是主要信息、通用信息。然而，当今经济环境瞬息万变，主次信息之间不断相互转化，难以区分，并且在进行决策时，专用信息比通用信息更重要。流程再造后采用事件驱动财务信息系统，它将事件作为会计分类的最小单元，在经营活动中，只存储业务事件的特征，财务信息使用者按其要求对事件特征进行分类、加工为他们所需的信息。其流程是：当业务事件发生时，相关部门将业务事件的原始数据录入业务事件数据库，当信息使用者需要时，只需输入信息处理命令，系统便会运行相应的信息处理程序，对业务事件数据库中相应的原始数据进行处理，并将处理结果实时反馈给信息使用者。重组后的财务流程可以描述为：第一，业务事件发生，各管理信息子系统录入业务事件数据，并将其存储到全局数据库中。第二，为落实经营管理责任，对业务事件数据中的货币计量信息进行审核，并编制记账凭证，将其存入到数据库中。第三，根据规则对业务事件数据进行编码并存储到业务事件数据库中。第四，当信息使用者需要某项信息时，可以随时由信息使用者通过浏览器向事件驱动型会计信息系统输入信息处理代码。第五，系统从事件数据库中提取需要的业务事件数据，并根据加工模型库中的财务模型对数据进行处理。第六，定期生成各种账簿供财产清查所用，并定期产生各种通用的常规报表，提供给财务信息使用。采用系统收集和事件驱动的财务流程如图 5-1 所示。

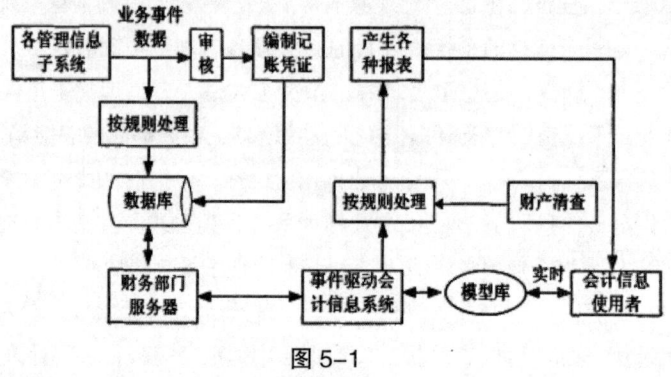

图 5-1

（二）企业组织结构及财务组织结构重组

1. 传统企业组织结构的类型及与其相对应的财务组织结构

财务组织结构是企业组织结构的重要组成部分，是财会人员运用资源实现组织目标的载体。随着经济环境的变化及竞争的加剧，企业组织结构不断变化，相应的，财务组织结构也要随之变化，不同的企业组织结构应与不同的财务组织结构相对应。

（1）职能式企业组织结构及其财务组织结构职能式组织结构。

又称为"U"形结构，在这种组织结构下，企业的生产经营活动按职能划分为若干部门，如生产、销售、财务等，将同类工作划分在同一职能部门里，如财务经理划分在分管财务的副总裁的领导的财务部门里，在上级的领导下在其职责范围内进行财务管理。职能式组织结构如图 5-2 所示。

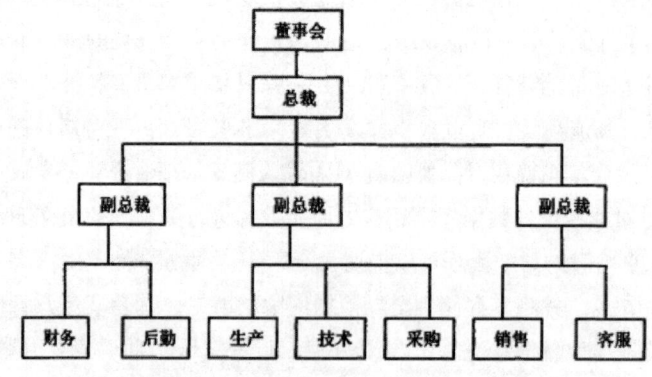

图 5-2 职能式组织结构

职能式组织结构下，每个部门由企业最高层直接领导，实行高度集权的管理体制。相应的，财务控制模式也必须与整个企业高度集权的管理模式相一致，即财务控制权集中在企业的高级管理层。为实现集权化的财务管理，整个企业只设立一个财务部门，对企业全部经济业务进行反映和控制，并定期向利益相关者提供反映财务状况和经营成果的财务报告。在这种财务组织结构中，财会部门的职能是：反映经济业务的记账工作及财务管理工作都集中在总部，子公司仅仅是收集原始凭证，并按时上交总部。职能式组织结构中财务组织结构如图 5-3 所示。

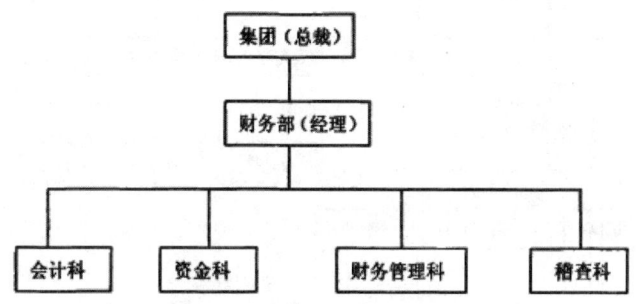

图 5-3 职能式组织结构下的财务组织结构

这种组织结构决策权高度集中，可以使管理高层更有效地优化资源配置，对子公司进行监督。但是，当企业规模扩大，经营环境发生变化时，会造成组织结构效率低下，因为决策权的集中，使高层管理者工作量巨大，不能对发生的变化及时做出反应。

（2）事业部式企业组织结构及其财务组织结构。

随着企业的成长及多元化经营，职能式组织结构不再适应企业的发展，这时就产生事业部式组织结构。其思想是，组织按照业务活动的不同类别如产品、区域、市场分成不同的经营事业部，各事业部由总公司统一领导，实行独立经营、单独核算、自负盈亏，各事业部分别确定成本中心、收入中心、利润中心，由事业部直接领导。如图 5-4 所示。

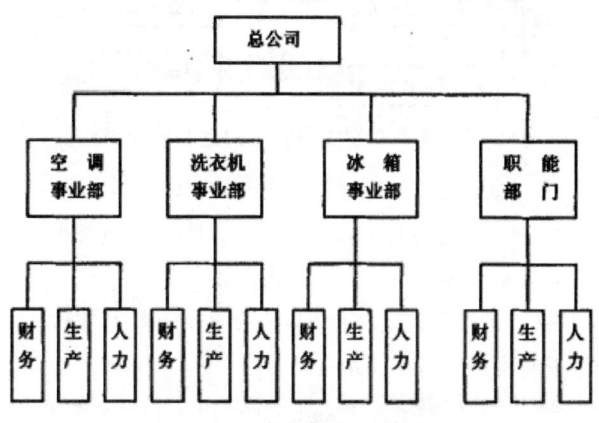

图 5-4 事业部式组织结构

与事业部式组织结构相适应，财务控制模式应采用分权制，总部只掌握重大经济事项的控制权，而把大部分控制权下放到各事业部。相应的，财务组织分为两个级别：总部设立财务部门，各事业部设立自己的财务部门。财务部门主要职能是制定会计政策、对各事业部的重大经济业务进行监督审核；各事业部财务部门在本部门范围内对经济业务进行反映及控制。如图 5-5 所示。

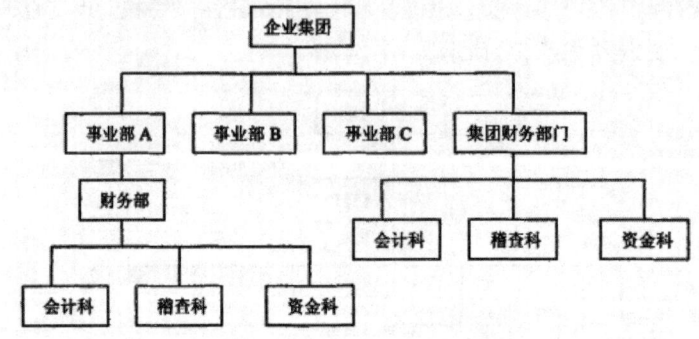

图 5-5　矩阵式组织结构

与企业矩阵式的组织结构相适应，财务部门的组织结构也应当从横向和纵向两个维度，其对应的财务控制模式是集权分权相结合的模式，横向为分权控制，每个事业部都设立财务部门，拥有相对独立的财务控制权；纵向为集权控制，总部设立财务部门，对整个企业进行管理控制。其结构模型如图 5-6 所示。

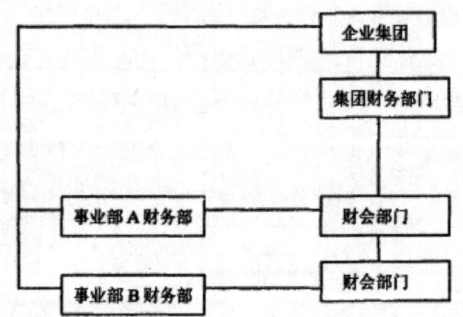

图 5-6　矩阵式组织结构下的财务组织结构

矩阵式组织结构下，企业可以根据项目需求及时组织人员、配置资源，提高项目开发和生产经营的效率，满足迅速变化的环境的要求。但是，这种组织结构也造成双重领导及责任不明的问题，容易产生利益冲突，影响项目的顺利进行。

2. **集成化管理模式下的企业组织结构及其对应的财务组织结构**

（1）集成化管理模式下的企业组织结构。

随着企业的成长和多元化经营，企业的组织结构由职能式到事业部式，再到矩阵式，一步步走向先进。当今世界市场竞争日趋激烈，传统的大规模生产逐渐向多品种、小批量、个性化的定制生产转型，企业只有在高度信息化的基础上，建立起能够迅速反应市场需求的组织结构，才不至于在激烈的市场竞争中被淘汰，这样，一种面向流程的企业组织结构便应运而生。面向流程的组织结构是一种能够快速重整资源并能即时响应市场需求的组织结构，它不限于某种固定的组织结构框架，而是以各种经济业务事项为构件建立的扁平化、网络化有机组织结构，表现为各种虚拟企业、工作团队、动态联盟、企业集群，旨在迅速整合、集成内外资源以抢占市场先机，对市场需求作出快速反应。这种组织结构以流程团队为基本工作单元，团队以流程对象为核心、按照流程需求组建，所有与流程相关的工作人员共同执行集成化的管理职能。流程团队不是固定的组织，而是根据流程的需要而构建，随着流程的变化而调整，具有动态性；流程团队超出专业分工及企业界限，不同部门、甚至不同企业的人员共同协作，优势互补，实现全局最优；团队的构建不受空间限制，成员通过信息系统实现信息实时共享。面向流程的组织结构最明显的特征是扁平化、网络化。流程团队之间通过扁平化、网络化结构联结，构成逻辑上的整体组织；不同流程团队的成员交叉，即一个成员可以属于多个团队，实现了人力资源的有效利用，也增进了不同团队的沟通协作。

（2）集成化管理模式下的企业财务组织结构设计。

实行业务流程重组后组织围绕业务流程运行，职能单元为业务流程的运行提供服务性的支持。一方面，财会组织以业务流程为主干，建立与业务流程相应的流程团队，满足业务流程横向的全面控制的要求；另一方面各个会计流程团队都归属于总部财务中心，其作用在于培养并提供财会专业人员，根据流程的需要进行人员调配，为员工提供专业指导与咨询，参与解决流程执行上的问题，从而在纵向上保证本组织内核算与管理的系统性。重组后会计信息系统的数据采集工作由各业务部门完成，因此业务部门要设立专门的数据处理部门，财会部门在流程重组后只需设立系统部及财务团队。系统部主要负责会计信息系统的使用、维护及数据库管理。而财务团队也不划分专门的职能岗位，其主要职责是利用各种信息，对有关的要素进行管理、监督等。面向流程的财务组织结构如图 5-7 所示。

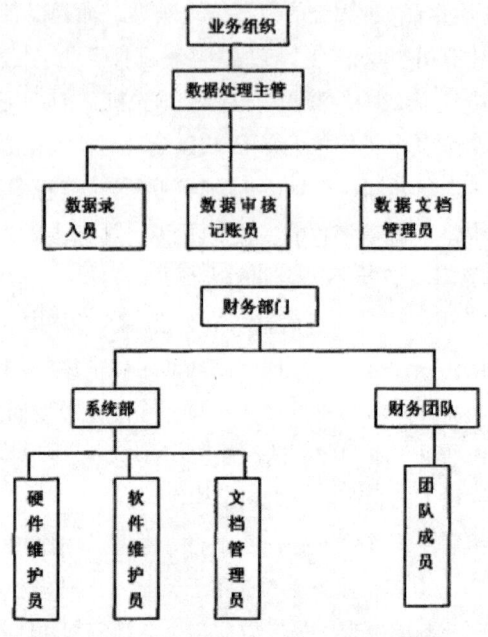

图 5-7 面向流程的财务组织结构

重组后财务组织结构的特征如下：第一，以流程为中心。针对传统财务组织内部分工过细的做法，财务组织围绕业务流程进行重组，将具有逻辑关系的财务活动连接起来，由流程团队来完成整个流程。流程团队实际上是财务组织的基本单元。改革后的财务组织不再存在一个个以功能划分的岗位或职位，原先的若干个不同的岗位或任务被整合或压缩成一种，同时，取消没有增值意义的岗位或职位，最后根据流程的需要设立新的岗位。第二，扁平化。组织的扁平化，首先体现在管理层次的减少，大幅缩减管理人员，流程团队负责流程实际操作的同时，也实施对流程的管理，流程团队被赋予更多的权力，可以根据实际情况在授权的范围内，独立思考分析，做出决定，使得会计事务可以更好地面向决策；扁平化的另一体现，是管理幅度的加大，原属于管理层的许多权力下放到流程，在基于业务流程重组的财会组织中，管理人员的作用在于协调、指导各流程的工作，并对流程进行设计或修改。第三，面向客户。这里的客户包括外部客户和内部客户，外部客户指供应商和顾客，内部客户指内部的业务组织。财务组织与供应商之间相互开放，共享资源，加强对市场需求预测及生产计划的交流，以降低存货成本，避免缺货风险；财务组织与顾客紧密协作，建立顾客信用档案，对不同信用的顾客采用不同的信用政策，减少错误，避免舞弊，加强与顾客的沟通，为顾客提供更好的服务；财务组织将业务组织视为内部客户，为之提供最佳的服务。在传统财务组织结构下，财务组织与内部的业务组织之间缺乏横向的沟通。财务部门不能为业务部门提供最需要的财务信息。财务部门的作用主要是反映及监督业务活动和规章制度执行，与业务组织之间是监督与被监督、控制与被控制的关系。基于业务流程重组的财务组织打破了这种关系，财务组织与业务组织成为业务伙伴关系，财务组织通过信息系统及时收集本流程及竞争对手的流程信息，及时分析整理，并反馈给业务组织，帮助其进行决策；另外，财务组织还负责协助业务组织对业务流程的绩效进行评价，对流程团队成员的业绩进行考核。

三、集成化财务管理系统的步骤

（一）项目启动阶段

1. 项目组织

企业实施ERP需要有两级组织，即项目指导委员会和项目实施小组。项目指导委员会对项目计划的执行情况进行定期审查，及时解决问题，协调矛盾，确保项目的实施顺利进行，对ERP实施负决策级上的责任。项目小组负责ERP在操作级上的实施，财务人员参与项目小组，保证财务模块的实施以及财务模块与其他模块的集成。

2. 制订项目实施计划主计划

项目小组工作的日常准则，是制订各阶段详细计划的依据，主要内容包括：项目实施阶段的划分、每个阶段的起止时间、具体工作内容、应配备的资源、阶段目标、应提交的工作成果等。培训计划。培训始终贯穿于项目实施各阶段，培训的质量和深度是影响项目进程的重要因素。培训计划中应列明培训时间、地点、培训内容、授课老师、培训对象、培训方式等。启动阶段的培训主要是ERP系统基本概念培训，是ERP系统实施实质性任务的开始。在这一阶段，对财务人员的培训主要是ERP系统整体概念培训以及ERP财务模块的基本概念培训。

（二）业务蓝图设计阶段

ERP系统在业务蓝图设计阶段实施的主要项目管理任务包括：进行现有业务需求分析、未来ERP业务组织架构设计及确认、未来业务流程设计及确认、未来业务流程管理文件编写及其确认、主数据定义策略及实施方案、报表及单据分析、接口策略定义。该阶段的主要实施成果体现为蓝图文件，它被描述为ERP软件实施后企业的形象化模型，其内容包括：目前的流程及将来运行的流程、实施ERP要求的组织架构、实施范围、现行的功能、ERP实施后的功能、潜在的风险、主数据和业务数据、数据转换和迁移的要求、要求创建的接口、将退出的遗留系统等。其中在业务蓝图中达成的最重要的决策是基于组织业务流程的ERP组织架构的设计。

ERP组织架构设计按顺序可分为两大步骤。步骤一，定义业务组织架构基本单元，即对业务组织架构进行编码，定义完业务组织架构基本单元，并未完全实现对业务组织架构上的模拟和匹配，因为定义完的组织架构单元只是零散的业务组织架构元素，只是静态地实施实施企业的业务组织架构元素，并不能真实反映实施企业的业务架构，因此，ERP组织架构设计的步骤二，就是根据实际需要，将步骤一定义的ERP组织架构基本单元进行组织和关联。在这一阶段，项目小组的财务人员应与专业人员及其他业务部门人员充分沟通，密切配合，以实现有效集成的财务模块的蓝图设计。这是实现集成化财务管理的关键，包括三个层次的集成：第一层次，企业内部财务的集成，这是集成化财务管理的基础。其思想是将所有下属机构的财务信息集中到总部统一核算、集中管理，即实现企业财务的集中核算，这一层次以扁平化的财务组织结构为基础。第二层次，企业内部财务与业务的集成，这是集成化财务管理的深化。这一阶段实际上是将财务管理与业务管理相结合，实现对企业内部供应链的管理。这一目标的实现，需要对企业内部工作流程进行重组，精减中间环节，建立跨职能型群体。第三层次，整个供应链集成，这是集成化财务管理的最高目标。实现这一目标，需要与供应链上的所有企业协同，对整个供应链进行流程再造。在供应链上，物流、资金流和信息流循环各自独立，又密不可分。物流循环和资金流循环相互配比，信息流的前期形成基础来源于物流和资金流，这"三流"保持互动促进和互动修正的关系。基于供应链的财务管理系统在开发设计阶段就应该充分考虑这"三流"循环的成分，把这样复杂的信息流、物流、资金流及时准确地集成起来，以基于Web平台的文本信息处理手段为依托，从企业的日常业务入手，面向未来，面向控制，从而实现基于价值的管理。

（三）业务蓝图实现阶段

1. 实施团队小组职责在业务蓝图实现阶段

系统将基于业务蓝图的要求进行配置和测试，并为系统正式上线做基础性准备工作，是整个实施项目承上启下时阶段。为了保证业务蓝图实现阶段的各实施任务的顺利完成，必须首先从实施团队的组织分工职责上加以保证。根据本阶段实施任务的特点，实施团队分为五组：业务流程组、数据组、开发组、授权组、宣传培训组。每个小组的职责如下：

（1）业务流程组：负责测试文档的编写及完整性；负责系统流程的测试；负责业务流程及管理文件的完善；负责报表、单据的开发需求及验收；负责对流程角色、岗位、人员的需求定义；确保同各业务模块的沟通；确保测试中出现的问题的解决；负责同业务部门及领导的沟通以确保测试计划的执行；负责最终用户操作手册的编制；负责对最终用户的培训。

（2）数据组：负责编制数据实施计划；负责主数据的实施计划执行负责协调各模块数据（静态、动态）转换策略的制定及实施；提取现行系统数据；负责数据的初始化工作；确保数据的收集及正确性；测试并修正数据转换程序。

（3）开发组：负责业务蓝图设计阶段确定的开发需求。

（4）授权组：负责对流程组提出的权限需求进行系统授权；负责对系统权限的调整；负责对系统权限设置的测试；确保授权计划的执行。

（5）宣传培训组：负责项目的宣传工作；负责编制培训计划；确保培训计划的执行；负责培训环境的建立。

2. **系统测试** 测试是验证参数设置准确性、流程作业可行性的有效手段

ERP 的测试包括单元测试和集成测试两个阶段。分别介绍如下：单元测试是测试的第一阶段，其关注的是局部的系统，每一个配置发生改变，即使只影响很小一部分流程，也要进行单元测试。如创建客户、子公司账户的增减等，都要进行测试。不同类型的事物在特定的职能领域中进行阶段性或周期性的测试，在每一周期，测试工作会变得越来越复杂。集成测试是多维度地考证系统是否能集成，跨部门、跨业务的作业能否成功的主要鉴定手段。许多作业和设置，从单项业务、单个部门作业来看是可行的。但一旦集成测试，便暴露出相关业务互不相容或口径差错的问题。为此而重新设置参数、增设功能和改造流程的并不少见。因此，在测试阶段，要尽可能设计多种测试方案，从各项专业角度来评价、分析测试结果。

（四）系统上线前的最终准备

1. **数据准备** 数据准备包括数据收集、分析、整理和录入等工作

需要准备的数据分为静态数据和动态数据。静态数据是指数据本身与企业日常生产活动关系松散的数据，如物料资料、供应商资料、客户资料、计量单位及转换资料、会计期间、会计科目等。动态数据指与生产活动紧密相关的数据，如库存记录、银行存款、应收账款等，一旦建立，需要随时维护。数据准备的基本要求是及时、准确、完整。"及时"指必须在规定的时间内完成数据的收集和整理；"准确"指符合实际，数据正确；"完整"指要满足系统对数据的所有要求。数据准备的工作量很大。在实施新系统之前，由于企业内部没有实现集成，信息不能共享，必然会有账务方面的不一致等问题存在，而集成系统要正常运行，首先要保证初始录入的数据是一致的，所以，对"脏数据"进行"清洗"是数据准备工作必不可少的一步。数据的准备需要动用大量的人力，要有集成系统中各部门的密切配合沟通，以确保数据的正确性。

2. **测试和系统优化** 在这一阶段，要对系统进行优化、修整和调节

最终用户测试的反馈情况、对于程序和流程的修订、单元测试与集成测试的结果以及实施范围和需求的变更等，都会触发变动和调整。另外，继续对系统进行测试，每一个由于受到诸如使用新的接口或者修改了配置等变化影响的流程都需要进行再测试，因为变更有可能带来各种潜在的问题。

3. **人员培训** 对于培训，在 ERP 项目的整个生命周期都是必需的

无论是项目组成人员还是最终用户，都需要接受培训。项目组成人员在项目规划和蓝图阶段，就已经开始接受最初的培训，而到了系统实现阶段，还需要继续进行培训。不过到了最后准备阶段，培训的重点就转向业务群体．最终用户了。培训方面最大的挑战在于，要在很短的时间段内，对所有用户进行培训。解决方法是：在项目开始初期就

抽调财务关键用户进行培训，关键用户接受培训后，就可以针对他们所处的不同职能范围对最终用户进行传授，这样既节省了企业的培训费用，又保证了培训的效率和效果。

4. 知识传递在 ERP 实施过程中，主要技术驱动力是企业外聘的顾问

企业内部的人员缺乏 ERP 相关知识，往往到项目比较晚的时候才认识到他们所做的是什么工作。到那一阶段时，大部分的配置都已经完成，新的业务流程也已经建立起来了。因此，大多数情况下，他们对于大多数实施所涉及的领域、系统具体配置以及实际实施的所知都很有限。为了防止这些知识随外聘人员的离开而消失，有必要在系统安装过程中把顾问所获得的具体知识向公司的雇员进行传递。知识传递采用系统化的方法，应该在项目进行期间尽早对知识传递所需的流程、方法和时间表进行定义。最理想的方式是在项目一开始就为每个顾问指定一个项目组成员与其共同工作，这种两人小组制可以最大限度地保证知识被公司的员工所吸纳和保留。

（五）系统上线

1. 新旧系统并行

新旧系统并行即新的 ERP 财务系统与原财务系统同步运行，保留两个系统的动态和静态的财务信息。其目的是检验新旧系统的运行结果是否一致。同时，新系统上线初期，很多流程和工作方法与以前不尽相同，并行可以让最终用户有一段适应时间，去熟悉各项功能的操作。但并行会增加用户的工作量，应让用户做好充分的思想准备。并行阶段时间不宜过长，企业在并行期间要给予全力支持，合理进行资源配置。

2. 系统切换

经过一段时间的并行，认证了新系统能正确处理业务数据，并输出了满意的结果，新系统就可以开始独立正式运行了。在系统切换前，项目组要针对企业的实际情况，编制系统切换的可靠计划，明确规定系统的启用日期、系统的期初数据、系统切换的基本步骤、用户数据的安全及保护措施、切换系统可能影响因素的预测及预防措施等内容。确认切换时点时，要考虑切换时机是否成熟。系统切换运行时，要充分考虑到系统切换的工作量及人员因素的影响，对涉及的岗位、人员进行明确分工。系统切换可根据企业的条件来决定应采取的步骤，可以各模块平行一次性切换，也可以分系统模块、分步骤、分业务地逐步扩展。

四、基于 ERP 的集成化财务管理模式的设计

（一）集成化财务管理模式下财权配置

1. 资金调控权

资金管理是企业财务管理的核心内容，关系着企业集成化财务管理的成败。针对不同类型的成员企业应当采用不同的模式：针对紧密层的企业构建银企合作下的企业"虚拟"结算中心：企业向银行申请将其所有下属企业账户设置为结算中心，账户的子账户，

银行根据申请，在下属企业账户与结算中心账户之间建立关联关系。结算中心每月将确定的每个下属企业账户的用款和贷款权限传送给银行。在此基础上，银行就可以代结算中心归集收入资金、划拨对外支出资金和控制下属企业的权限。上述模式的核心思想是将企业的内部的资金结算、权限控制和资金调度置于银行的结算网络之中，其架构如图5-8所示。

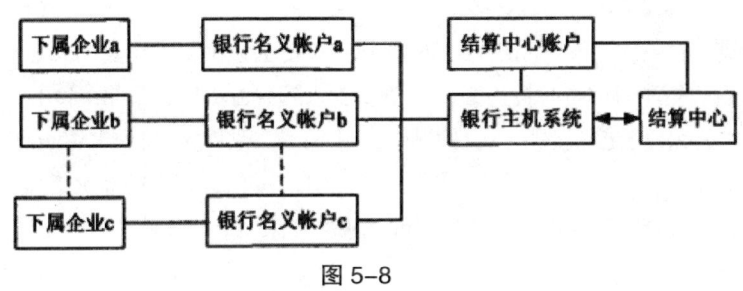

图 5-8

对紧密层以外的企业应该成立资金部，进行统一规划：企业设立资金部，主要负责对整个企业的资金实行统一管理。各成员企业的财务部门向资金部及时编制资金计划，资金部根据各单位的资金计划，统一编制整个企业的资金计划，并制定一整套资金管理制度，贯彻执行，做好资金管理日常工作。

2. 财务控制权

加强财务控制权在总部的集中，财务经理的任免权必须要由母公司统一管理，并对一些重要的成员企业委派财务总监进行监控。另外，确立重大财务审批制度。根据重大财务事项的范围、标准及处理权限，结合设计的组织结构图，设计处理程序。

3. 预算管理权

实行全面预算制度，企业为一级预算单位，各成员企业为二级预算单位，在企业内部局域网上建立预算管理中心网站。本部以费用预算和现金预算为主，下属成员企业预算采用全面预算，包括生产、销售、现金流量、费用预算。规定严格的预算程序，预算的编制及审核、预算的跟踪和控制、决算管理及审定要有明确的期限和责任。

4. 对外融资决策权

由企业集中办理，再通过内部投资或贷款向子公司提供资金。首先，在企业内部的局域网上设立筹资中心的专门网站，并根据筹资权的审批体系，规定总部和下属企业相应的权限和范围。其次，将内各下属企业的银行账户全部取消，统一在结算中心开设账户，由结算中心以一个银行账户对外办理内各企业的资金结算业务。最后，在内部结算中心通过内部投资或贷款提供资金时，应区别情况对待：在子公司的限额以外的，经投资中心审批的项目所需资金通过内部投资方式得到满足；而在限额以内的项目则通过内部贷款提供。另外，对子公司自主的小额融资，应由结算中心审查或备案。

5. 对外投资决策权

母公司作为投资主体，有重大投资决策权，进行统一规划；子公司在一定限额或一定比例内享有投资决策权。首先，投资的权利集中于总部，设置投资决策中心并在内部的区域网上设立投资中心的专门网站，事先确定用户管理、权限管理和系数设置，界定操作员及下属单位的操作权限和范围。其次，总部规定一定的限额，限额以内的项目由子公司根据其具体情况享有决策权，总公司实行必要的监控；限额以外由子公司根据自己的账号进入投资中心的网站进行实时申报，由总会计师根据企业的总体战略审查批准之后，进行投资项目的可行性预测，将资金投入到收益尽可能高的项目上，并对投资项目的实施进行跟踪监控，及时解决问题，纠正偏差。最后，总公司的投资中心将投资业务的原始资料输入网络财务软件，实行实时控制，并生成相应的评价指标来对投资项目进行评估，对投资的效果进行考核与评价，从而确保投资的收益性与安全性。

6. 资产处置权

子公司的对外长期投资、无形资产、关键设备、成套设备等资产的处置必须经母公司审批，流动资产及其他资产的处理可由子公司自主决定，但须报母公司备案。企业总部成立专门的资产管理中心并在内部局域网上设立资产管理中心网站，对子公司等下属企业的资产根据权限进行实时管理。

7. 财务监督权

一个企业的财务监督权是由两个方面的权利组成的：一是总部的审计部门能够通过内部的局域网了解投、融资情况以及重大资产的购置情况，根据实际情况进行审计，有效执行财务监督权；二是向子公司派驻财务总监，负责监督子公司的财务行为。

8. 收入分配权

ERP 环境下，企业总部能够实时掌握各成员企业盈亏情况，并根据情况进行分配。不同类型成员企业所具有的收入分配权不同：全资子公司利润应由母公司统一支配、调度，其收益分配方案由其董事会制订，上报母公司后执行；而非全资子公司的其他成员企业，其收益分配方案由其董事会制订，并经子公司股东大会或股东会审议通过，母公司只具有监督权并做好利润分配的备案工作。

9. 成本费用管理权

由企业的财务部门进行监控，在企业内部的局域网上建立专门的网页，在网站上公布对整个企业的成本费用分类、核算内容、核算方法，各成本费用中心在网页上实时反映成本预算执行情况；财务部门对专门的网页收集来的实时信息进行分析，纠正偏差，调整预算方案；财务部门定期监督检查，进行考核。

（三）基于 ERP 的集成化财务管理模式的内容

1. 建立全面预算管理体系 ERP 环境下的集成化财务管理为全面预算管理的完善、发展和应用创造了条件

ERP 将全企业的信息系统进行集成，实现企业管理的全过程控制。而以财务为核心的全面预算管理是 ERP 实现事先计划与事中控制思想的重要手段。根据全面预算管理的要求，将全面预算管理系统划分为 3 个子系统：预算编制子系统、预算控制子系统和预算分析与考核子系统。

（1）预算编制子系统。

预算编制子系统是一个相对静态的系统，用于每年期末编制第二年预算。全面预算管理是一项系统工程，涉及业务预算、资本预算、筹资预算和财务预算 4 个模块。其中业务预算包括销售预算、生产预算、直接材料预算、直接人工预算、制造费用预算、产品生产成本预算、销售费用与管理费用预算等；资本预算主要指技改项目预算及长期投资预算；筹资预算是企业在预算期内需要新借入的长短期借款、经批准发行的债券以及对原有借款、债券还本付息的预算；财务预算包括现金预算、预计利润表、预计资产负债表和预计现金流量表。预算的编制体现在 ERP 上就是"事先计划"。

（2）预算控制子系统。

预算控制是全面预算管理过程中最核心的环节，该子系统的功能是在 ERP 的各业务子系统范围内采用一定的控制方法，对预先设定的预算项目进行控制，并提供相应的预算控制报告。主要包括立项申请、承诺推荐和支付申请 3 个模块。其基本控制方式为：一个预算项目可以进行多次立项、多次承诺、多次支付，但单个预算项目的累计立项额不能超过该预算项目预算额；单项立项项目的承诺总额不能超过该立项的立项额；合同支付累计额不得超过合同总额。否则，系统将给出提示信息并拒绝接受超额信息，必须在办理相应的预算、立项、承诺等变更审批后，才能继续进行信息处理工作。

（3）预算分析与考核子系统。

预算分析与考核子系统主要包括预算对比与分析、责任中心考核与管理和综合查询 3 个模块。预算对比与分析模块主要功能是采用各种分析方法，反映预算责任中心的现状及发展趋势，旨在防止预算执行教条化，使企业能够灵活调整生产经营计划。责任中心考核与管理模块用于对各责任中心进行综合考核与管理，目的是考核各责任中心预算完成情况、责任中心的利润分配情况及对各责任中心的奖励、处罚措施。综合查询模块提供全面的查询服务，使企业管理者可以获取各种实时信息，做出合理的决策。总之，在 ERP 系统平台上，企业的业务活动、资金流动、会计核算、资产管理、人力资源都实时动态地纳入到预算管理体系中，形成覆盖整个的全面预算管理体系，从而充分利用 ERP 环境下集成化财务管理的优势，达到实现预算管理的事前、事中和事后控制的目的。

2. 构建集中式资金管理系统

传统的资金管理方式存在很多问题，如下属单位多头开户，无法有效监控；内部资金闲置与短缺不易调节；成员企业资金沉淀严重，占用不尽合理，周转缓慢，企业信用和盈利能力下降，资金使用效率低，资金风险大等，这些都不利于规范财务管理，影响资源的整合。

企业采用集中式资金管理系统，将信息技术与资金管理相融合，实现资金的动态管理。在资金全面预算管理、资金决策和资金结算等方面构建基于网络平台的资金集中管理模式，实行资金集中调配，降低资金使用成本，提高资金配置效益，加速资金周转，发挥资源整合作用。总公司可以利用集中起来的资金在各子公司之间进行余缺调剂，降低贷款额度，帮助企业实现低贷款、低费用，从而提升企业的资本运作水平，使资金得到最高回报和创造最大价值。集中式资金管理系统主要包括资金预算控制系统、资金结算控制系统、资金分析决策控制系统和资金全程预警系统4个模块。资金预算是一种逻辑紧密的动态资金管理控制方法，资金预算一经确定，即成为企业内部经济活动的依据，不得随意更改。资金预算控制系统模块是企业生产经营活动有序进行的重要保证，也是实行资金控制与管理的有效模式。资金预算控制系统主要实现接收汇总资金预算、用预算数据控制结算执行、用预算数据推动资金的拨付、用预算执行的分析改进资金管理。

资金结算控制系统模块为企业集中控制管理资金结算提供了有效平台，使企业办理每一笔结算业务的资金流动全过程都处于资金结算控制系统的严密监管之下，这些有利条件使资金的事前和事中控制得以实现。资金结算控制系统以资金预算为依据，内置严格的预算执行程序，要求每一笔资金收支业务都必须按规定程序办理，严格控制现金流入和流出，保证企业整体支付能力和偿债能力。资金结算控制系统通过网银接口与银行联网，使企业的资金结算业务方便快捷，同时也更有利于对资金的集中控制和管理。资金分析决策控制系统模块包括资金存量分析、资金流量分析和资金财务比率分析3个功能子模块，综合利用整个资金网络控制系统里的原始数据，具有分析资金存量、资金流量以及资金财务比率的功能。资金分析决策控制系统对企业资金数据进行统计分析和比较分析，评价企业过去的资金管理和控制能力，反映资金管理的现状，预测企业未来的资金使用情况，揭示企业资金管理和控制中存在的风险，从而为企业管理人员的资金管理提供决策支持，提高资金管理水平。资金全程预警系统模块，作用在于及早诊断出企业资金财务风险的信号，使管理层能够及时发现财务状况的恶化，并找出恶化的原因，从而及时地、有针对性地调整和改进，扭转公司经营状况恶化的势头；资金全程预警系统是防止企业资金管理和运用偏离正常轨道的报警系统，旨在及时反映企业资金管理和运用状况的变化，并对企业资金管理和运用各环节发生或将可能发生的风险发出预警信号，为资金管理提供决策依据。

基于ERP的集中式资金管理系统可以避免由于人为因素造成的制度执行不力、内部控制不完善等问题,一方面可以减少企业的运营成本,提高资金集中管理的运行效率和质量,有效地整合了企业的财务资源;另一方面可以整体上把握企业资金的获取、投放和增值的信息,为企业的经营决策提供及时、真实、可靠的财务信息。

3. 建立风险管理体系

为实现 ERP 环境下的集成化财务管理,建立财务风险预警系统,实时动态把握公司的财务运行情况,预先了解公司财务危机的征兆。财务危机预警子系统应包括报表生成模块、指标生成模块、预测模型生成模块及实时预警模块。报表生成模块能自动实时生成资产负债表、损益表、现金流量表等,并能进行绝对数分析、定基分析、环比分析、对比分析、结构分析等趋势分析;指标生成模块根据报表自动生成财务比率指标,包括偿债能力、盈利能力、经营效率、成长能力、每股指标等;预测模型生成模块,即调用 ERP 系统中的预测模型及数据,对财务是否存在财务危机进行分类预测;实时预警模块主要功能是当财务比率或其他项目超出标准值范围而进行自动报警的模块。例如,若资产负债率的标准值设定为 60%,当资产负债率 >60% 时,系统报警。系统自动生成预警分析报告,包括企业名称、行业性质、"危机"定义、样本选择、预测方法、预测模型、变量、判别规则、预测结果等内容的描述。

4. 完善的财务内部控制

ERP 环境下的财务系统内部控制分为一般控制和应用控制。一般控制是指对企业经营活动所依赖的内部环境实施的总体控制,包括以下几个方面:一是组织控制,是关于职责分工和人事管理控制措施建设的控制。二是系统开发与维护的控制,是确保企业开发 ERP 系统开发成功的控制。三是系统安全控制,包括环境安全控制、软件安全控制、病毒防治及内部审计。四是操作控制,是通过制定严格的、标准的操作规程,并认真地加以执行来实现的规范化工作流程。其根本目的在于保证信息处理的高质量,减少差错的发生和文件、程序及报表的未授权使用,包括机房管理制度控制、操作权限控制、操作规程控制。五是档案控制,包括存储在计算机硬盘、其他磁性介质或光盘中的会计数据和计算机打印出来的书面形式的会计数据。应用控制是指直接作用于企业生产经营业务活动的具体控制,也称业务控制,分为输入控制、处理控制和输出控制。输入控制的目标就是要保证未经批准的业务不能进入计算机,保证经批准的业务没有遗漏、没有被添加、重复或不适当地更换,对不正确的业务进行剔除、改正等,是保证会计数据真实性中关键的一环。数据处理控制是指为确保计算机运行时发现、纠正和报告某些有错误的输入,为保证数据处理的正确性和可靠性而设置的控制,措施包括:检验登账条件、防错、纠错控制,修改权限与修改痕迹控制等。输出控制包括加强输出结果的人工核对、加强输出资料分发和保管等。

5. 实行财务负责人委派制

为充分发挥 ERP 环境下的集成化财务管理的作用,企业总部在董事会下面设立专门的财务部门，由总部财务总监牵头，领导总部各部门负责人和下属各分子公司经理，这样不但保证了总部的权威，而且保证了总部与下属各分子公司之间的信息沟通，可以及时反馈，使决策更合理，且各下属企业负责人本身也参与了决策，可以有效保证决策的贯彻落实。另外，在集成化财务管理模式下建立激励机制，合理划分整个各层次管理者的责任和权限，并将其经济利益与所经营管理资产的效绩紧密结合起来。财务负责人委派制是世界各大跨国公司进行财务管理的基本方式之一，子公司的财务负责人实行由总部委派，委派的财务负责人必须进入子公司的决策管理层，使子公司的财务管理具有实施经营全程财务监控的功能。同时，委派的财务负责人对总部负责，避免了受子公司管理层制约，能够更好地开展工作，严格按照国家的规定，正确、及时地披露存在的问题，从而可以显著地提高企业核算的准确性和及时性，帮助总部对下属各分子公司进行有效的财务管。

第三节　集成化财务管理在煤炭企业中的应用

一、煤炭企业概况

自工业革命开始以来煤炭作为全球主要能源长达上百年，即使在石油取代煤炭成为世界主要能源之后，煤炭仍然是全球最主要的基础能源之一。近年来，随着温室气体排放带来的气候变化问题成为全球议题，新兴经济体的工业化进程开启和加速，全球的资源供给和环境承载压力日益突出，在能源需求总体增长的同时，世界开始向低碳未来转型，能源结构正在发生变化，高效清洁的低碳燃料的增速将超过碳密集型燃料。在此能源转型背景下，就发达经济体和新兴经济体而言，煤炭行业境况差异明显，政府对煤炭工业做出或打压或提振的政策调整，煤炭企业在竞争和生存压力下各种应对。未来的煤炭行业在贡献全球能源消费增长的同时，等待着更多的变革。

（一）重点地区煤炭行业形势及政策走向

当今世界，亚太、欧洲、北美是煤炭的主要生产地区，同样也是煤炭的主要消费地区。这些地区遍布了世界上主要的发达经济体和新兴经济体。两者在煤炭消费特点上有明显差异。发达经济体已进入后工业化时代，其经济发展对高能耗的重工业依赖逐步减少，加之电力生产向绿色清洁方向转变，因此发达经济体对煤炭的需求强度呈下降趋势，在煤炭相关政策上以减少项目资助、设定排放限制、淘汰煤炭使用为主基调。而与此同时，新兴经济体正处于快速发展的重工业化阶段，其高耗能经济结构离不开廉价能源的支撑，因此对包括煤炭在内的各种能源的需求均保持强劲势头，在煤炭相关政策上以提高煤炭产量、发展燃煤电厂、提振煤炭产业为主基调。

1. 欧洲地区：逐步淘汰煤炭使用

2014 年 10 月，欧盟领导人同意，到 2030 年，将比照 1990 年水平削减 40% 的温室气体排放。这一行动伴随着强有力的公众活动,将逐步取消煤炭和煤炭投资,进而取消对化石能源的资助。

2015年6月,挪威议会决定从煤炭公司剥离近50亿欧元。

2015年9月,法国宣布将不再向不具有碳捕获与储存技术(CCS)的海外燃煤电厂提供金融支持;金融机构法国巴黎银行、法国兴业银行,以及法国农业信贷银行也在其2015年决议中宣布将不再向煤炭开采投资。

2015年11月,英国能源大臣安布尔·拉德宣布,英国将在2025年前逐步淘汰煤炭使用。2010—2015年,该国没有新的燃煤发电厂投产。在这一段时间大约有12.5吉瓦的燃煤发电装机规划被取消。2016年3月,苏格兰最后一座燃煤发电厂正式关闭。未来一段时期内英政府还将关闭包括Rugeley、Eggborough、Ferrybridge和Fiddlers Ferry等装机量约8吉瓦的燃煤发电厂。英国成为20国集团成员国中第一个做出淘汰煤炭决定的国家,旨在2025年退役所有燃煤发电厂。

2016年5月,德国环境部披露的文件显示,为达到气候目标,2050年前德国的燃煤发电厂将停止运行,同时应加快可再生能源发展。目前,这份文件正在等待德国环境部的批准。

其他一些欧洲国家也宣布将逐步淘汰煤炭使用。芬兰已经承诺在2020年淘汰燃煤电厂;葡萄牙承诺到2030年不再使用煤炭;奥地利也做出了相似的承诺。

2. 美洲地区:继续快速脱离煤炭

(1)美国多举措脱离煤炭。

2016年1月,美国内政部长萨莉·朱厄尔宣布,美国决定暂停实施新的联邦土地煤炭开采租赁。此举旨在加强美国对化石能源的管理和利用,推动美国朝着清洁能源经济的方向发展。2016年3月,美国能源信息署公布了该国今年的电网增加计划,其中燃煤发电厂的增加计划为零。也就是说,2016年美国没有新增燃煤电厂的计划。值得一提的还有美国环境保护署2015年8月出台的清洁电力计划(CPP)。这一计划是美国第一个全国性的、对燃煤电厂的碳污染进行限制的方案。然而美国最高法院在2016年2月要求清洁电力计划暂停,能否重启,何时重启尚是未知数。

(2)加拿大设定新建燃煤电厂技术标准。

2011年8月,加拿大宣布新法律,要求燃煤电厂拥有大约和天然气发电机组相同的排放水平,硬性要求在加拿大新建的燃煤电厂应用CCS技术。分析人士认为这部法律可能会在2050年前逐步淘汰该国的煤炭。2015年新当选的新民主党计划到2030年,逐步淘汰亚伯达省所有的燃煤电厂,并将50%~75%的退役燃煤电厂置换为可再生能源发电项目。

3. 经合组织:减少燃煤电厂政府资助

2015年11月,经合组织成员国达成历史性协议,将严格控制对出口燃煤电厂技术的补贴。根据协议,鉴于燃煤电厂带来大量导致全球气温上升的主要排放物,34个经合组织成员国将限制对燃煤电厂技术出口的补贴。虽然美国此前已经限制煤炭技术出口，包括美国进出口银行、世界银行和欧洲投资银行等主要银行已停止了对煤炭项目的支持，但此次新协议的签署将迫使日本和韩国首次限制对燃煤发电厂的援助。欧盟计划到2018年结束国内煤炭补贴。新政策将在一年内实施，届时只有符合最严格的环保标准的燃煤发电厂才能得到补贴。奥巴马政府预计全球提交提案的燃煤发电厂约85%都不符合这一标准。此外，根据协议，经合组织成员国对煤炭行业的融资将会在4年内进一步收紧。

4. 亚洲地区：煤炭需求相对旺盛

（1）日本设定煤炭发电量占比，同时推出新建燃煤电厂计划。

2015年7月，日本经济产业省提出了新电力结构计划。计划中指出，到2030年，电力结构中来自煤炭的发电量将占总发电量的26%，同时温室气体排放量将比2013年减少26%。将煤炭发电在日本电力供应中所占比例控制在这一水平线意味着，到2030年燃煤发电厂效率将从当前的80%下调至60%，煤炭产业的未来发展势必将受到更多压力。

2016年2月，日本环境省称，将在条件允许的情况下，在全国相继推出新建燃煤发电厂计划。日本未来10年内计划新建41座燃煤发电厂，而且进口煤炭的税率还优于燃烧较洁净的天然气。

（2）韩国煤炭依存度加深，亟待制定相关对策。

2015年韩国煤炭发电所占比重达到近40%，10年来增长了近3倍，煤炭发电投入的金额同比增加了11%，10年来增长了近10倍。2016年韩国还将再启动规模达8.7吉瓦的煤炭发电设施，煤炭发电量将继续增长。在全球煤炭发电比重大幅下降的大环境下，韩国对煤炭的依存度却不断加大。在可预见的未来，尚未看到韩国政府减少计划燃煤发电厂数目的倾向。

（3）印度确定产量翻番目标，拟向民企开放煤矿开采。

为了向全国近3亿无电人口提供电力，同时提振国内制造业，印度计划到2020年将煤炭年产量增加一倍，提升至15亿吨。其中10亿吨的产量由印度国有煤炭公司（CIL）实现，另外5亿吨的生产任务印度希望由私营企业来完成。到目前为止，仅印度国有煤炭公司和一家小型国有公司获许在印度境内开采和出售煤炭。为了加速国内煤炭开采，莫迪政府加快了环境和土地核准速度，通过了更多煤矿开采项目，并重新开始煤田竞标。

此外，印度政府正准备向私有企业开放商业煤矿开采项目，这是40年来首次开放，旨在使印度这个全球第三大煤炭进口国实现能源自给自足。

（4）印度尼西亚新一期电力计划带动国内煤炭需求。

在世界经济增速放缓、煤炭行业产能过剩的趋势下，全球煤炭出口大国印度尼西亚决定大力发展燃煤电厂，通过增加国内煤炭消费扶持煤炭，应对现今严峻的产业形势。印度尼西亚计划到2019年增加42.9吉瓦的煤电装机，届时国内煤炭消费可能上升到2.9亿吨，约为目前消耗量的3倍，目前7.4吉瓦已经在建设之中，另有7.2吉瓦已获得审批，其余部分都在采购或计划阶段。

（5）越南计划振兴本国煤炭业，应对煤炭短缺窘境。

2016年3月，越南政府调整了2011—2020年阶段国家电力发展规划，并宣布到2020年该国煤炭工业发展规划的总体目标。根据规划，到2020年燃煤发电在能源构成中的比例将提升至49.3%，到2025年燃煤发电占各类电能比例将达到55%。为增加煤炭产量，保证煤矿工业生产规模的发展，该国计划在2030年前扩建现有矿山并开发新区域，在2020~2030年间以拥有巨大煤炭储量的红河三角洲盆地为基地，利用新技术试点开发。规划指出，煤炭工业的技术先进性将覆盖到所有进程，从勘探到加工，以及为国内生产尤其是电力生产供给煤炭，并要求到2020年，所有煤矿需达到环保标准。

此外，鉴于国内热力煤需求缺口巨大，煤炭进口依赖严重，越南政府表示，将对煤炭出口规模和类型进行严密管理。只有那些越南本国没有消费需求的煤炭才可以运往海外。

5. 其他地区：煤炭业务相对平稳

澳大利亚联邦产业部发布的2015年第4季度《资源和能源季报》数据显示，2015年澳大利业动力煤产量2.49亿吨，同比增长0.65%，出口2.02亿吨，同比增长0.5%。预测2016年全年动力煤产量2.53亿吨，增长1.4%，出口2.07亿吨，增长1%。

尽管市场行情不佳，俄罗斯仍然增加了煤炭产量。据俄能源部数据，2015年俄境内共开采3.73亿吨煤，比上年同期增长4%。俄能源部计划将今年产量维持在上一年水平。

（二）全球煤炭企业经营现状

与各经济体煤炭行业形势及相关政策对应的是其煤炭企业的现状。在逐步脱离和淘汰煤炭的发达经济体，煤炭企业正在面临生存危机，破产亦或艰难生存，大型财团和巨头也在加速剥离煤炭业务或资产。而在煤炭需求强劲的新兴经济体，煤炭企业正在推行生产和投资扩张计划。

1. 欧美煤炭企业破产亦或艰难生存

2015年，煤炭价格连续第五年下降，全球对煤炭需求前所未有地下降了6%，迫使全球一些大型的采煤公司破产或处于破产边缘，艰难生存。

以美国为例，2015年5月以来，继爱国者煤炭（PatriotCoal）、沃尔特能源（WalterEnergy）、阿尔法自然资源公司（AlphaNatural）和阿奇煤炭（ArchCoal）相继申请破产后，全球最大私营煤炭生产商、美国煤炭巨头博地能源公司（PeabodyEnergy）于2016年4月也加入了破产行列，成为美国大型煤炭生产企业破产浪潮中的最新案例。在过去的几年里，美国已有数十家煤炭公司申请破产。影响美国煤炭企业生存的内外因素无外乎以下几种：其一，美国方兴未艾的页岩气热潮，极大压低了天然气价格，电厂正越来越多使用天然气发电；其二，自2012年国际煤炭市场供求矛盾爆发以来，煤炭价格江河日下；其三，更严格的政府监管限制了煤炭的使用。

东欧最大私营煤炭企业、捷克生产商新世界资源公司（NewWorldResources）2015年净亏损约2.336亿欧元，截至2015年年底净债务约2.98亿欧元，现金流8600万欧元，煤炭产量仅为800万吨，较2014年同比下滑7.5%。此外，该公司股价自2008年上市以来下跌达99%。面对一落千丈的业绩新世界资源公司也不得不直面倒闭危机。如果得不到财政支持，公司将要关闭亏损煤矿，并将受到煤炭价格下跌以及环保压力等负面影响的惨败业务进行重组。目前新世界资源公司债权人同意将债务违约期限延长，以给予该公司更多时间与政府达成业务重组协议。

2. 国际财团及巨头剥离煤炭业务或资产

在投资煤炭行业既有气候风险，又存在未来财务风险的背景下，国际财团撤资，大型能源公司加快剥离或退出煤炭业务。

2015年8月，世界第五大能源公司法国道达尔（Total）宣布结束道达尔南非煤炭公司的煤矿经营和销售活动，并随之终止集团煤炭生产和销售业务。上述煤炭资产由南非爱索矿业以3.82亿美元购得。爱索矿业在此一年以前就曾提出收购方案，当时的报价是4.27亿美元。后来随着煤炭市场环境的恶化，成交价格也缩减了4500万美元。此前英国、法国等国一些能源公司也做出了相同的选择，在煤炭市场持续低迷的背景下，国际能源巨头正在纷纷脱离煤炭业务。

2015年9月，澳大利亚煤矿巨头力拓（RioTinto）同意以超过6亿美元的价格出售澳大利亚Bengalla煤矿40%股权。加上近期以2.24亿美元出售的MountPleasant动力煤资产项目，力拓已通过变卖澳大利亚煤矿获得资金超过8.3亿美元。自2013年1月以来，力拓宣布或已完成的资产剥离总值高达47亿美元。在煤炭价格持续下跌的形势下曾经的国际矿业巨头正在进一步退出煤炭市场。

2015年12月，全球矿业公司英美资源公司（AngloAmerican）宣布进行大规模重组，剥离公司60%资产。2016年2月，英美资源公司宣布出售位于澳大利亚昆士兰州博文盆地的道森煤矿（Dawson）51%股份以及福克斯雷煤矿（Foxleigh）70%股份，并将2016年处置资产的目标从20亿美元增至30亿～40亿美元；此前公司还宣布出售卡利德煤矿（Callide）和达特布鲁克煤矿（Dartbrook）。公司计划通过出售在澳四座煤矿的方式精简煤炭资产组合，以集中资本发展优先资产，加强公司业务。该公司CEO马克·卡蒂芬尼还表示有计划完全退出煤炭业务，以应对全球大宗商品价格大跌。

2016年4月，瑞典政府全资控股的德国第三大能源供应商大瀑布电力（Vattenfall）宣布将逐步退出德国煤炭市场，目前已经开始脱手所持在德褐煤资产。此次出售囊括大瀑布电力在德国所有褐煤资产。大瀑布电力指出，如果继续持有这些褐煤资产，未来将记入更大规模的资产减记。

2016年4月，全球最大主权财富基金挪威石油基金宣布，该基金已经从其投资组合中出售了52家煤炭相关公司的股份，并预计将从其投资组合中剥离更多煤炭相关公司，这是迄今为止全球规模最大的煤炭资产剥离行动。挪威石油基金管理着近9000亿美元资产，是全球煤炭行业前十大投资机构之一，所持有的最大煤炭资产包括价值1.88亿美元的中电控股（CLPHoldings）等。2015年挪威议会曾批准该基金抛出逾30%营收或业务来自煤炭的公司的股份。据英国《卫报》2015年5月报道，挪威决定从上述基金中放弃所有的煤炭投资项目，这将会影响90亿~100亿美元与煤炭相关的投资。

3. 亚洲煤炭企业推行扩张计划

（1）印度国有煤炭公司产量将创新高。

印度国有煤炭公司是世界最大煤炭生产商，目前的煤炭产量占印度国内煤炭总产量的80%，政府要求该公司到2020年将煤炭产量翻番至10亿吨。煤炭部部长阿尼尔·斯瓦鲁普称，在2010~2014财年，印度国有煤炭公司煤炭产量增量几乎达不到3100万吨，但到了2015财年，煤炭产量增加约3200万吨，同比增长9.8%，增幅之高让人难以置信。本财年，印度国有煤炭公司煤炭产量将创新高，预计产量在5.4亿~5.5亿吨之间。印度国会表示，未来五年，印度国有煤炭公司将投资5700亿卢比（545.49亿元），公司煤炭产量将增至9.081亿吨。同时，煤炭产量增加导致进口量下降，仅在上一财年前9个月就为用户节约成本1700亿卢比。印度煤炭短缺将成为历史，到2017年，除沿海电厂外，印度将无需进口煤炭。

（2）印尼企业提高煤炭产销量，扩张海外市场。

虽然煤炭价格仍很低迷，印尼国有煤炭公司BukitAsam设法提升产量，该公司定下指标，至2016年年底，产量达到2575万吨或比2015年实际产量1924万吨提升34%。除了提高生产指标之外，BukitAsam公司预期2017年销售量更大，将达到2917万吨，该指标将比去年实际销量1917万吨提高52.16%，其中1517万吨煤炭供国内市场，其余1400万吨供出口市场。为达到生产指标，BukitAsam公司将提高生产效率和节约生产成本。除了煤炭生产问题之外，BukitAsam公司正着手购买澳洲IgniteEnergyResources公司的24%股份，并希望今年内能完成该股份购买事宜。此外，印尼Salim集团也积极向海外扩张市场，2016年1月，该集团收购了力拓在澳大利亚最大的煤矿之一，把触角进一步伸向澳大利亚。

（三）我国煤炭行业分析

经过多年的发展，我国的煤炭行业已有一定的基础，同时随着科技的进步，我国煤炭行业的专业技术也得到了一定程度的提升。此外，随着许多大型专业煤炭企业的林立，这改变了煤炭行业从前一成不变的形式。我国的煤炭行业在近几年里虽然发展迅速，但是也面临着许多问题。例如，供需不等，即社会发展的巨大需求和煤炭行业供应不足的问题；产出与消费不平衡，中国的煤炭消费情况通常是西多东少和北多南少，而煤炭的产出情况却与消费截然相反；煤炭企业生产水平不等，虽然我国部分煤炭企业的生产水准已经符合国际先进水准，但是总体来看还是呈现较低的现状，尤其是小型煤炭企业。

1. 内部竞争力量

(1) 量能惯性增加,减产动能不足。

即使我国加强了淘汰落后煤炭企业的力度,但是与煤炭产能相比,削减产能的实际效果不太明显。未来我国仍然将面临较大的产能释放压力,国内煤炭行业产能过剩的局面短期之内将难以缓解。通过分析国家安监局的统计,目前全国仍有 14 亿吨产能正在建设或规划建设,预计每年将新增产能 2 亿吨左右。

(2) 库存仍居高位,去库存压力大。

由于下游产业的需求没有得到明显回暖,且受困于化解产能过剩,节能减排和环保治理的压力耗煤量有所下降。目前,我国煤炭行业的库存总体位居高位,体现在以下几点:煤炭企业的库存较高,港口煤炭的库存较高,港口煤炭的库存较高,发电企业煤炭的库存较高。

(3) 成本控制不力,财务费用居首。

由于煤炭的主要运输途径为铁路,所以煤炭的价格与运输费用也是密不可分。因此,我国铁路运输费用的上调,提升了我国煤炭企业的煤炭价格。然而各类生产物资的采购成本,折旧摊销以及人工成本等费用的不断增加,进一步提高了煤炭企业的运营成本。

2. 关于供应商议价能力

供应商主要是通过提高原材料价格和降低原材料质量的方式,从而提升自己的竞争优势。供应商潜在议价能力的强弱与其提供给买主的原材料相关,所以当原材料占买主生产主导地位时,供应商的议价能力就会明显增强。通常,议价能力强的供应商会具有以下优势:供应商在其行业内具有绝对的竞争优势,所拥有的买主相对较多且稳定,相对于需求量不大的买主来说很难与其进行议价。供应商的原材料具有一定的特色,比如质量优价格低、专利技术的融入等,这样买主的选择范围将会进一步减小,且一旦选择购买使用后将形成较高的转换壁垒。在煤炭的价格方面,目前煤炭企业省内销售价格执行省政府协调价格,而省外价格基本上是由供需双方根据市场的变化协商。近年来,随着国内煤炭需求的快速增长,煤炭企业的煤炭价格也呈现快速增长的趋势。然而,受地方政府定价影响,目前煤炭企业省内销售价格依然偏低。未来,随着我国煤炭价格市场化程度的不断提高以及陕西省运力的增强,预计公司煤炭价格将进一步提高。

3. 购买商的讨价还价能力

煤炭下游用户的总体需求量下降对煤炭产业的影响相对较大。在联合国呼吁低碳环保、节能减排的影响下,我国的社会经济发展的方向必然是可持续的。然而社会发展逐渐进入可持续性发展的历程中,企业的生产结构、人们的能源消费情况都将会发生明显变化,高碳行业将要面临紧缩型政策调控,这将会导致能源行业面临市场需求不足的困境。

(1) 传统的火力发电将会受到低碳环保节能减排的影响。考虑到新能源对传统能源将起到一定程度的替代作用。低碳经济成为全球发展的主旋律，降低石化能源，提高新能源比重是大势所趋，水电、核电、风电、太阳能、生物质能等新能源将会受到更大的支持。

（2）钢铁行业出现全面过剩。经过多年的快速发展，我国的钢铁业正步入峰值，产能过剩的问题逐步显现。况且，自2012年以来，我国钢铁行业产能过剩的情况日趋严重，导致我国的钢铁价格日益降低。

（3）建材行业主要产品已出现全国性过剩。首先，水泥产量面临全国性过剩。目前，我国水泥供大于求的形式较严峻，然而，很多地方招商引资的重点项目仍然是水泥，这样一系列的问题导致建材、水泥等产量显著回落，从而进一步影响了煤炭的市场需求。

4. 替代品威胁分析

我国的煤炭资源相对较为丰富，因此，我国首选能源是煤炭。近几年来，随着科技的发展，我国的绿色能源和可再生能源的发展迅速，政府对此大力支持，所以对于煤炭企业来说作为替代品的绿色可再生能源具有很大的竞争优势。通过分析，虽然我国的煤炭资源的使用情况相对其他新能源的使用情况占很大优势，但随着我国社会发展以及低碳环保、节能减排的政策要求，可再生能源（水力发电、核能发电、风力发电）的开发将会得到更好的发展。特别是我国的"西气东输"、"西电东送"和"三峡工程"等新能源项目的发展，将会进一步影响煤炭行业的发展。

据有关专家预测，煤炭的使用率将会在未来30年内降低10%。众所周知，煤炭行业属于高污染、高能耗产业，加之当今社会人们的低碳环保意识越来越强，人们将会更青睐绿色环保的可持续能源，如水电、风电、天然气等。因此，经过分析可以得出新能源作为替代品对于煤炭行业来说是一个不可忽视的威胁。对我国的能源消费情况起到决定性作用的因素有三点：第一，因使用能源而产生的成本；第二，能源自身是否可存储；第三，能源是否可再生。

《国家中长期科学和技术发展规划纲要》中指出，我国可再生能源将会在2020年能源消费中的比重达到16%。据相关部门的研究和预测，2020年我国煤炭资源的消费总量将至60%左右，从而煤炭资源多年以来的主要能源地位将会受到一定程度的影响。

5. 潜在进入者分析

潜在进入者进入市场的方式主要有以下几种：第一，以新产品形式进入。第二，以产品优势进入。第三，以低价格进入。第四，以新理念进入，如环保。第五，以政府的干预进入。第六，以其他形式进入。第七，试探性进入。第八，以恶意竞争的目的进入。第九，实力扩张型进入等。

从进入壁垒来分析，煤炭行业属于资源型行业，煤炭资源所分布的区域通常与其运输条件不能形成统一，这样就会对潜在进入者进入煤炭行业形成第一道壁垒——交通壁垒。建设煤炭企业的初期的投入一般在20亿~150亿元，如此高额的固定资产初期投入，势必对潜在进入者进入煤炭行业形成第二道壁垒——资本壁垒。此外，兴办煤炭企业，还需有一定的审批手续，虽然目前煤炭行业的行政审批手续有一定程度的放宽，为潜在进入者进入煤炭行业减缓了些许压力。不过，高额的固定资产初期投入在形成资本壁垒的同时也形成了煤炭企业退出的巨大障碍。况且，由于煤炭行业属于技术性较强的行业，这一点也为煤炭企业的转型增加难度。

通过对潜在进入者的分析可见，煤炭行业的进入壁垒、资本壁垒、退出壁垒均较高。因此，煤炭行业的潜在进入者要想进入煤炭行业的进入成本较高。综上所述，煤炭行业的潜在进入者对煤炭企业的发展影响不大。

就我国目前的煤炭行业的发展现状来看，总体形势不容乐观。为了缓解煤炭行业的发展现状，首先，应进一步淘汰产能落后的小型煤炭企业、减缓库存压力、减少财务费用、降低生产成本，从而降低煤炭行业的发展压力。其次，煤炭企业现在应注重提升产品自身的品质，这样不仅能提升企业形象，还能在无形中提升了企业的议价能力，原材料采购和产品销售所产生的成本得到进一步的降低，且提升了企业的利润空间。煤炭企业在运营过程中，应及时发现并分析替代产品的优缺点，结合自身情况对生产和销售加以调整，以迎合社会发展的需求。另外，煤炭企业在营销方面，也应注重宣传企业自身为低碳环保做出的贡献，比如，采用先进的生产设备和生产技术降低能源消耗和污染排放，这样可以在一定程度上提升企业自身形象，有利于企业宣传、产品销售以及原材料采购，从而稳固企业的市场地位。

煤炭行业的改革就是要打破垄断。打破垄断的手段就是能够将煤炭资源市场化，让更多的投资者通过竞争进入煤炭行业，从而迫使煤炭企业提高全员效率、技术与管理水平。使得煤炭企业逐渐形成产业规模化，进而降低生产成本、提高利润空间。稳健地推进煤炭行业的改革。依靠国家的政策性支持，主动谋求转型发展，双管齐下，做到在积极发展煤炭行业安全绿色开采和清洁高效利用的同时，开拓新能源产业，做好部分煤炭企业的转型工作。

二、实施集成化财务管理前中石化财务管理存在的问题

财务管理制约着企业运行的基本特征和发展方向，是企业管理的核心，其水平的高低直接影响到能否合理配置企业内部的资源。随着市场经济的发展，财务管理在企业的运营中涉及的面越来越宽，发挥着十分重要的作用。煤炭行业作为中国十分重要的传统工业，随着贸易自由化和经济全球化的发展正面临着巨大的机遇和挑战。当前我国煤炭企业财务管理现状的认识，指出和分析了当前煤炭企业财务管理中存在的主要问题。

（一）煤炭企业财务管理的现状

中华人民共和国成立以来，煤炭企业为国家工业体系的建立和经济建设上取得的巨大的成就做出了重大的贡献，为中国国民经济持续、快速、健康发展提供有力的保障。

随着中国改革开放和加入世贸组织，中国的煤炭企业经历了国内外市场巨大的竞争压力和挑战，也开始对自身管理制度的不断改革和完善，特别是加强财务管理。但是由于技术水平、地区差异、经济支持等方面的限制，国内各煤炭企业的发展水平存在着很大的差异，财务管理水平参差不齐，这些都严重制约了我国煤炭企业的发展。

1. 煤炭企业过多地注重产量，忽略财务管理的重要系

煤炭作为我国传统能源的重要组成部分，在经济发展和基础设施的建设中都起着至关重要的作用，许多地区都是供不应求。因此导致煤炭企业为了追逐片面的经济，加大产量，对其进行盲目的扩张与投资。但是多数企业并没有形成一套完整的财务信息管理系统，仅仅只考虑产量，没有对相关信息进行收集和分析，导致了效率过低的局面。

2. 受传统财务管理思维定式的影响，缺乏对财务管理正确的认识

许多煤炭企业仍习惯将财务工作简单理解为"财务＝会计＝记账＋报表"，只是把财务管理当作一种记账和财务指标考核的手段，并没有把它认为是一种企业管理的方法，缺乏对企业财务状况进行动态监控的手段和措施，很少有企业会用财务管理来对企业的支出和收益、资金营运模式、资源配置等进行财务分析，没有正确意识到财务分析的重要性。

3. 煤炭企业的财务管理局限于企业内部，缺乏外部的交流与合作

在全球经济一体化的今天，许多煤炭企业只是把财务管理看作一种内部的管理手段，缺乏对宏观经济环境和金融形势对企业发展影响的考虑，也没有积极地去与外部的企业进行相关方面的交流与合作，缺乏信息的及时更新，导致外部环境的变化对企业发展造成较大影响。

（二）当前煤炭企业财务管理存在的问题

1. 财务管理意识不强

目前，大部门煤炭企业的管理决策层财务管理意识比较差，他们大部分都是生产技术人员，没有接受过系统的管理培训，而经营管理人员相对较少。这些管理人员关注的是煤矿企业的生产技术、安全生产以及产品销售情况，财务管理方面仅仅只是考虑年度财务目标是否完成，而对财务管理的重要性并不真正了解，使得财务管理不能够发挥其应有的作用。

2. 企业财务和信用风险意识淡薄

一直以来，我国煤炭企业对信用在财务管理中的作用认识不足，在财务管理方面风险和信用意识淡薄。例如设施折旧、成本进出、人为调节利润等问题导致企业大量潜亏挂账的现象。还有相当数量的企业缺乏企业战略前瞻性，为了片面追求最大化利益，盲目贷款进行投资生产，结果造成高投入低回报的局面，有的为了迅速的拓展市场，在没有准确了解客户信用等级的情况下就盲目赊销，极易导致坏账。这些都严重影响了企业资金的正常运转，影响企业的持续经营和长久发展。煤炭企业财务管理人员风险意识淡

薄，对财务风险的认识不足影响企业的信用并使得企业存在着巨大的财务风险。

3. 管理手段落后、管理体制不健全

财务管理在企业现代管理中发挥着十分重要的作用，但是许多企业目前采的管理模式陈旧，存在着很多的漏洞。国外发达国家的企业多是利用现代信息技术来从事财务管理，但是国内能有效利用现代信息技术的却是凤毛麟角。多数煤炭企业中财务管理的职能仅限于核算和统计，极少利用财务预算职能和财务监督职能，不能充分利用财务管理的其他职能，影响了财务管理工作的发展。与此同时，企业管理体制不完善，结构松散，职能划分不明确，管理关系复杂等问题都严重影响了煤炭企业的财务管理。

三、集成化财务管理制度为煤炭企业带来的影响及实施办法

（一）中国煤炭企业集成化财务管理的具体实施办法

经过长久的探索，和经验、教训的总结，煤炭企业逐步建立起有自己企业特色的集成化财务管理制度。

1. 统一的会计制度

企业总部下发统一的财务制度。各子公司在统一的财务制度框架内，依据自己公司的业务范围和业务特色，选择适合自己的财务核算系统。这些系统，适应市场发展趋势，更适应了企业的财务要求。根据自己的特点，对企业上报自己需要的会计科目，从而使企业能有效地统一财务信息。

2. 统一的内部控制制度

企业逐步推广、建立一系列内部控制制度。保证整体的有序性和完整性，保证子公司的主观能动性。企业建立统一的管理制度，规范子公司在决策时的申报、审批程序，提高各子公司的经营状况，并使企业能对子公司的经营状况进行适时、有效的监督。

3. 重大财务决策权的集中

企业将各子公司的财务决策权，集中到总部的相关部门，进行规范化管理。总部对下属公司的财务活动，如：抵押、担保、投资项目等，拥有重大决策权。尤其规范了资金的使用制度，使子公司能规范的使用公司资金。

（二）集成化财务管理制度为煤炭企业带来的影响

企业财务管理质量得到提高，在资金运用、投资管理方面取得重要成果。信息实时、准确，财务经营状况清晰，促进了决策的科学性。加强了成本控制，减少了公司运营成本，增加了公司运营效率。为公司创造更多利润。业务水平逐步提高，业务活动与市场接轨，采购活动接受市场监督，清晰度较高。库存结构更加合理，资金的使用效率提高。煤炭企业获得的成功，向我们证明：建立正确的集成化财务管理制度，会推动一个企业稳步、健康的发展。

第六章 企业内部会计控制制度与内部审计

企业内部会计控制建设是企业治理的内部控制的重要内容，是维护市场经济秩序的重要基础建设，加强单位内部会计控制制度有利于提高企业经济管理水平，完善现代企业制度的建设。在企业改革不断深化和稍纵即逝的经济机遇面前，企业不仅要求会计提供反映经济活动的信息，而且在提供信息的同时需要加强内部会计控制。而企业究竟怎样建立健全行之有效的内部会计控制制度，规范自身的经营管理，有效地提高自身的竞争力，将是考验企业的一个重要命题。本章从内部会计控制的含义及其理论基础，内部会计控制存在的问题，内部会计控制制度建设应遵循的原则和企业内部会计控制制度的建设四个方面进行论述，同时提出企业内部会计控制制度要加强对人的控制，注重加快财务信息系统建设，推进企业管理数字化这一新观点。

第一节 企业内部会计控制制度

一、内部会计控制的含义及其理论基础

（一）加强内部会计控制是企业管理的内在要求

1. 加强内部会计控制是企业管理的内在要求

内部会计控制是指企业为了保证各项经济活动的有效进行，提高会计信息质量，保护资产的安全、完整，防范规避财务与经营风险，防止欺诈和舞弊，确保有关法律法规和规章制度的贯彻执行等方面制定和实施的一系列具有控制职能的方法、措施和程序。内部会计控制包括组织规划财务预算，保护财产安全和财务报告真实性有关的程序和记录等内容，其目标是：保证经济活动的合法性；保证财产物资的安全性，防止资产的流失；保证会计资料的真实性、完整性；促进内部管理水平的不断提高。内部会计控制是内部控制的核心。

2. 企业建立内部会计控制制度的理论基础

从本质而言，内部控制是为了规避风险，保证会计信息的准确可靠，提升管理效果，更好地促进企业的经营管理与持续发展。从政府宏观经济的角度看，企业的稳定经营有利于国民经理的平稳健康发展，保证社会稳定；从企业所有者和管理者自身的角度来看，企业经营中的风险对企业持续经营和发展有不利影响。

从企业与员工的角度来看，内部管控相关制度的理论基础是由于员工并不总是为了他们所属的雇主公司的利益而努力。公司的规模大小和复杂程度增长员工与雇主公司之

间的利益差异亦会随之增长。由于两者追求的利益差异，使员工可能存在以下的潜在的问题，例如：员工或公司管理者有了个人的欲望，如对金钱的渴求；同时存在满足这种欲望的条件或机会，如可以使用或接触现金；当员工或管理者在利益差异的权衡上自己的欲望战胜了公司利益时，他们就有这个能力或可能将这种不道德、不恰当的行为变为现实。而往往在做了这些不道德、不恰当的行为之后又冠以自以为合理的解释搪塞这些行为，如这是公司应该给予自己的补偿；不止他一个人有这种行为；不会有人发现或注意；他们只是借来用用，待自己周转开来会立刻还上；公司并不会有什么损失。为规范员工的这些不恰当、不道德行为，企业必须建立企业内部会计控制制度。

（二）内部会计控制制度建设应遵循的原则

1. 合法性原则

内部会计控制制度应当符合国家法律法规和《内部会计控制规范－基本规范》规定以及单位的实际情况。这一规定是一个单位建立内会计控制制度的前提条件，任何一个单位建立任何内部控制制度都必须把国家法律法规和政策体现在内部控制制中，都不能违反国家法律法规政策，国家法律法规体现了公民根本利益，它对单位的会计核算和会计监督活动等到起着强制性作用或指导作用。因此，内部会计控制必须符法律法规的要求。

2. 相互牵制原则

企业每项完整的业务活动，必须经过具有互相制约关系的两个或两个以上的控制环节方能完成。在横向关系上，至少由彼此独立的两个部门或人员办理以使该部门或人员的工作受另一个部门或人员的监督；在纵向关系上，至少经过互不隶属的两个或两个以上的岗位或环节，使下级受上级监督，上级受下级牵制。对授权、执行、记录、保管、核对等不兼容职务及工作内容要做到互相独立、互相牵制。

3. 协调配合原则

内部会计控制制度的触角渗透到企业管理工作的各项业务过程和各个操作环节，覆盖所有的部门和岗位，因此管理与执行的每一个人都必须互相配合工作，各项业务执行的每一个环节都要互相协调环环相扣，共同完成，从而保证企业各项经营管理工作得以持续有效进行。协调配合原则是对相互牵制原则的深化和补充。贯彻协调配合原则，尤其要避免只顾互相牵制而罔顾办事效率的愚钝机械做法，必须保证既相互牵制又相互协调，保质保量又高效地运行管理企业。

4. 程序定位原则

企业应该按照实际的经济业务的内容及执行过程中各个阶段的职责内容，根据其职责范围内的性质功能将本企业的经营管理活动设置成具体的工作岗位，将各个工作岗位的职责内容明确、职责权限、执行规范、管控力度等一一列出并明确到每个人。形成事事有人管、人人有专职、办事有标准、工作有检查，以此定出奖罚制度，增加每个人的事业心和责任感，提高工作效率。

5. **成本效益原则**

企业是以营利为目的的经济体,因此必须保证企业的实行内部会计管理控制制度的收益大于其产生的成本,保证企业运转的利益最大化。

6. **层次效益原则**

追求层次效益要求企业合理协调企业内控的层次与工作效率之间的关系,避免以单纯增加层次的方式来获得较好内控效果的情况发生。以合理管控及高效运转为原则,恰当设置内控层次(或人员),明确规范各个层次的职责范围,划分各个层次执行的工作内容,订立合理的奖惩制度,保证企业内控制度的有效实施。

二、企业财务管理中的内部控制

随着现代企业的不断发展,其对企业内部的管理和控制的要求也就越来越高。内部控制作为企业对各项业务活动顺利有效进行的保障,同时也是进行有效财务管理的一个重要的手段,企业的内部控制的强弱直接影响着其财务管理水平的高低。通过完善企业内部的控制系统,可以及时的发现和纠正企业中各项管理中的漏洞和薄弱环节,借以增强企业财务会计报表的可信赖程度,并提出改善企业财务管理和经营管理的建议,从而能够达到制止或减少作弊、消除或防止损失,改进企业财务状况的目的。

(一)管理者思想方面存在的问题与加强内部会计控制制度的必要性

1. **管理者思想方面存在的问题**

(1)管理者思想方面存在的问题。

其一,企业内部会计控制意识薄弱。企业管理者与执行者对内部会计控制制度的认识普遍不足,把企业内控会计控制认为是多余的企业工作环节,浪费人力物力,事倍功半反而会束缚企业的发展,或者简单地把内部会计控制制度理解成企业内部的资产控制及成本控制等制度,或者直接理解为指定的会计工作文件和工作制度。在实际会计控制制度的执行上,存在已订立的章法不依,执行不到位、管控不严谨,甚至为行一时之方便简化必要程序,导致公司既定的内控制度泛于形式,并未发挥实际的管理管控职能。

其二,内部会计控制制度执行力不强,缺乏有效的激励机制。企业的内部会计控制制度在初建立时,员工还能积极执行,由于企业的种种原因,很多制度及工作在执行时为了方便,使得原有的内部会计控制仅仅作为制度并未切实执行。另外,企业管理者往往不是专业的会计人员,对企业内部会计制度缺乏管控意识,执行标准也不尽统一,又缺乏明确的奖励惩罚制度约束,对于某些以追求短期利润为目标的企业而言,企业的内部会计控制在执行过程中逐渐丧失作用,最终形同虚设,导致企业的运营管理陷入恶性循环。

(2)企业管控制度方面存在的问题。

其一,企业内部会计控制的审计职能不强。一个企业的内部审计工作必须是以企业日常运营管理工作为基石，是企业内部会计管理制度正常正确执行的保障，在企业内部控制执行中起着监督与控制的重要作用。一个公司内部审计部门工作的健全也是企业内控会计控制制度完善的重要环节。然而很多企业认为内部审计工作是财务工作的内容之一，没有另设内部审计部门的必要；有些企业即使已建立了内部审计部门，却未能正确区分其余财务的工作，将其与财务划为平行甚至隶属部门，摒弃了审计工作的独立性原则，不能正确发挥其监督管控的职能效应，不利于企业内控制度的实施与监督。

其二，企业内部会计控制信息系统相对滞后，更新换代缓慢。企业数字化信息管理施行后，所有的财务经营数据都集中在信息系统中进行操作处理，信息数据的备份与信息系统的技术维护工作也是内控的重要工作之一。根据各个企业的实际情况，对信息系统的使用程度、管理方法等也大相径庭，甚至有的企业至今仍在手工记账并未进行信息数字电子化等处理，有的企业即使已开始使用电子系统进行记账，但无人管理维护系统，信息处理不及时，系统更新换代严重滞后等情况经常发生。信息系统易错乱或受到外部篡改、盗取，导致信息丢失、信息失真、信息更新不及时等问题，危害企业的健康发展。

2. 企业内部会计控制制度建设的必要性

（1）加强内部会计控制制度建设是贯彻会计法规制度的重要基础。

为了规范和加强会计工作，国家制定颁布了一系列会计法律、法规、规章、制度，这些会计法律、法规、规章、制度是进行会计核算、实行会计监督和从事会计管理的基本依据。国家颁布的会计法律、法规、规章、制度是从全国会计工作的总体要求出发而制定的，尽管在制定过程中尽可能地考虑到了不同地区、部门、行业、单位的会计工作的要求和特点，以及不同的会计工作水平的要求，但相对于具体的各会计单位而言，仍需要结合本单位生产经营和业务管理的特点、要求将国家颁布的会计法律、法规、规章、制度的各项规定进行具体化，并作必要的补充，以使本单位的会计管理工作能够渗透到经营管理的各个环节、各个方面。这种对国家会计法律、法规、规章、制度具体化的办法和措施，就是单位内部会计控制制度。单位内部会计控制制度是国家会计法律、法规、规章、制度的必要补充，是贯彻实施国家会计法律、法规、规章、制度的重要基础和保证。各单位必须重视和不断加强单位内部会计控制制度建设。

（2）加强内部会计控制制度建设是规范会计工作秩序的客观要求。

会计工作涉及各方面的利益关系，处理不当将会影响有关方面的利益，因此会计工作必须依法进行。从我国 1996 年以来进行的整顿会计工作秩序的情况看，许多单位内部会计管理制度不健全，会计核算混乱，财务收支失控，这不仅损害了国家和社会公众利益，也给本单位的经营管理带来消极影响。因此，各单位应当加强内部会计控制制度建设，使内部会计管理工作的程序、方法、要求等制度化、规范化，这样才能保证会计管理工作有章可循、有据可依、规范有序，才能保证会计工作发挥应有的作用。

（3）加强内部会计控制制度建设是完善会计管理制度体系的要求。

以企业会计工作为例，《会计法》、会计准则和会计制度对企业会计工作的原则、基本方法和程序做出了规定，并赋予企业一定的理财自主权和会计核算选择权，这为企业会计工作更好地为经营管理服务提供了制度保证。但是上述规定只是指明了企业会计工作的方向和目标，实现这些目标还需要企业根据上述规定并结合本企业内部管理要求进行充实和细化，这样才能使会计法规的规定和理财自主权落到实处，进而保证会计管理制度体系的完整性和有效性。

（4）加强内部会计控制制度建设是改善单位经济管理的重要保证。

财务会计管理是单位内部管理的中心环节，是一项重要的综合性、职能性管理工作。一般而言，会计可以分为财务会计和管理会计。会计法规制度主要侧重于对财务会计的基本要求做出规定，管理会计方面的内容则因其是单位内部的管理行为而未涉及。但这并不是说在财务会计与管理会计两者之间可以厚此薄彼，实际上，财务会计与管理会计都是各单位内部管理的重要手段。因此，必须制定一套规范完整的内部会计控制制度，充分保证财务会计和管理会计更好地参与单位的内部管理，使会计工作渗透到单位内部管理的各个环节、各个方面。这不仅有利于更好地发挥会计工作的职能作用，更有利于改善单位内部管理，提高经济效益。

（二）完善企业财务管理内部控制的措施

1. 管理体系方面

（1）加快财务信息系统建设，大力推进企业管理数字化。

企业应该积极推进财务管理信息系统建设，健全会计信息质量保证机制。企业财务管理信息系统的建设和完善，将有助于建立严密的会计控制系统，使会计核算从事后转到实时，财务管理从静态走向动态，实现"过程控制"，推进集中式财务管理，经过几年的努力，最终实现建立以预算控制为核心的财务管理信息系统，通过及时、准确、全面、实时的财务会计信息，满足企业决策层的需要。要利用信息技术，逐步建立企业数字化管理系统。

（2）加强对内部控制行为主体"人"的控制，把内部控制工作落到实处企业内部控制失效，经营风险、会计风险产生，行为主体全是人。这里所指的人是指一个企业从领导到有关业务经办人员的所有人员。只有上下一致，及时沟通，随时把握相关人员的思想、动机和行为，才能把内部控制工作做好。具体来说，除领导本身应以身作则，起表率作用外，还应做好以下几点工作：第一，要及时掌握企业内部会计人员思想行为状况。内部业务人员、会计人员违法违纪，必然有其动机，因此企业领导及部门负责人要定期对重点岗位人员的思想和行为进行分析，掌握可能使有关人员犯罪的外因，以便采取措施加以防范和控制。第二，对会计人员进行职业道德教育和业务培训。职业道德教育要从正反两方面加强对会计人员的法纪政纪、反腐倡廉等方面的教育，增强会计人员自我约束能力，自觉执行各项法律法规，遵守财经纪律，做到奉公守法、廉洁自律；加强对会计人员的继续教育，要特别重视对那些业务能力差的会计人员的基础业务知识的培训，以提高其工作能力，减少会计业务处理的技术错误。

2. 内部控制方面

（1）构筑严密的以内部会计控制为中心的企业内控体系。

企业内部控制体系，具体应包括三个相对独立的控制层次：第一个层次是在企业一线"供产销"全过程中融入相互牵制、相互制约的制度，建立以防为主的监控防线。有关人员在从事业务时，必须明确业务处理权限和应承担的责任，对一般业务或直接接触客户的业务，均要经过复核，重要业务最好实行双签制，禁止一个人独立处理业务的全过程。第二个层次是设立事后监督，即在会计部门常规性的会计核算的基础上，对其各个岗位、各项业务进行日常性和周期性的核查，建立以"堵"为主的监控防线。事后监督可以在会计部门内设立一个具有相应职务的专业岗位，配备责任心强，工作能力全面的人员担任此职，并纳入程序化、规范化管理。第三个层次是以现有的稽核、审计、纪律检查部门为基础，成立一个直接归董事会管理并独立于被审计部门的审计委员会。审计委员会通过内部常规稽核、离任审计、落实举报、监督审查企业的会计报表等手段，对会计部门实施内部控制，建立有效的以"查"为主的监督防线。以上三个层次构筑的内部控制体系对企业发生的经济业务和会计部门进行"防、堵、查"递进式的监督控制，对于及时发现问题，防范和化解企业经营风险和会计风险，将具有重要的作用。

（2）建立内部审计制度。

内部审计是在一个组织内部建立的一种独立评价活动，并作为对该组织的活动进行审查和评价的一种服务。内部审计既是企业内部控制的一个部分，也是监督内部控制其他环节的主要力量。内部审计通过监督控制环境和控制程序的有效性，监督企业的内部控制是否被执行并及时反馈有关执行结果的信息，帮助企业更有效地实现预期控制目标。同时，在监控过程中，内部审计可以促进控制环境的建立，为改进控制制度提供建设性建议，从而成功地达到组织所需要的内部控制水平服务。实践证明，内部审计无论在对企业内部会计控制制度建立和完善、成本的控制，还是在财务状况和经营成果的真实性查证方面，都起到了一定的监督作用和参谋作用。企业内部应逐步建立和完善内部审计制度，设置组织结构，并全面进行资产负债表审计、损益表审计等财务审计及以经济效益为主的经营审计等，为企业堵塞漏洞、加强管理、提高经济效益发挥应有的作用。

3. 制度强化方面

（1）深化产权制度改革，建立健全现代企业制度。

建立产权清晰的、责任明确的，既符合国际惯例要求，又能契合当下中国社会主义制度发展国情的现代企业制度，将是我们国家国有企业改革的方向。这一改革决定的提出，标志着我国在企业改革上准备走出"放权让利"传统思路的误区。这项改革措施将有利于增强我国国有企业活力，转变企业经营机制，有助于国有企业走出目前低效运转的困境，增强国有企业的市场竞争力。

（2）强化外部监督，实行强制性审计并建立企业内部控制的披露制度。

在法规体系初步健全、监督体系完整的情况下，监督效果也不能尽如人意，会计信息失真问题也会时有发生。解决的最佳方法就是对内部会计控制实施强制性的外部审计。一般的做法是，企业首先对自身的内部会计控制进行全面而深入的自我评估，出具内部控制报告。其次，注册会计师就内部控制报告进行审计，并发表审计意见。最后，对外公开内部控制报告。需要说明的是，这种审计必须是强制性的，对外公布的内部控制报告必须履行的法律手续。这样做的最大效应是，可以增强企业管理当局和注册会计师的责任感，迫使他们不断健全和完善企业内部会计控制制度，减少企业营运风险，提高营运效益，进而提高企业会计信息质量，增强资本市场的透明度和有效性，保护投资者的利益。企业内部会计控制制度是一项不断更新、任重道远的工作。随着时代的变化，内部会计控制制度也得顺应时代潮流不断修改，以适应企业的发展。实现企业最终的战略目标。有企业存在，就有内部会计控制。好的内部控制制度可以帮助企业完成它的目标，保证企业经营合法合规，促进企业实现发展战略。

随着改革的进一步深化，对企业管理结构和产业的调整要求更加迫切，如何有效地利用内部会计控制体系来保证会计资料的完整性、会计数据的真实性以及会计工作的及时性，都依赖制度的创新。而内部会计控制的创新对新形势下财务报告资料的真实性与完整性就显得更为重要。

三、煤炭企业内部会计控制体系的构建

我国经济的持续发展离不开煤炭工业的支持，为此我国煤炭企业得到了快速发展，也造就了鄂尔多斯、大同等煤炭富裕化城市。但是随着煤炭企业的不断向前发展，其内部会计控制过程中暴露的问题越来越多，如会计造假行为严重，财务报告严重失真；对内部会计控制的意识严重不足，会计执行缺乏科学性和合理性等，这些问题的存在严重影响了煤炭企业的发展。因此，要构建一个新型的煤炭企业内部会计控制体系来保证企业业务活动的有效进行，保护资产的安全和完整。

（一）煤炭企业内部会计控制存在的问题

众所周知，传统的煤炭企业已有一套根深蒂固的管理模式，也建立了相应的内部会计控制制度。但是在市场经济下，通过"国富民弱"的兼并方式，当前煤炭企业现已改制为国有股份制公司，成为国企与央企。但是其组织结构脱胎于原有的计划经济模式，整个组织机构信息沟通不灵，特别是内部会计控制弱化，缺乏科学性和合理性。具体问题表现在以下几个方面。

1. 会计机构设置不合理

传统煤炭企业财务机构的设置基本上是基于组织机构来设立的，分为两个层次：第一层次为煤炭企业财务科，负责煤炭企业的日常财务管理和会计核算、成本核算及分析工作，编制本企业的财务报表，各部门不单独进行财务核算。第二层次为各个控股公司财务科，负责本公司的日常财务核算。两个层次的财务部门在事实上分别属于不同的利益主体，虽然在业务方面存在着上下级关系，但在管理上却对所属财务机构缺乏必要的约束力和控制。

2. 会计信息系统失灵

会计信息系统是每个企业建立沟通的重要管理系统和控制工具，经营人员和会计人员不但掌握和控制着企业的财务状况和经营成果的信息源，而且控制着企业内部管理情况的信息源。但是一些煤炭企业的会计信息系统却未能有效保证信息沟通，许多会计信息系统由领导随意控制，资金有时被无计划挪用，这样就等于内部人掌握了"内外控制权"。同时，制定的会计制度的可选择性和不确定性也给领导和会计人员留下余地，成为实施内部人控制的有利条件。

3. 会计控制机制不健全

当前煤炭企业对加强内部会计控制的认识不高，对建立内部会计控制制度不够重视，自我防范、自我约束机制尚未建立起来，习惯用一般财经规章制度代替内部会计控制制度，用经验代替制度，重大事项决策和执行程序有一定随意性，在经济业务的具体处理过程中，以强调灵活性为理由而不按照规定的程序办理，已经建立的内部会计制度成了一种形式，失去了应有的刚性和严肃性。

4. 审计部门没有独立设置

内部审计是内部会计控制的再监督，通过内部审计，采取科学有效的方法进行检查与评价能确保内部会计控制制度的执行。但是内部审计工作在部分煤炭企业没有得到真正的重视，从而造成了内部审计的作用基本流于形式，极大地影响了内部会计控制功效的发挥。

(二) 新时期煤炭企业内部会计控制体系的构建

1. 构建的框架

构建的煤炭企业内部会计控制体系可以具体划分为股东大会、董事会、监事会、经理、内部审计等若干层次。在具体实施中，比如设备的报废与购进等经济业务需要由股东大会决定，经由董事会商讨做出决策，再由经理层下达任务给业务经办部门，由部门经理下达指令给具体的执行人员，由具体执行人员执行任务，将结果反馈给董事会。操作人员在执行任务的过程中，由监测机构监督检查执行情况，并将信息反馈给部门经理，部门经理根据收到的信息采取相应的措施；监事会将任务的执行结果反馈给董事会，同时监督董事会的决策权力。

2. 构建的措施

（1）组织机构设计。

会计控制组织仅仅是财务管理组织的一个分枝，设计时要考虑整体性、统一性、协调性、精简化，能合并的要合并，能兼任的要兼任，不要出现机构的复杂化和庞大化。为此建议煤炭公司采用公司、矿（处、部）、区队（科室）三级会计核算体制，并依此进行组织机构，以便会计管理及会计核算工作顺利进行。第一，公司根据财务活动内容设置财务部、会计服务中心、审计部、融资部、投资部等机构，由公司总会计师统一分管负责。第二，下属各煤矿以及铁路运输处、物资中心、运销部、综机中心、救护大队等企业作为二级核算机构，一般仅设立财务科和会计服务中心，根据公司财务部和会计、服务中心设置的会计岗位，并结合本企业的实际情况设立相关岗位，以满足各企业日常生产经营业务活动的需要。第三，下属各煤矿以及铁路运输处、物资中心、运销部、综机中心、救护大队等企业还可以根据需要在区队（科室）设立三级会计核算岗位。

（2）信息系统设计。

第一，业务数据库。业务数据库主要存放煤炭企业发生的各种经济业务活动。第二，成本核算数据库。为了便于成本分析、成本核算及存货期末价值评估，我们将成本数据库单独设成一个数据库，存放成本计算公式以及用于分析、比较各种成本计算公式之间的差异。成本资料数据库可按流程进行设计，各个部门费用分别按项目、按变动成本和固定成本归集，并按产量平行转出。第三，报表信息系统。报表信息系统主要是按用户要求生成报表，报表类型中既有满足外部需求的财务报表，也有满足内部需求的管理报表。既有按部门生成的成本费用报表，也有按生产流程生成的成本费用报表，还有按成本动因归集的管理报表等。第四，总预算报表系统。该系统直接与总体战略目标相匹配，根据战略总体目标预计成本，费用支出。同时，它可实现产品成本预测以及预算控制。由于成本数据库对成本按流程、按部门、按材料进行全面分解，信息系统可从产品研发开始，到产品制造、产品销售全过程对产品成本进行分析，因而成本及毛利的预测变得极为方便，从而有助于成本企划，实现对成本的事前控制。第五，会计指标信息系统。会计指标信息系统基础数据来源于会计报表数据库及基础数据库，这些数据较以前来自于财务报表的事后数据更具适时性，灵活性，指标量更丰富，信息更真实。

（3）会计控制制度设计。

在建立社会主义市场经济体制和深化会计改革过程中，煤炭企业在遵守会计准则的基础上，应从本企业会计工作的实际出发，建立健全和强化自身合理的会计政策和会计控制制度。第一，资产控制制度。采用不相容职务相分离的方法可避免错误的发生和弊端的出现。首先，授权批准职务与业务经办职务分离，业务经办与财产保管、会计记录、审核监督三职务都要分离；其次，财产保管与会计记录职务分离，规定管钱、管物、管账人员的相互制约关系，旨在保护资产的安全完整；最后，实行现金收付的复核制，物资收发的复秤制、复点制等，也属于防错防弊的内部会计控制制度范畴。第二，财产清查控制制度。为了保证财产物资的安全和完整，除规定物资保管员对每项物资进行收付后，均应实行永续盘存办法核对库存账实外，还应规定财产物资的局部清查和全面清查制度，以保证账卡物相符或及时处理发生的差错。第三，会计人员行为控制制度。会计从业人员在办理会计业务的过程中要树立基本的道德意识，要爱岗敬业、廉洁自律等。同时，企业也要制定员工工作规范来约束会计人员的行为，如会计人员要坚持客观公正、不做假账，严守商业秘密，诚实守信、坚持原则，还要不断提高业务技能等。

（4）会计监督体系设计。

第一，强化企业内部审计。在煤炭企业内部应建立一个不依附于任何职能部门的、相对独立的内部审计机构，在董事会的直接领导下，独立地行使审计监督权。另外，内审人员素质的高低直接影响企业内审工作的质量。就审计业务工作来看，应配备具有财务会计、经济管理、经济法律、基建工程等类专业知识的人才。现有审计人员应当加强政治和业务学习，提高自身素质和业务水平。第二，加强企业外部会计监督。企业内部会计控制是企业宏观控制的组成部分，其产生和发展，不仅受企业内部因素的影响，也受企业外部因素的影响。为此我们建议实行会计委派制，会计委派制的管理机构为公司计划财务部，委派机构为公司向各基层企业派遣的会计机构和财务负责人。委派的会计机构隶属公司计划财务部管理。会计委派坚持"精简、统一、自愿、监督"的原则。坚持需求与可能委派会计，做到"按岗设人，岗有人做"；坚持受派人员对受派企业依法实施会计监督的原则，不能履行责任的，吊销会计从业资格，调离会计岗位，涉及违法、违纪事件的，追究其纪律或刑事责任。

第二节 企业内部审计

一、内部审计的概念及作用

随着经济体制改革的深化和现代企业制度的建立，作为会计工作的重点，会计监督工作对企业来说有着特殊的意义。一般来说，企业内部需要建立相互独立而又相互联系的内部控制模式，从企业内部管理方面为企业会计工作的依法开展奠定了基础，首先，要定期对企业的会计资料进行相应的内部审计和管理工作；其次，要加强对会计工作的监督和再监督，并在整个监督过程中，明确内部审计监督和会计监督的任务。因此，在企业的会计监督工作中，首先要明确会计工作人员的职责和义务，加强会计核算工作在会计工作中的作用，只有这样，企业的会计工作才能从真正意义上得到发展。而与此同时，新《会计法》在对会计监督工作进行强调和重视的同时，也开始从法律层面重视内审监督工作，内部审计监督、评价有了更为科学完善的尺度。内审监督是内审人员对会计监督的再监督，是审计人员根据国家相关的财政法律、法规规定，根据企业自身的情况，编制相关的模式并采用一定的程序，运用自身的技术和专业知识，对企业自身及其相关单位经济活动的合法性、合规性、合理性、效益性以及反映经济活动资料的真实性进行审核与评定工作，并针对相应的结果，提出改进工作建议的一种经济监督活动。因此，新《会计法》在法律的层面，规定了财务会计工作和内部审计工作的合理合法性，并强调了两者的作用和意义，从而促进企业自身的财务工作。

（一）财务会计与内部审计的联系

1. 财务会计工作和内部审计工作的基本特点

通过对比财务工作和内部审计工作的工作性质、工作对象、工作原则等内容，我们可以看出财务会计工作和内部审计工作的基本特点：

（1）财务会计工作的基本职能是有效反应企业经营活动的各项开支和费用，而内部审计工作的最基本职能是进行经济工作的监督。

（2）对于会计工作来说，其针对的对象是商品生产条件下的价值运动，审计的对象是监督财务的收支情况和经营活动的经济效益。

（3）会计的任务是加强经济管理，提高经济效益，审计的任务是审计监督，完善管理。会计的基本原则是统一性、真实性、政策性、社会性，审计的基本原则是独立性、依法性、权威性、客观性。

2. 财务会计与内部审计的联系

根据对财务会计工作也内部审计工作自身特点的论述和对比，我们可以看出财务会计工作和内部审计工作的关系：

（1）会计工作与审计工作都具有监督的职能。

会计与审计都具有监督的职能，而会计主要体现在事中监督，审计主要体现在事后监督。这两种监督相辅相成，相得益彰，各负其责，密切配合。

（2）会计与审计都具有共同的目的。

从目标和目的来说，会计工作与审计工作有一定的一致性，他们都能够有效预防企业自身违法违纪行为的发展，并健全相关制度，加强对企业的管理和控制，从而提高企业的效益。

（3）会计与审计在对象、基本原则方面都有许多相似之处。

在发展轨迹来说，审计是会计工作发展到一定阶段的产物，因此，审计工作是以会计工作为基础的，并能够监督和控制会计工作，从会计工作的特点来说，会计在工作中之间面对企业的资金，会计工作虽有审核监督职责，但因为种种原因，会计监督往往具有一定的局限，致使个别会计人员往往以权谋私，因此，需要充分发挥审计能够进行独立监督的作用，对企业自身的经营活动、会计工作进行管理和控制。

(三)企业内部审计的必要性

1. 内部审计能更深入企业内部,能够防范会计舞弊问题的产生

内部审计人员来源于企业内部,并通过与企业内部的联系和接触,对企业自身的情况最为了解,因此,在防止会计舞弊问题上,内部审计及其相关人员有着巨大的优势,对企业自身来说,内部审计可以通过自己的监督工作,发现问题并及时纠正,更加真实快捷地披露会计信息,保证企业财务报告的可靠性。其次,内部审计职能的全面实现,有利于帮助企业降低经营风险,提高企业经济效益和会计信息的质量。

2. 内部审计充分发挥其评价职能的作用,增加组织价值和改善经营管理

与此同时,内部审计具有评价的作用,增加组织价值和改善经营管理,提高有关数据和信息的相关性和可靠性,为管理当局提供专业服务,为风险管理出谋划策,降低企业风险,从而在实质上促进财务报告内容的确定性和质量的提高。

(四)内部审计和财务会计对企业的意义

1. 内部审计对于公司治理的意义

进行公司治理的过程,便是对企业自身权利、责任等方面的安排和规定,这是现代企业中最重要的制度构架。从狭义上讲,它规定了公司的领导人、执行人和监督人之间的关系和工作安排;而从广义上来说,它明确地指出了企业的投资人、经营管理者、劳动者和监督者之间的关系及各自的权力和义务,并规定了他们和与外部之间的联系。所以从根本来说,企业的治理,便是规定了企业内部各利益相关者之间的关系。而对于结构完整的企业来说,其内部框架一般包括以下架构:股东大会;董事会;监事会。而在具体的职能来说,股东大会是公司最高的权力机构,董事会是公司最高的决策机构,是企业的法定代表,从经济管理方面对企业自身进行控制和管理,并在企业经营目标的指引下,协调公司的内部关系;而监事会是企业内部的监督机构,一般来说,是企业选拔企业的股东和企业员工,通过参与企业内部的管理活动,参与股东会议,对企业内部的经营活动进行管理和控制;而企业的经理层是企业管理活动的执行机构,他们一般由董事会聘用,并在董事会所制定的职责范围内,处理企业内部的经营管理活动,因此,内部审计对公司来说,能够帮助企业更好地进行经营活动,监督企业的行为,使企业的经营活动能够更加规范和合理。

2. 财务会计是企业之间经济联系的纽带

随着网络和信息时代的发展,企业自身的财务会计工作,一般是按照特定的会计法律、会计准则或会计制度,对企业的经济活动进行核算和监督,也就是单纯地向企业的经济活动提供各种信息,从而实现企业管理的目标,因此,为帮助企业实现目标最大化,从财务会计工作角度,企业必须有明确的财务管理目标。现在,对于企业财务管理活动来说,其目标一般是实现产值最大化、利益最大化和股东利润最大化,因此,对于企业来说,必须制定恰当合理的财务管理目标。而作为企业财务管理目标利益的主要成员,企业所有者、债权人、企业员工等人需要增加企业自身的投入，同时分享企业利益、承担企业风险。事实上，市场经济体制将各个独立的经济实体联系到一个市场主体当中，企业自身在进行内部的企业活动前提下，需要通过市场交易，形成市场联系，充分满足企业生产经营的需要，所以，财务会计工作通过对经济活动中进行交易的内容进行管理和控制，对企业之间的经济联系进行管理，所以，通过财务会计工作的审计和管理，将企业的经济联系和经济活动进行控制，从而提高企业的经济效益。

二、内部审计在企业财务管理中的作用

（一）内部审计在企业财务管理中的作用

1. 内部审计是提高企业会计信息质量的重要方法

企业内部审计是企业自身的一种独立的评价体系，并对企业的一切经济活动进行审查和评价，对企业管理起制约、防护、鉴证、促进、建设性和参谋作用。通过内部审计工作，我们能够及时发现会计管理工作中存在的问题，并及时反映到企业领导或者相关负责部门，以保证企业会计管理工作维持正常的秩序。企业在开展各项经济活动的过程中，自然离不开会计活动的参与，会计核算是否符合标准、会计制度是否违反了国家的相关法规和政策、会计信息是否存在失真问题，这些都是内部审计部门需要进行监督与控制的内容。可见，内部审计与财务会计的终极目标都是为了保证会计信息的真实、完整。

2. 内部审计能够保证财务报告的真实可靠性

现代企业内部审计的职能已从查错防弊发展成为企业价值的保值、增值服务。内部审计可以通过自己的监督工作，发现并纠正存在的问题，督促企业各级管理人员及各位员工遵纪守法，严格执行制度规定，对企业各项经济业务进行客观的会计核算并及时地真实地披露会计信息，保证财务报告的真实可靠性。其目的在于增加价值和改进组织的运作，它通过系统化和规范化的方法，评价和改进风险管理、控制的有效性，帮助组织实现目标。由于内部审计人员熟悉企业经营环境并了解企业经济活动及其过程，因此有效的内部审计工作可以充分发挥强有力的监督功能，检查企业对下属各部门的管理控制效果，验证各下属部门经营层和财务负责人是否有效履行受托的经济责任职能。因此，内部审计能够充分发挥其评价职能作用，促进企业会计信息质量的提高，增强企业防范会计风险的能力。

3. 内部审计监督与企业财务会计共存是管理现代化的必然

企业内部审计是我国社会主义审计体系的重要组成部分，它的重要职能是进行经济监督和经济评价，建立内部审计制度也是国际上通行的做法。作为整个企业内部管理系统的内部控制子系统，也越来越受到人们的重视和企业的需要。它不仅仅进行事后审计监督，还进行事中、事前的审计监督；不仅仅进行财务收支审计，还进行内部控制和经

济效益审计；不仅仅对企业的各个部门或事项进行审计，还需要对企业的整个管理过程进行审计监督。随着我国社会主义市场经济体制的建立，内部审计正发挥着越来越重要的作用。从财务会计和内部审计的产生和发展来看，它们都是适应社会生产的发展和经济管理的要求，尤其是随着企业规模的扩大，为了适应企业经营管理的需求而产生和发展的。因此，企业财务会计和内部审计监督都是企业管理不可缺少的重要管理环节。

（二）加强企业内部审计，提高财务管理水平

1. 增强内部审计能力，提高会计信息的有效性

我国内部审计作用在会计管理方面，主要应该针对会计信息的真实性、合法性进行监督和审查。会计信息的有效性在我国企业会计管理中非常重要，它是会计工作能否在合理、规范的状态下，顺利开展的基础。审计的对象主要是会计报表、账簿、凭证等信息和资料。现代企业大多采用了会计电算化方式来实现会计管理的高效性，审计工作就会显得不容易入手。内部审计也应该适应企业发展趋势，将对会计工作监督和检查的重点，转移到对会计信息化管理的监督上来。在实现会计信息化管理以后，内部审计的工作可能会存在很多挑战，可能会面对更多技术上和新会计制度上的挑战，因此，内部审计就必须在工作能力上有所提高，保证自身工作能力能够符合现代化的技术需求。另外，内部审计必须审时度势，增强审计工作能力，进而提高会计信息的有效性。

2. 合理设置内部审计机构，提高对会计管理审计的有效性

随着我国经济体制改革的进一步深入和现代企业制度的逐步建立，企业的规模越来越大，层次越来越多，自主权空前扩大。但多数情况下，管理者只能实行间接控制，因此企业的管理者们需要一种保障，即保障企业控制系统按计划运作，并为他们提供一切必要的信息，以此来控制他们职责范围内的事情，内部审计则提供了这种保障。因此，要确保企业内部审计在会计管理方面发挥其监督和检查工作的有效性，必须完善内部审计机构的体制，合理设置内部审计机构。

3. 加强内部审计队伍的建设，提升审计工作水平

内部审计人员要想成为企业风险的规避专家和会计舞弊的预警专家，不仅要懂得相关的会计业务，更要了解相关的法律法规，使自己具有扎实的专业知识和技术能力，更重要的是要有一批合格的、高素质的内部审计人员。因此，内部审计人员应该熟练运用内部审计标准程序和技术，能够灵活的开展审计管理工作，对企业会计中存在的各种舞弊现象进行深入了解和分析，进而寻找出正确的解决方案来。只有这样，才可能较大幅度地提高内部审计人员的素质，使内部审计机构真正成为现代企业管理的臂膀，在现代企业管理中发挥应有的作用，更好地为企业的经济活动服务。

随着社会主义市场经济的不断完善，现代化企业管理制度也逐步规范，再加上企业之间的市场竞争日趋激烈，内部审计制度在企业财务管理中的地位和作用越来越重要，内部审计在企业财务管理中，对于企业降低财务风险，提高企业经济效益有着重要的作

用，已成为企业健康生存与发展的重要保障。

三、企业内部审计风险及应对管理

在21世纪的前10年里，伴随着国内外管理舞弊案件频发、金融风险及不良资产问题爆发，引起了政府及社会各界的高度重视，公司治理受到广泛的关注和重视。而公司治理在很大程度上其实就是风险的管理，公司治理的重要任务就是根据金融资产的风险特性和风险程度，贯彻"合规为先，风险为本"的经营理念，及时采取有效措施降低或化解风险。企业风险管理的有效性在一定程度上取决于企业对风险管理工作的监督和评价。

（一）内部审计与风险管理的关系

1. 内部审计作为内部控制的重要部分，与风险管理密不可分

内部控制与风险管理的联系日趋紧密。在制定内部控制政策，或评估特定环境中内部控制的构成时，企业决策层应对诸多风险管理问题进行深入思考。作为企业内部控制的重要组成部分的内部审计，其工作重点也随之发生了变化：除了关注传统的内部控制之外，更加关注有效的风险管理机制和健全的公司治理结构；审计目标与公司最高层的风险战略连接在一起，内部审计人员通过当前的风险分析，确保企业经营目标的实现使用适应风险管理原则的审核过程；内部审计的工作重点不仅是测试控制、分析、确认、揭示关键性的经营风险，才是内部审计的焦点。

2. 对企业风险管理进行监督和评价是内部审计发展的必然要求

内部审计的范围延伸到风险管理和公司治理，内部审计以内部控制作为生存与发展的基础，以对组织风险的评估与改善作为目标，旨在增加企业价值和改善组织的运营，风险管理已发展成为内部审计的一项重要内容。内部审计的建议更加强调风险的规避、风险转移和风险控制，通过有效的风险管理提高组织整体管理的效果和效率。

3. 内部审计介入风险管理具有独特的优势

内部审计机构在企业组织结构中享有独特的位置，能够客观地、从全局的角度管理风险，使其在风险管理中发挥不可替代的独特作用；内部审计师更了解组织的高风险领域，会计信息系统提供的会计信息的真实可靠是内外部激励机制正常运行的前提条件，而有效的审计监督制度是确保这一前提条件实现的关键，因为：外部审计对公司财务报表进行的审计，仅对其公允性发表审计意见，从而起到增强会计信息可信性的作用；而内部审计处于公司内部，对于公司内部控制、管理经营活动、风险管理都有透彻深入的了解，与外部审计人员相比，内部审计对公司治理发挥的作用在层面上更为深入，在范围上更为广泛。

（二）内部审计运用于风险管理中应注意的问题

1. 建立科学的企业组织结构、理顺内部审计管理体制

要使得内部审计机构能够有效地在企业风险管理中发挥作用，必须建立适合内部审计在风险管理中发挥作用的组织结构，使得内部审计机构既能参与到风险管理过程，又能独立行使职权。同时，还应建立有效的沟通机制，保障风险信息及时完整的传达到内部审计机构。

2. 树立全新的审计监督理念，提高实行风险导向审计的审计人员的素质

树立内部审计大局观、总体观。传统的管理将注意力放在个别控制系统和经营机制上，而现代管理则强调总体管理概念，把总体管理控制系统与组织的长远目标联系起来；把一旦达不到目标，与可能发生的风险联系起来。树立全新的审计监督理念，实现两个方面的转变。第一，要实现合规性审计监督向风险性审计监督的转变。第二，要实现事后监督向事中、事前监督的转变，内部审计应积极探索，变被动为主动，防患于未然，提高监督效能。

3. 建立适合企业风险管理审计的审计程序

传统的标准化审计程序存在很大问题，一是不能对症下药，没有贯彻风险导向审计思想；二是实施内部审计很多时候都是从财务资料入手，而很多的财务人员都系统学习过审计，或长期有与各种内外部审计打交道的经验，传统的、标准化的审计程序被他们所熟知，他们从自身角度考虑，可能会预先设置一些障碍和防范措施，而使得内部审计人员无法突破。审计测试程序个性化就是为了克服传统审计测试的缺陷，针对不同的风险领域，采用个性化的审计程序。在对企业风险管理审计过程中，可实施以下程序。

（1）可通过询问被审计单位管理当局和内部其他相关人员、分析程序、观察和检查等风险评估程序实施了解被审计单位及其环境。内部审计人员应当了解被审计单位的行业状况、法律环境与监管环境以及其他外部因素；被审计单位的性质、会计政策的选择和运用、经营目标、战略以及相关经营风险，以及财务业绩的衡量、评价和内部控制等。

（2）关注重大错报风险。作为风险评估的一部分，内部审计人员应当运用职业判断，确定识别的风险哪些是需要特别考虑的重大风险。应当重点考虑下列事项：第一，风险是否是舞弊风险；第二，风险是否与近期经济环境、会计核算和其他方面的重大变化有关；第三，交易的复杂程度；第四，风险是否涉及重大的关联方交易；第五，财务信息计量的主观程度，特别是对不确定事项的计量存在宽广的区间；第六，风险是否涉及异常或超出正常业务范围的重大交易。

（3）实施控制测试程序。实施控制测试的目的是为了测试企业内部控制的设置和运作在防止、发现并纠正认定各个层次的重大错报方面的运行有效性。

（4）实施实质性程序。实施实质性程序包括对各类交易、账户余额、列报的细节测试以及实质性分析程序，目的是为了发现认定层次的重大错报。

目前，我国内部审计一般尚未与公司治理相结合，成为公司治理的有机部分，对风险管理也不够关注。为此，要逐步完善企业法人治理结构，明确企业外部和内部的委托代理关系，培养管理者的竞争意识和风险意识，形成内部审计的需求市场，为内部审计的发展创造良好的环境。同时，要顺应内部审计科学发展的客观规律，在实践中有意识地推动企业风险管理与内部审计的结合。作为内部审计人员，我们应该及时把握机遇，善于迎接挑战，以实践成果取得企业的信任，发展内部审计，使内部审计工作更具生命力。

四、煤炭企业内部审计工作的困境与出路

随着社会的发展，当今社会已经进入信息化和网络化的时代，煤炭企业必须迅速建立起信息化环境下的信息网络系统才能够适应当前内部审计的需要。

（一）信息化环境对煤炭企业内部审计的影响

1. 信息化环境对煤炭企业财务审计的影响

我国煤炭企业在信息化条件下，由于会计人员只要根据原始凭证将会计处理的第一步工作完成后，相关的账务处理工作基本都是由会计电算化软件自动处理，几乎不会发生错误。但如果有关人员将系统的应用程序进行任何的非法篡改之后，计算机按照错误的程序执行的财务操作将会对财务信息带来巨大的影响。会计信息系统的特点和其固有的风险，决定了审计的信息化条件下应包括用于处理和控制功能的计算机系统的内容审查，都需要人为处理。煤炭企业内部审计的工作人员需要通过很多努力精确地获得财务信息，来验证计算机处理所得出的结果。目前我国国有煤炭企业的数量有1000多家，总资产近万亿元，并且煤炭企业的发展已经进入到了房地产相关领域。如此大规模的企业资产和这种社会大环境，对企业财务信息质量的要求越来越高，因此完善企业的内部审计制度是一个关键问题。

2. 信息化环境对煤炭企业经营审计的影响

伴随着国有煤炭企业规模的不断变大，其内部审计不再局限于简单的各种核算，主要为企业的经营发展做贡献。2013年年中，我国国家经营的和国有控制的煤炭企业利润总共达到约1551.90亿元。增值税大概是840亿元，如果要发展进步，只有不断地在管理经营方面下功夫。信息化环境下，审计的对象不仅包括内部的各种要素，还包括被审计单位的经营管理、业务流程、操作系统和交易事项等。审计证据的收集和整理是电子数据处理的结果，与传统的数据搜集存在着很大的差异，显然增加了审计面临的不确定性风险。因此，在信息环境下，审计对象的变化，使审计工作的重点也发生了变化，同时评价和处理信息化数据和重大错报风险测试成为审计工作的重要一步。

3. 信息化环境对煤炭企业管理审计的影响

充分发挥内部审计的作用，对于效率的增强很有用，市场信息发达，管理审计能更

有效的分析企业的经营效益，对于市场运行状况做简单推测，还可以针对企业经营效益的变化做分析，所以说，信息化对于深化管理审计意义非常深远。因此，对于煤炭企业内部审计人员来说，不仅是一个金融方面的专家，具有丰富的金融、管理、审计知识和实践经验；而且，还要掌握计算机系统本身的审查、审计和计算机信息技术与会计人员的知识和技能，对信息系统审计和网络技术有较高的熟练程度。

（二）信息化环境下煤炭企业内部审计的困境

1. 内部审计相关法律法规滞后，内部审计制度不完善

经济制度改革不断深入的大环境下，煤炭企业内部审计的实践已经取得了很大的进步，但国家对煤炭行业企业内部审计方面的立法相对较慢。最近这些年，国家虽然也出台了相应的内部审计的法律、法规和相关政策，但是因为这些法律、法规和政策的内容不完善，对煤炭企业的违法违规行为处罚力度不够，还不能形成足够的威慑力，煤炭企业在内部审计制度的建立无法可依，不能采取相应的措施加强内部审计工作。

2. 内部审计具有"双重性"，弱化了监督职能

我国内部审计尤其是国有企业内部审计，具有"双重性"特征。从第一个角度而言，内部审计扮演着现代企业制度的一个重要角色，对于企业的管理层和企业的拥有者来说，发挥着自我监督的作用。从另一角度来看，企业内部审计作为一种内部监督活动，受到国家相应的法律法规约束。由于这个原因，煤炭企业内部的审计职能也无法十分明确，这在很大程度上是因为煤炭企业内部审计是国家对经济宏观调控的重要手段，对煤炭企业的高级决策层的监督管理，能够有效地防止他们做出一些不符合国家和集体利益的事情，拥有政府管理职能；内部审计同时又为煤炭企业的发展提供必不可少的信息，为企业的发展保驾护航，成为企业管理的重要因素，为煤炭企业的利益服务。

3. 内部审计人员缺乏独立性，工作"形式主义"严重

就目前的发展状况可以看出，煤炭企业内部审计的机构都处于企业领导层的监视范围，所包含的工作内容也是在企业管理层的考虑范围内，因此，这决定了企业的内部审计客观性的独立性有待考察。内部审计作为企业经营的一个不能缺少的组成部分，它的工作人员都是有企业来选派的。就一个企业的一个部门，它的人员选派、职务调整、工作条件都是由企业的领导者决定的，这在一定的程度上决定内部审计的组织、工作、经济来源都不能自给自足。从工作的内容来看，煤炭企业内部审计的相关结论的形成发展以及应用都深深地扎根于企业领导的思想，尽管有时候内部审计人员发现了一些企业的高层在相应的领域内违反经济纪律，甚至违犯法律等严重的个人问题时，也并没有处理相关问题的能力，在一定的程度上，对煤炭企业可以说是起不到任何作用的；从管理学的角度讲有权力的人对无权力的人监督是最有效的，上级监督下级也是能起到很大作用的，然而，处在同一级别的机构之间由于权力的对等，相互之间不易制约，监督效果并不理想，而下级监督上级则更难以达到想象中的目的。因此，内部审计工作也就流于形式。

4. 内部审计工作多为事后审计，不能充分发挥其作用

现代企业制度的不断完善是逐步建立起来的，尤其是在通信和先进的技术的参与下得以不断的发展和进步。很明显，我国的传统审计方法对企业的发展作用越来越弱，由于单一审计和静态审计等审计方法的存在，这些事后审计方法并不能使企业得到长足的发展。煤炭企业审计工作的人员往往是在企业生产经营后进行工作，日常主要是对财务收支的核算，审计的资产负债表，利润表，现金流量表等报表的内容，审计的范围都是在过去的交易事项中形成的，所处理得都是过去的经济效益结果，对企业的作用并不明显。

（三）信息化环境下煤炭企业内部审计的对策

1. 建立董事会直辖模式的内部审计机构，保证其独立性

监控机制和企业自我约束的实行其实是煤炭企业进行自我监督的一种措施，目的是加强审计和对企业的监管，促进企业提高工作效率，提高经济效益。正常情况下，审计组织的独立性取决于所处的层次，领导层次越高，它的独立性就越高。从当今公司制度下的运行状况看，股份制理所当然成为企业主要的操作模式。当前，全球的内部审计机构的领导模式，可以分为以下几种：董事会主导的领导模式、总经理主导的领导模式、监事会主导的领导模式。这几种模式各有其优缺点，但是经过比较就可以发现，董事会领导模式下的领导层次较少，它所代表的相应地位也较高，其独立性必然会更好。因此，选择这种模式是最明智的选择。在董事会领导的组织模式下，审计人员的组成主要是一些执行董事和相关的内部审计人员。内部审计在委员会的领导下完成工作，组织的人员配备和相应的资源管理都属于委员会。这种组织模式是最具有科学依据的模式，同时它也是国际化现代企业内部审计机构的优先选择。

2. 扩大内部审计范围，全面推进内部审计工作

煤炭企业内部审计之所以不断地改变自己的努力方向，都归功于全球化企业制度的推进。加强企业经营管理、增加企业的收入、提高企业经济效益是企业内部审计的最根本目的。财务审计是企业内部审计不可缺少的一部分，但不是内部审计的唯一对象，只有把经营管理审计、绩效审计、社会责任审计和经济效益审计等相结合，扩大审计范围，并且改变注重于事后审计的方法转向事前、事中、事后全过程审计，将简单的静态审计与复杂的动态审计相融合，全面推进企业内部审计工作，将审计工具由传统的手工变为信息化环境下的更先进的技术，才能体现企业内部审计真正的价值。

3. 合理配置内部审计人员，提高内部审计工作效率

在现代企业制度下，特别是在信息化环境下，煤炭企业内部审计发挥着越来越重要的作用，对内部审计机构人员素质也有了更高的要求。内部审计系统能够实现业务服务的终极目标，不仅需要有健全的内部审计实务标准作为一种行为规范，更需要配备一批高素质的复合型人才从事企业内部审计工作。这些内部审计人员不仅应该洁身自好，拥有崇高的使命感和责任感，还必须具备综合的理论知识和较强的业务能力；不仅要不断增加服务水平和实践能力，不断地学习如何提高抵御风险的能力，还要不断开拓新的业务领域和增值服务，进而提高组织的管理，加强风险管理，提高工作效率。另外，在同一时间构成的内部审计人员应多样化，不仅要有财务和审计专业人士，还要有精通相关的商务专业知识和具备综合业务经验的人员，以满足审计的领域不断扩大的需要。

第七章 优化财务会计管理的措施

第一节 加强财务会计管理人员的培训

为适应市场市场经济的变化趋势，企业财会管理人员必须具备独到的时代认识和较高的专业素养，才能满足时代的发展需要。为此，一方面，企业内部要建立完善的人才培育机制，加强对财会管理人员的培训工作，通过培训提升员工的能力和素养，为他们的发展、成长、进步创造平台和条件。另一方面，还要培养财会人员的职业精神，增强他们的职业责任感和使命感，要求各工作人员要结合企业发展实际，从自身所处岗位的实际工作情况出发，创造性地开展工作。

一、新时期对企业财务管理人员转型的要求

（一）对人员法制意识提出了新要求

财务管理工作是企业管理的重要组成部分，无论对企业自身还是对于投资者、债权者，提高管理的正规性，严格依法办事具有十分重要的意义。近年来，我国相继出台了《会计法》《新会计准则》等一系列法律法规，这就要求工作人员必须要切实掌握相关的法律法规，在工作能够自觉遵守相应的规则制度，提高职业道德素养，切实发挥财务管理的应有作用。

（二）对人员团队精神提出了新思路

随着社会分工的逐步细化和市场环境的变化，提高财务人员的团队意识成为当前企业财务管理工作的突出要求。财务管理工作涉及企业工作的各个方面，需要企业各部门之间的密切协调，因此，财务管理已经从传统的闭门造车型的岗位变为协调沟通各个部门的综合型岗位。

（三）对岗位职业性质提出了新内涵

专业技能的高低是工作人员履职尽责的关键和核心。传统的财务技能已经不能满足新时期财务管理工作的需要。一方面，财务管理已经从传统的管理变为了管控。企业财务管理不仅仅是简单地统计核算，更重要的是风险控制、预算管理等内容。另一方面，财务管理已经从传统的执行型变为了决策型。财务管理工作已经成为影响企业决策的重要因素。财务人员必须要转变观念为企业决策提供可靠依据。

二、当前企业财务管理人员转型面临的主要问题

（一）财务管理人员思想观念太陈旧

财务管理人员的思想观念还停留在以往的认识中，对市场经济的特点和国际化趋势的发展还没有充分的认识，对自身职责的定义、对岗位的实际需求、对企业一线工作的实际情况缺乏必要的了解。工作中还处于记、算、画的初级阶段，难以发挥财务管理的真正作用。

（二）财务管理人员工作环境不规范

在一些企业特别是一些中小企业中，不少财务管理人员并非专业出身，缺乏对财务管理工作的系统认识，在工作中不规范、不合法、不真实等问题还时有发生，影响了其工作的开展。相关财务制度制定执行不严格也造成了企业财务管理人员工作随意性大。

（三）财务管理人员培训方式不科学

著名企业家牛根生曾讲到，培训是企业最大的福利，企业最重要的事就是培训，如果不能把你的员工培训到你想要达到的标志，你就难以达成目标。而在实际的操作中，企业缺乏对财务管理人员的正规化培训，造成了财务管理工作与企业的实际脱节。

（四）财务管理人员考评机制不合理

一方面，企业缺乏对财务人员考核的有效机制，在确定评价指标、制定合理标准方面还不规范；另一方面，对财务管理人员缺乏系统的评价监督机制。对企业财务人员的绩效评价的监督不应仅仅是合法性和合规性审核，还应转向创新性、效率性和有效性的评价监督。绩效评价不能只限于发现资产经营管理中存在的问题，而是要转变为发现问题并找出原因，提出建议，进行改进，从而提高财务管理水平。

三、促进新时期企业财务管理人员转型应关注的重点问题

（一）注重财务管理人员思想认识的提高

一是加强财会人员的法制意识。就是要进一步提高财会人员对相关法律法规的认识和理解，提高自律意识，加深对职业道德的理解，规范履行自身义务。

二是加强财会人员团队意识。财务人员要充分认识到团队意识的重要作用，主动参与到企业管理、决策之中，加深与企业相关部门的联系沟通，全面了解企业真实情况，提高工作的实效性。

三是加强人员创新意识。在工作中将企业实际与专业知识结合起来，真正建立适应企业特点的财务管理制度和工作方法。

（二）注重财务管理人员专业技能的培养

一是要重视企业财务信息化建设。信息化是促进财务管理人员转型的基础，企业要结合自身的实际情况，打造财务管控平台。

二是要重视财务管理与企业决策之间的有效衔接。

（三）注重财务管理人员培训体系的构建

一是在选拔上不仅仅要将专业技能作为重要条件，更要通过短期实习、轮岗交流等方式，让财务人员参与到企业生产经营等环节之中，使财务人员能够全面了解企业情况。

二是在使用方面，要重视财务管理人员的积极作用，特别是企业管理者要将财务管理作为决策的重要基础，为其提供良好的发展空间。

三是注重考评机制的确立。在评价体系、评价奖惩等方面做好工作。通过对企业财务人员绩效评价工作的实施，发现资产经营工作中存在的问题和不足，反馈给具体财务人员，由其对问题制定相关制度和解决方案，从而对工作进行不断的改进和完善，形成一个"考核—评价—反馈—改进—考核—评价"的闭环体系。

第二节　全面深化企业的预算模式

预算管理在企业的财务会计管理中占据着至关重要的地位，对于企业的发展来说，在未来的财务会计管理工作中必须高度重视预算管理工作，并全面深化落实，才能够实现企业的有效管理。为此，一方面，企业应健全全面预算组织体系，调动各部门单位的参与积极性，在全体员工的配合与努力下有效协同地开展预算管理活动，并实现业务驱动财务预算，不断健全和完善，以保证全面预算管理的深入实行。另一方面，企业要制定预算管理手册，对预算管理的标准和准则进行细化，明确资金的配置保准，以更好地完善预算管理体系，确保其得以全面深化落实。

一、现代企业全面预算管理的基本特征

（一）现代企业全面预算管理的基本特征

1. 全方位的管理

现代企业的全面预算管理对企业的各方面都进行预算，如企业的经营预算、财务预算、筹资预算、资本预算等。企业的全面预算管理方式对企业经营管理的全过程进行有效的控制管理，从全面预算活动的编制、控制、贯彻与执行、考核与分析、绩效评价与奖惩等过程都包罗其中。这些过程贯穿于企业运营的每个部门、每个细节、每位员工。因此，全面预算管理不是依赖一个人或一个部门的力量就能完成的，需要企业内部各职能部门通过密切的配合、相互之间良好的沟通与协作共同完成。

2. 指示性的战略

全面预算管理的主要特点是对企业的现有资源作出合理的、科学的配置，提高其有效使用率。因此，现代企业的全面预算管理必须以实现企业的战略发展目标为基本前提条件，这样才能对企业的经营做出有效的规划，并为企业战略发展目标的实现提供有效保障。

3. 利益性的追求

随着现代企业所面临的竞争环境越来越激烈，企业在社会主义市场经济中追求企业价值最大化的目的越来越明显。企业的全面预算管理能够对企业在生产经营中投入的资金进行精确的管理与压缩，从而全面降低企业的生产成本，促进企业获得更多的经济利益，全面实现企业的经营发展目标。

4. 控制性的监督

现代企业进行全面预算管理的目的不仅仅是为了下达各种预算目标、对预算进行编制、预算额度的汇总等，更多的还是要对企业的预算过程进行全方位的控制与执行，对预算的结果进行科学的、合理的、公正的考核与评价，真正发挥出全面预算管理的职能与对企业经营活动的指导作用。

5. 系统性的执行

对于企业全面预算管理的系统性可以从横向与纵向两方面来分析。全面预算的纵向系统性主要是指全面预算从编制、执行、控制、考核、评价、奖惩等各环节之间共同构成一个完整的体系，这些环节之间是紧密相连的。而横向系统性主要是指企业内部各部门之间的工作内容是互相联系的，一旦某一部门的预算目标不能按预算实现或完成，将严重影响企业其他部门的预算执行情况。

（二）现代企业全面预算管理的模式分析

各企业的经营战略与经营发展目标是不同的，由于企业所处的生命周期、条件、环境的不同，可以将全面预算管理的模式分为以下几类。

1. 以产品周期为基础的四种管理模式

这种全面预算的管理模式主要是以企业产品的生命周期理论为基础的，在产品的市场进入期可以视为资本预算，在市场的增长期可以视为销售预算，在市场的成熟期可以视为成本预算，在市场的衰退期可以视为现金预算。例如：在企业的初创阶段，企业产品的销售额较小，竞争者较少，企业运营资本主要是来源于投资者，存在潜在的经营风险。因此，这一阶段的企业投资需求大，此时的全面预算管理就应以资本预算为主。建立在企业产品生命周期基础上的四种预算管理模式有其针对性的优点，但是对生产多种产品的企业而言，仍以生产品的生产周期为基础的预算管理模式将失去其有效的指导意义。这主要是由不同产品的生命周期的不同而决定的。

2. 建立在销售预算编制起点上的预算管理模式

随着现代企业在国内外竞争市场上所面临的激烈竞争，企业的销售决定着企业的生产，决定着企业的生存。而且有的生产又决定着设备、物资材料的采购与人力资源的聘用，从而决定着企业的投资与筹资活动。因此，现代企业以销售预算为起点来编制预算流程，然后再编制存余预算、产品产量预算、原材料与员工工资的预算、产品的制造费用的预算等。由于市场竞争的激烈，市场出现了供过于求的局面。如果采用这种建立在销售预算编制基础上的预算模式，对我国现代企业的生存与持续、健康发展比较有利。

3. 建立在利润与成本目标为导向基础上全面预算模式

近年来，随着信息技术的迅速发展与网络技术的普及，很多企业逐渐将全面预算的依托模式建立在网络的基础上。依据计算机网络为基础建立的全面预算模式主要包括预算管理机构、业绩指标的设计、预算表格体系、预算编制的方法与流程、预算的执行与分析、预算的考核等内容。这种模式的区别就是并未将预算与企业的战略发展目标、员工的奖惩指标等联系在一起。现代企业如果采用这种模式，对调动企业员工的工作积极性不利。企业的财务部门的工作也会是无效的。

4. 新型全面预算管理模式

新型全面预算管理模式的最大优点就是将现有的多种全面预算管理的模式进行有机的整合。它有效地将企业的每位员工、各职能部门、投资理财、各领导阶层进行了密切的联系，他们将以企业的总体经营目标为导向，对企业的业务活动进行经营。与前面的几种预算模式相比，这种模式相对而言比较完整，具有较强的内在逻辑性，并有丰富的经验作支撑。

二、现代企业全面预算管理的意义

（一）现代企业全面预算管理的有效方法

现代企业要想在激烈的竞争中处于不败之地，就必须加强全面预算管理，在编制预算时尽量采取上下结合的方法。例如：企业的领导层与管理层先根据企业的发展状况制定总体发展目标与各职能部门的发展目标，而各职能部门则根据基层单位制定的预算方案编制出部门的预算方案，最后向企业管理部门上报。这种上下结合的预算编制方式可以分解到各个部门来执行。企业进行全面预算要与企业的现金收支、预算的控制力与约束力、成本管理、职工的奖惩等相结合。例如：奖惩主要是针对企业内部的财务活动行为进行的奖励与惩罚，对于那些严重违反国家财务制度的现象必须及时对当事人进行惩罚，并将其违反行为作为其业绩考核中的一项重要内容。而对于那些恪尽职守、认真负责、为企业的全面预算出谋划策的员工，或为降低企业的经济损失做出贡献的员工必须予以奖励。总之，现代企业的全面预算管理是一项系统性、整体性、规划性工程，更是现代企业的重要管理手段。我国企业要借鉴国外企业全面预算管理的先进经验，在企业推进全面预算管理，提高现代企业的管理水平、提升企业的核心竞争力，为企业战略发展目标的实现提供保障。

（二）现代企业全面预算管理的意义

全面预算管理是优化企业资源配置，提高企业经济效益的一种科学而先进的管理办法。它以货币为计量单位，将决策目标所设计的经济资源的配置，以计划的形式具体地、系统地反映出来。它为企业的经营者、投资者和股东描述企业未来经营发展的蓝图。常言道,凡事预则立,不预则废。全面预算管理已经成为现代化企业管理不可或缺的重要管理模式。它通过业务、资金、信息、人才的整合,明确适度的分权、授权、战略驱动的业绩评价等,来实现企业资源的合理配置。全面预算是以战略目标为出发点,以市场需求为导向,全体员工参与,涉及企业生产经营全部内容的预算体系。

1. 全面预算可以比作企业经营管理和财务管理的纲,纲举目张

(1) 明确目标。

通过编制预算,明确企业总体经营目标和各部门的具体目标,这个经营目标实际上是企业未来经营活动预期达到的成果。目标明确,有挑战性,完成目标有成就感,才能最大限度激发员工积极性。

(2) 配置资源。

编制预算的过程是根据企业经营目标,合理地安排人力、物力、财力进行综合平衡,使企业的经济资源得到合理配置的过程。预算被认为是使企业的资源获得最佳生产率和获利能力的一种方法。

(3) 考核标准。

通过编制预算,将企业各项目标分解为各个部门的责任和指标,这细分的责任指标就成为衡量各部门工作业绩的具体标准。预算管理是绩效考核、薪酬制度的基础,没有预算管理的指标体系,绩效考核、薪酬制度就是无源之水、无根之本。

(4) 控制依据。

就是运用预算规定的各项具体指标,对企业生产经营活动进行监督检查,发现偏差,分析原因,从而采取措施,使生产经营活动顺利地进行。

2. 全面预算所要达到的目标

经过多年的实践运用,总结出一定经验,全面预算管理能达到以下目标就可以认为取得了成效。

(1) 统一思想行动。

通过预算管理,使企业各部门和全体员工明确企业的经营目标和实现目标的具体措施,统一企业全体员工的思想认识和行动准则。

(2) 规范生产经营管理。

通过预算管理,使企业各部门和全体员工按照预算规定的要求,有序地开展工作,有利于企业建立良好的生产经营秩序。有序性等于有效性,良好的生产经营秩序对企业提高经济效益有很大作用。

(3) 提高资金利用效果。

通过预算管理,使企业在遵循资金运动规律的基础上,合理地安排和使用资金,把企业有限的资金充分运用好,发挥出最大的效能。资金是企业资源的集中体现,而企业经常感到缺钱,怎么把企业有限的资金运用好?预算是很重要的方法。

（4）降低成本费用。

通过预算管理，花钱之前先做预算，先算账后花钱，精打细算对控制成本和费用非常有好处。

（5）较好地应对市场变化。

通过预算管理，使企业各级管理者，认真分析研究市场需求和资源供给的变化趋势，使企业各级逐渐提高管理水平，形成一种预见性的工作能力，较好地应对市场变化。

全面预算管理以其在企业经营中的独特功能及其达到的成效，表明在企业推行全面预算管理，对企业建立现代企业制度，提高管理水平，提升战略管理的应变能力有着十分重要的意义。

3. 企业推行全面预算管理的意义

（1）提升战略管理能力。

战略目标通过全面预算加以固化与量化，预算的执行与企业战略目标的实现成为同一过程；对预算的有效监控，将确保最大限度地实现企业战略目标。通过预算监控可以发现未能预知的机遇和挑战，这些信息通过预算汇报体系反映到决策机构，可以帮助企业动态地调整战略规划，提升企业战略管理的应变能力。

（2）有效的监控与考核。

预算的编制过程向企业和子公司双方提供了设定合理业绩指标的全面信息，同时预算执行结果是业绩考核的重要依据。将预算与执行情况进行对比和分析，为经营者提供了有效的监控手段。

（3）高效使用企业资源。

预算计划过程和预算指标数据直接体现了（企业）各子公司和各部门使用资源的效率以及对各种资源的需求，因此是调度与分配企业资源的起点。通过全面预算的编制和平衡，企业可以对有限的资源进行最佳的安排使用，避免资源浪费和低效使用。

（4）有效管理经营风险。

全面预算可以初步揭示企业下一年度的经营情况，使可能的问题提前暴露。参照预算结果，公司高级管理层可以发现潜在的风险所在，并预先采取相应的防范措施，从而达到规避与化解风险的目的。

（5）收入提升及成本节约。

全面预算管理和考核、奖惩制度共同作用，可以激励并约束相关主体追求尽量高的收入增长和尽量低的成本费用。预算执行的监控过程关注收入和成本这两个关键指标的实现和变化趋势，这迫使预算执行主体对市场变化和成本节约造成的影响做出迅速有效的反应，提升企业的应变能力。

三、煤炭企业全面预算管理模式下成本预算的方法分析

我国煤炭企业在资金管理及资本运作过程中,真正实现对资金全面预算管理的比较少。因此,在煤炭企业建立健全全面预算管理体系中做好成本预算,充分为煤炭企业的资金管理及资本运作提供依据。以下,通过煤炭企业全面预算管理模式、全面预算管理模式下成本预算的方法及全面预算管理模式下成本预算的意义三个方面来分析煤炭企业在全面预算管理模式下的成本预算方法。

(一)煤炭企业全面预算管理模式

煤炭企业是我国重要的基础产业,在经济发展中相对稳定,为国民经济提供重要支撑。煤炭企业的价值主要由其产品的成本所决定,煤炭生产不同于机械制造等行业,材料消耗不构成煤炭产品实体,直接材料消耗不大,固定成本在煤炭成本中占比重较大。由于煤炭企业的生产过程有着相对稳定场所及生产流程,因此在煤炭企业实行全面预算管理是提升企业内部管理水平的必要选择。

在煤炭企业内推行全面预算管理模式,不但有利于企业优化资源配置,实现效益最大化,而且还有利于完善现代企业制度,确保煤炭企业内部资金的高效运转,增强煤炭企业的核心竞争力。按照企业的整体经营目标提前制定工作计划,避免企业经营上、财务上的风险,循序渐进地实现企业经济效益最优化的发展目标。

在煤炭企业推行全面预算管理模式要确定以成本预算为核心的预算管理模式。因为,不论从煤炭企业自身的生产经营过程,还是煤炭企业产品销售过程来看,煤炭企业与其他企业相比不存在开发新产品的问题,成本项目比较明确,经营风险比较小,建立以成本预算为核心的全面预算管理模式有利于提高煤炭企业的生产效率,实现煤炭企业经济效益的最优化和可持续发展的目标。

(二)全面预算管理模式下成本预算的方法

在煤炭企业全面预算管理模式下,实现对成本预算的高效管理,建立合理的管理组织体系,包括预算管理的决策层、预算管理的职能部门、预算管理的责任部门、预算管理的执行单位等相关部门。通过有效的全面预算管理体系及工作流程,"自上而下,自下而上,上下结合",合理地完成煤炭企业的成本预算工作。在科学、合理、高效的全面预算管理模式下,主要通过以下几种方法来完成煤炭企业的成本预算。

1. 根据煤炭企业自身生产经营的特点选择合适的预算编制方法

按照一定得比列进行计算。同时,在煤炭企业中宣传成本预算的方式和方法,让领导支持、认可并重视在全面预算管理模式下的成本预算,减少煤炭企业进行成本预算时遇到权利再分配、个人利益得失等阻碍及问题。提高成本预算相关的各个部门对于全面预算管理模式下成本预算的认识,在企业内部得到大家的普遍认可及支持。

2. 坚持企业发展为重点,实现企业经营为目标的成本预算思路及原则

在进行成本预算的过程中,一定要以企业的发展战略为中心,以市场为导向,做出

适应市场发展及需要的目标预算。通过绩效考核，合理配置资源优化管理，降低企业的经营风险。并且，在煤炭企业全面预算管理模式下，按照企业的产业布局和管理体制分层次、分部门进行成本预算及管理。从实际出发，充分考虑企业发展的目标及实际经营状况，在科学合理的基础管理之上对企业进行成本预算。同时，要严格对企业的成本预算进行执行，并估计出企业实际生产过程中发生的各类问题，做好事先的准备工作，以便在特殊情况下作出相应的调整。使煤炭企业能够在全面预算管理模式下通过成本预算积极稳妥的开展各项生产活动。

3. 在煤炭企业内部建立健全成本预算制度，形成基层成本预算的意识

通过建立健全成本预算制度处理好煤炭企业成本与生产工艺、技术、安全等方面的关系。结合煤炭企业的实际，运用科学技术提高煤炭企业的生产效率，提高煤炭企业经济效益。让煤炭企业各部门、各级领导、各个班组、各个岗位员工都能够积极实施基层预算制度，扭亏增盈保证企业整体成本预算目标的实现。

4. 在煤炭企业内部推行成本预算控制制度

把成本预算制度与企业内部激励制度结合在一起。以企业的经营目标的完成为评估标准，结合煤炭企业自身的实际，充分考虑企业的利润及控亏目标，制定煤炭企业各部门、各级领导、各个班组、各个岗位的成本控制目标。按照煤炭企业的产量变化规律进行调节，充分调动各个部门岗位的控亏增盈的积极性，从而达到成本预算的目标。另外，煤炭企业在全面预算管理模式下，要严格地根据企业经营规律制定出想要的目标成本和消耗定额，监督企业各个部门并严格执行成本预算的开支。

5. 运用现代经济学的管理办法，通过现代成本预算法开展全面预算管理模式下的成本预算

在煤炭企业中，可以推行 ABC 物资管理分类法来提高成本预算的科学化及系统性。同时，在全面预算管理模式下成本预算可以与企业的管理成本预算进行结合，推动对固定成本、变动成本、责任成本、标准成本的管理。

（三）全面预算管理模式下成本预算的意义

煤炭企业全面预算管理模式下的成本预算，是企业开展全面预算管理的基础与核心。我国的煤炭企业一直采用粗放型的管理模式，而精确细化的全面预算管理可以推动煤炭企业通过现代化的管理制度与模式完成企业预算的目标。

（1）全面预算管理模式下的成本预算完善了企业的经营计划与生产目标，有利于减少企业的经营风险，提高财务管理的水平。通过成本预算来促使企业的各部门、各级领导、各个班组、各个岗位根据企业的整体经营目标提前制订工作计划，避免企业经营上、财务上的风险，实现企业经济效益最优化发展的目标。因此，煤炭企业在针对自身运营情况而进行的成本预算，可以通过科学的管理模式对企业进行量化管理，保持经济资源及企业可持续发展的目标，实现企业的平衡发展。

（2）全面预算管理模式下进行成本预算促进了企业各个部门、各个班组、各个岗位之间的交流与互助，通过基层成本预算，使企业各个部门间明确了自身的责任，充分调动各个部门的生产积极性，有利于各个部门间的协调与合作。同时成本预算也有利于煤炭企业的领导者对企业产品价值及效益的进一步认识，明确企业的各个阶段生产目标的实现。

（3）全面预算管理模式下的成本预算为煤炭企业的绩效评价标准提供了一个有效的依据，有利于企业内部进行考核，强化企业对于内部生产经营的控制。因为，成本预算是一个企业对其自身经营计划的量化及货币化的呈现。成本预算在企业全面预算管理模式下，不断为企业的业绩提供了评价标准，还有利于企业对于各个部门进行业绩考核及激励，促进了企业领导对各个部门及员工日常生产活动的管理与控制，有效地规范了企业的生产经营，促进了企业经营活动有目标、有制度的循序发展。因此，在全面预算管理模式下的成本预算管理是强化企业内部控制管理工作的强有力的措施。

目前，随着现代企业对自身管理水平的要求不断提高，现代企业日益重视通过完善自身的企业管理提高企业的市场竞争力。煤炭企业作为我国重要的能源供给业，建立健全现代企业制度有着非常重要的意义。通过对煤炭企业全面预算管理模式及全面预算管理模式下成本预算的方法的分析，煤炭企业应根据自身生产经营的特点选择合适的预算编制方法，坚持企业发展为重点，实现企业经营为目标的成本预算思路及原则，通过在煤炭企业内部建立健全成本预算制度，形成基层成本预算的意识。从而促使企业的各部门、各级领导、各个班组、各个岗位根据企业的整体经营目标提前制订工作计划，避免企业经营上、财务上的风险，实现企业经济效益最优化发展的目标。

第三节 优化企业会计环境

在高度发达的市场经济环境中，经济全球化将成为未来会计环境中占主导地位的影响因素，而且这种趋势下的国际会计大融合对我国今后的会计改革及会计事业的发展将起关键性的影响作用。

一、会计的发展与经济环境的关系

会计是以货币为主要计量单位的，反映和监督一个单位经济活动的经济管理工作，是人类社会生产经营活动发展的产物。会计的发展经历了古代会计、近代会计和现代会计三个重要阶段，目前我国的会计依然处于不断发展和完善之中。古代的经济活动比较简单，会计活动也比较简单。随着人类社会的进步和经济的不断发展，商品经济活动也变得越来越复杂，于是出现了复式记账。我国的近代会计出现于复式记账前后，而以"公认会计准则"的"会计研究公报"的出现为起点我国进入了现代会计阶段。这一会计发展阶段，会计理论与会计实务都取得惊人的发展，标志着会计的发展进入成熟时期。

（一）经济的发展促进会计的产生

随着人类社会的不断进步和经济的发展，社会出现了剩余产品，人们为了使剩余的产品得到保留、交换或分配，于是出现了管理的行为。在这样的情况下，以简单的人脑记忆和计算为主的记账方式已经不能满足人们日益复杂的商业行为，于是出现了会计的管理。会计的出现就是为了满足人们管理、生产行为的需要，是符合社会经济活动的客观需要，是商品经济活动生产和发展的需要。资本主义的萌芽引发复式记账方法的出现，工业革命导致成本会计的产生，经济危机情况下出现"公认会计原则"，现代科技的发展促进了会计电算化、会计信息系统的产生和发展。所以从历史的角度来看，经济的发展促进了会计的产生。

（二）经济环境能够影响会计的发展

经济环境是会计发展的前提，经济环境决定了会计的存在形式。经济发展状态对会计的发展有好的影响也有不好的影响。比如，现在低碳经济的环境下对会计的发展就有积极影响，对会计人员提出了更高的要求，使对会计人员的培养由仅仅侧重于会计、财务、审计等经济管理知识向会计理论知识的学习与环境保护相结合发展，并提出了完善环境会计的对策：第一，完善环境会计体制，健全环境会计法律法规；第二，明确会计核算主体，确立低碳经济环境责任；第三，规范环境会计的披露方式，完善低碳经济披露。

经济的发展虽然在一定程度上对会计的发展有利，但是也有不利的影响。比如，在经济危机的时候，多数企业为了渡过难关，不惜提供虚假的会计信息，以便获取更多的利润，这种不良的经济态势严重影响了会计的正常发展。所以经济的发展在一定程度上能够影响会计的发展。

（三）经济环境的变化给会计发展带来了挑战

近年来，随着全球经济的发展，一种崭新的经济形态——知识经济时代到来了。知识经济时代的到来，必将推动社会向前发展，同时也会给财务会计带来一系列的影响和挑战。比如电子计算机的运用，不仅促进了会计记录和数据处理上的效率的提高，更重要的是，因为信息技术产业和互联网的发展，会计工作本身也发生了革命性的变化，同时也对传统的会计工作方法提出了新的挑战。电子商务的无纸化，使得传统会计收入的确认和计量原则难以应用。而网络信息的快速传递和实时性特点也会对定期进行会计报告的会计制度提出质疑。在新的资产结构中，以知识为基础的专利权、商标权、商誉、计算机软件、人才素质、产品创新等无形资产所占的比重将会大大提高。而如此重要的知识资产，在传统会计中却得不到反映，使一些技术型企业报表披露的资料与实际情况不符。会计信息使用者仅仅通过媒体或传闻来了解他们所关心的信息，这无疑会增加会计信息使用者与企业之间的隔阂，甚至造成误导，这是与披露会计信息的初衷相违背的。

(四)会计能够促进经济的发展

会计是经济活动的基础,是企业进行管理的重要手段之一,随着经济社会的发展,国家向着多元化发展,企业内部结构也逐渐呈现多元化,此时就需要发挥会计的管理职能,通过会计活动,进行企业内部监督、控制,促进企业内部积极有效地执行经济活动,促进企业经济发展。从国家角度来看,国家有关部门通过提供的会计信息,运用会计手段,监督国民经济的发展状况,对经济运行中出现的问题及时做出正确的政策进行宏观经济调控和微观经济管理,从而避免限制、阻碍经济发展的不稳定、不协调因素,有效促进经济的发展。

二、社会经济环境对会计理论及模式的影响

(一)社会经济环境对会计方法及理论的影响

1. 对会计对象带来的挑战

会计对象是指企事业单位在经营过程中流动的资金现象,这些流动的资金就是会计需要计算和控制的内容。是反映会计要素的冲击,其具体表现就是会计要素根据社会形势的变化来不断调整。因为,要更好地适应经济的变化发展,就必须要及时修改会计要素,由此才能够为会计目的做出相应的准备。

2. 对会计目标带来的挑战

会计目标是指会计所需要到达的目的,会计主要是生成和提供会计信息。"受托责任观"与"决策有用观"是关于财务会计目标的两大主流观点。"受托责任观"认为,财务会计的目标是反映受托责任的履行情况,因此,财务会计应以提供反映经营业绩的信息为重心,且在反映财务信息时主要强调客观性和可靠性。"决策有用观"认为,财务会计的目标是为了向财务会计使用者提供有助于他们做出合理的投资、信贷及类似决策的信息,因此,财务会计应以提供反映企业现金流动的信息为重心,且在反映财务信息时主要强调相关性和有用性。显然,考察财务会计的目标必须与具体的社会环境与经济环境相适应。在资本市场不太发达的情况下,"受托责任观"比较切合实际,它能使企业的会计行为与其经济行为一致。而在资本市场比较成熟的情况下,"决策有用观"显得更为科学,它促使财务会计的理论与方法产生质的飞跃。

3. 对会计计量带来的挑战

会计计量就是用货币等不同的计量单位来计算各种经济业务发生的过程,用明确的数字计量来确定事物发生之间的关系。以前会计在计量方面上就是用成本计算、折旧、损益类等方面的实务来表现的,这种计量成本的模式是过去传统的方法。而在经济社会,人们讲究的是无形资产代替有形资产。由此可见,传统的计量模式将被公允价值计量的模式取代。但是公允价值模式的计量法带有主观判断性,缺乏可靠性,而历史的成本计量模式具有可依据性,比较客观。所以,面临不断变化发展的社会经济环境,在推行以

公允价值为基础的计量模式要依据传统的成本计量模式，这也是未来会计发展的趋势。

(二) 社会经济环境对会计模式的影响

1. 会计管理体制与经济环境

一国会计管理体制类型是由一国的经济体制来决定的，经济体制方面强调的是政府干预，一般会采取集中与立法型会计管理体制，经济体制不强调政府干预，采取的是自我管理型会计管理体制。在前一种管理体制下，大多是政府部门制定会计规范，后一种体制下，主要是民间会计职业团体制定会计规范。

2. 会计信息披露制度与经济环境

会计信息披露的实质就是在不同的会计信息使用者间配置会计信息的一个政策问题，会计信息披露制度被分为公开、核准和混合制度。会计信息披露包括财务报表、财务报表注释、补充信息及其他会计信息等。对于会计信息问题，日本和法国对信息披露是十分具体的，并且会计信息披露的内容有很多。这是在两国经济体制下政府力量的表现。而相比较这两国来说，美国对会计信息披露的规定就比较笼统，但是在实务中，会计信息披露的内容很多，证券交易所对信息披露的要求也十分严格，这样充分体现出美国经济中政府力量较小。会计信息披露的时间要求和披露的频率不同，反映了各国对会计信息质量特征的重视不同，同时也表现了各国对吸收外资的政策不同。由此可见，在既定的经济环境下，既要充分考虑到本国证券发展的阶段及投资者的心态，也要考虑到本国经济体制等诸多因素，这样才能建立并完善本国的会计信息披露制度。

3. 会计准则与经济环境

在各国会计中，会计准则都占有举足轻重的位置。但是会计准则的产生是经济环境变化的结果，会计准则的存在、发展则需要适应既定的经济环境。为了更深刻地认识到会计准则，还要深入地研究会计准则与经济环境的相互联系。随着股份公司的发展，公司所有权与经营权相互分离，公司的投资者越来越多，投资者种类也越来越多样化，真实公允的财务报表成为需要，随之也产生了对会计准则的需要。

(三) 社会经济环境对会计实务的影响

（1）会计电算化从低级向高级发展，会计工作的重点发生转移。传统的会计工作集中于确认、计量、记录和报告。随着会计环境的变化，会计电算化被广泛应用，会计人员将从繁杂的日常会计事务转向参与决策和经营分析等方面。

（2）会计核算方法的选择着重强调科学性和合理性。简化核算不应当再成为评价会计方法是否应当选用的标准，而是将科学性和合理性当作选择会计核算方法时唯一需要考虑的因素。

（3）增强会计信息的时效性和多样性，导致财务报告体系的改革。在社会经济大环境下，会计要消灭信息"孤岛"，实现信息集成。由于不同用户对会计信息有不同的需要，所以会计应当建立多元化的会计频道，提供不同的会计信息来满足不同用户对会计信息的要求。

（4）对国际会计准则的需要更加迫切。社会经济环境在客观上要求国际会计准则对会计信息应予协调和统一。

（四）对社会经济环境的影响做出的相关调整

1. 借助于政府的有效手段对经济环境进行有效规范

目前，我国的市场经济体制还有很多缺陷和不足，这就要求政府采用适当的法律或其他手段来正确地规划经济体制，干预市场的发展形势，从而为会计工作的正常发展提供良好的经济环境。

2. 改变会计计算的计量模式

在社会无形资产不断增多的状况下，也应该对会计计算的范围作出调整，尤其是在知识经济时代到来后，更决定了传统的成本计量模式已经出现了许多不足，无法适应社会发展。因此，改进会计核算和计量模式就成了必然。首先，要增加会计信息的容量，充分考虑到非货币形式的模式。其次，还要采用货币计量和非货币形式的计量模式，结合传统的成本模式和多种计量模式来改变会计核算的计量模式。通过这种方式的结合才能确保企业会计信息的全面性。

3. 跟上国际会计的步伐，健全会计制定标准

会计作为一门国际化的管理学课程，我国必须跟上国际会计的步伐，严格依据国际会计的变化形势，降低会计准则中的多项会计方法和标准。同时，也要避免由于主观性的控制出现会计信息不准确的问题。

在社会经济大发展背景下，如何确保会计在社会经济环境的影响下稳定的发展就成了一个主要研究课题。所以，会计专业的人员就要不断提升自身的业务能力，在今后的事业发展过程中找到经济环境与会计融洽互动的有效解决方法。

三、当前经济环境下会计计量模式的选择

经济环境可分为外部经济环境与内部经济环境。外部经济环境指一个国家所面临的世界经济环境，而内部经济环境指一个国家国内的经济环境。不同的计量属性，会使会计信息反映的财务成果和经营状况有所差异。中国新《企业会计准则——基本准则》中对计量属性专门做出了规范，规定了包括历史成本、重置成本、可变现净值、现值和公允价值五种主要的会计计量属性。

（一）计量属性之间关联

从我国的会计实践看，历史成本计量属性长期以来一直占据主导地位。近年来，随着资本市场日益发展，融资手段逐渐丰富，社会投资者和债权人等利益群体越来越关注会计信息的掌握和运用，对决策有用性要求越来越高。在这种情况下，对计量属性一般采用历史成本，在确保可靠的前提下可以应用其他属性，从而形成五种计量属性并存的

状况。在考虑时态因素的情况下，计量属性可分为历史价值和现时价值两类。其中，历史成本可归为历史价值计量，其他四种计量属性则都属于现时价值计量。如重置成本指现在购买资产或偿付债务所需支付的现金或现金等价物金额，公允价值指当前公平交易中，熟悉情况的交易双方自愿进行资产交换或者债务清偿的金额，这两种计量属性直接包含了现时价值的概念；可变现净值以资产未来销售将收到的现金或现金等价物金额扣减至资产完工时预计发生的成本、费用和相关税费计量，现值则以资产或负债未来现金净流量的折现金额计量。尽管这两种计量属性均考虑了会计要素的未来价值，但都通过抵减或折现等方式予以变换，因而亦可归属为现时价值的范畴。

值得一提的是，在四种现时价值计量属性中，公允价值较为特殊，属于一种复合或综合性的计量属性。其他三种现时计量属性相互之间非此即彼、相互排斥，而公允价值则包容了其他计量属性，在特定情况下，以公允价值计量的结果很可能是其他三种计量之一。公允价值强调的是在交易公平、双方知情和自愿条件下所产生的市场交换价格，只要符合相关条件，所产生的价值就属于公允价值，而不需考虑其计算方式。此外，从重置成本和可变现净值的含义来看，重置成本指现时阶段获取资产或偿还负债所需支付的现金流量值，实际上等于未来期间折现对结果无影响的"现值"；可变现净值是指实现资产销售所收到款项和需付出成本税费的差额现金值，这一计算过程显然可视作现值计量的简化。从这一角度看，重置成本和可变现净值均可理解为现值的简化计量模式，更侧重计算方法的表述而较少体现要素反映的实质，主要是为满足实务操作的需要而作为两种单独计量属性在新准则中加以明确。事实上，会计计量不论采用什么模式，本质上都应以能够反映其真实价值为标准，最大限度地满足会计目标的要求，但在会计实务中很难将会计目标和会计计量模式进行一一对应，只有使多种计量属性共存并相互配合才能符合会计多元化的目标，满足各方面会计信息的使用者对多元化会计信息的需求。

（二）会计计量模式的变迁因素

在市场经济下，会计目标应是决策有用性与受托责任性相结合。因为：首先，决策有用性对两权分离（所有权和经营权分离）的认定更适合于当下时代，因而，决策有用性对会计目标的表述更为确当。其次，两种观点各自所认定的两权分离是同时存在的，在资本市场上既有能够行使控制权的大股东，也有中小股东。从理论上讲，经济时代的理想会计目标观念应当是两种观点的有机结合，既重视决策有用性，又不轻视受托责任。

1. 经济环境

一般说来，无论采取什么样的计量属性，都要适应当前的经济环境。现代经济已逐渐向知识经济转型，人力资源、无形资产等会计要素的计量越显重要，这对会计计量模式提出了新的要求。

2. 政治因素

在不同的政治体制下，政府对经济资源的配置与管理的要求和侧重点不同。在计划经济体制下，国家拥有全部固定资金、土地和其他经济资源，很少甚至没有企业财产的私人所有权。例如企业没有土地所有权，在单一公有制经济下也不需评估确认与计量土地使用权，在改革开放、引进外资、合资入股时，才产生将土地使用权作为一项重要的"无形资产"进行确认与计量。

3. **技术因素**

21世纪是以现代科学技术为核心，高科技产业为龙头和支柱的产业模式，这种新型的技术环境推动了会计计量方法的发展。如网络使信息的沟通更加快捷，会计人员可以迅速获得相同或相似资产的市场价格作为计量依据，提高了财务信息的相关性，相应地，现值、公允价值等计量模式将得到广泛应用。随着会计环境的变化，经济活动变得极其复杂。资本市场的发展，资产取得方式的多样化，使资产价值形成不再是一次投资的结果，债务重组、企业合并、租赁等经济活动变得更加频繁，这些都加大了会计确认和计量的难度。传统计量模式是封闭的过程，它不能全面准确地反映真实情况，而公允价值计量模式则能准确地反映交易的实质。

（三）我国会计计量模式现实选择

1. **历史成本计量属性仍是重要的计量属性**

因为历史成本属性所依存的社会经济环境没有发生根本的改变，现阶段，我们仍处于工业经济为主的社会，有形资产仍然是绝大多数企业的主要资产形式，对于有形资产，历史成本应作为主要的计量属性。此外，除历史成本外的其他计量属性在很大程度上要依靠会计人员的判断与估计，这种人为因素的影响使会计信息带有一定的主观色彩，使得会计信息的可靠性难以保证。历史成本由于具有客观性和可验证性，仍然会在计量属性上起重要作用。

2. **公允价值成为主要的计量属性之一而且在未来将扮演越来越重要的角色**

这是因为：第一，公允价值很大程度上已将要素时间价值考虑在内，成本费用与收入的配比就有了逻辑上的统一性，可以真实地反映一个企业当期的财务状况和经营成果，进而使公司的决策者作出准确判断。第二，那些没有明确的历史成本支出，但对企业发展极具重要意义的"软"资产项目也可以计量，能真实反映企业的资产和负债的价值。第三，它排除了相关主体的特定交易价格，只取一般公认市价，不考虑相同要素在不同主体之间、不同用途状况下效用或价值的不同。第四，金融工具和金融衍生工具层出不穷，而公允价值是计量众多无形资产和金融工具、金融衍生工具等价值变化快的会计要素相对较好的计量属性。

3. **公允价值并不是真正意义上的第五种独立的计量属性**

它仅仅是对前面所分析的计量在市场交易条件下的一种再现和重复，是一种复合型的计量属性。公允价值从定义上并未反映作为一个独立的计量属性所应有的在时间、交易性质、交换价值类型等方面的特征。在交换价值的类型上，要分清投入交换和产出交换价值。同时，公允价值的本质只是市场对计量客体价值的确定，只要参与市场交易的双方通过某种可观察的市场金额或在允当合理的基础上通过估计相关的计量属性，从而自愿达成一致的交易价格就是公允价值。从理论上讲，所有会计计量属性的最高目标应该是提供所计量资产和负债在特定时日和特定市场情况下的真实、公允的价格。从这个角度来看，公允价值是所有现存会计计量属性的核心，它与所有会计计量属性相联系，并统领它们。

人们必须考虑周围经济环境及其对会计工作的影响并做出反应，努力协调好会计与经济环境的关系以便促进我国会计的进一步发展。相信随着经济的发展和改革的深入，会计计量会逐步走向现代化，会计计量模式会更加系统完善，多元化会计目标会得到更好的实现。

四、优化企业会计环境的方法

管理会计是指在当代市场经济条件下，以强化企业内部经营管理、实现最佳经济效益为宗旨，以现代企业经营活动及企业价值表现为对象，通过对财务等信息的深加工和再利用，实现对经济过程的预测、决策、规划、控制、责任考核评价等智能的财务分支。管理会计环境是指企业的管理会计体系内部的环境和整个外部环境，比如在企业中内部环境一般指一些财务活动、业务操作和规章制度等，外部环境一般指企业所处的大的经济和法律环境。管理会计环境对能够有效全面开展会计工作具有很大影响作用，尤其是内部环境可以产生很大作用，因为管理会计针对的就是企业内部进行的经营决策，所以内部环境影响更为显著。就像在企业中形成的会计管理体系中，明确的规章制度、良好的组织文化和结构设计都能够很好地推进管理会计的正常发展，企业员工能否积极配合管理会计工作很大程度也跟组织文化有关系。

（一）对我国管理会计环境进行识别和分析

1. 我国企业管理会计环境的现状

从企业内部环境来看。管理会计正处于起步阶段，在企业中并没有形成完整的管理体系，领导人和管理层对管理会计的概念及其实施方式并不了解，这就造成当前在企业内部没有一个很好的内部环境形成，使得管理会计不能充分发挥自身作用。而且一些企业内还存在管理制度和组织结构不合理之处，也对管理会计造成破坏。在企业外部环境方面，从市场经济体制建立以来，我国会计工作紧密服务于经济财政工作的要求，同时会计在不断改革和发展中越来越完善，像会计准则、会计信息化等都已形成相对完整的体系，并取得良好效果；但是，我国的管理会计发展相对落后一些，需要进行不断的深入研究探讨。

2. 企业管理会计环境存在的问题

管理会计体系存在缺陷，缺乏科学的管理会计思想。管理会计在企业中的具体应用大多体现在规划、控制、决策和业绩评价等领域，在企业管理中没有一个完整的管理会计体系是一个显著问题。出现这种现象的原因可能是由于企业制度的不完善、组织结构不合理等造成的问题。另外就是没有详细准确的管理会计工作流程和企业内相关部门相互协调，同时也使得一些意见不能被采纳。管理会计意识薄弱主要体现在企业内的管理人员和财务人员没有认识到管理会计的本质，及其在企业决策中的重要作用。

没有充足信息支撑管理会计，人员素质偏低。虽然信息化已经在企业中得到广发使用，但是没有形成科学的信息系统，很多企业仍然停留在传统信息收集模式。使得管理会计信息与财务状况不能很好对接转化，影响管理会计工作进行，使其不能形成完整管控闭合系统。企业内缺乏对高素质人才的引进，难以形成高素质的管理会计团队，仅通过对现有会计人员的培训，不利于做出科学决策产生良好经济效应。会计人员只掌握传统的会计核算已不能适应新常态下企业经营管理的需要，财务管理转型升级已迫在眉睫，所以，管理会计人员必须具有良好的管理能力，才能创造更好的管理会计环境。

（二）优化企业管理会计环境的对策

1. **不断完善管理会计体系**

建立一个完善的会计管理体系，并根据外部环境变化进行及时的改变和调整体系内容。激发企业管理活力和创造力，促进企业的预算管理和绩效管理；深化会计改革力度，是进一步深化企业改革，推动会计人才水平、会计层次、会计事业上台阶的重要方向。

2. **提高企业管理层的管理会计意识**

为了优化会计环境应从提高领导层相关意识入手，使他们能够正确认识管理会计在现代企业中的重要作用。管理者应深入领会管理会计的内涵，增强对风险分析力度，明确激烈竞争形势。企业需要在有积极决策控制监督平台上的领导者带领下，强化企业风险管控，依据外部环境的变化对企业的战略进行调整，充分发挥管理会计在这个过程中的积极影响作用。

3. **搭建可衔接的信息平台**

企业应该以信息化为手段形成会计与业务的融合，推进我国管理会计的发展。首先要引导企业将信息化应用于管理会计中，对管理会计信息进行监控，并对业务进行事前、事中、事后动态监督，一旦预测业务或者决策存在财务风险发生时，做出具体分析报告向管理层进行汇报，并且能够及时有效的处理，形成完善的闭合管理。

从我国的企业会计管理现状分析，仍然存在一些明显的问题，比如没有形成完整的会计体系、企业领导层缺乏管理意识不具有良好带头作用、没有信息化的平台和充分的信息化应用，而且企业没有高素质的管理会计工作队伍等不良现象存在。所以必须非常重视企业进行管理会计环境优化工作的进行，并就现实中存在的问题分析研究提出很好的解决措施，这样才能很好地优化管理会计环境。

参考文献

[1] 宋志勇.财务会计目标定位构建的重要性[J].网络与信息，2012，（9）.

[2] 李海兵.关于财务会计目标与会计计量的有关探讨[J].财经界，2012，（1）.

[3] 苏玲玲.试论财务会计目标中矛盾的选择[J].财务会计，2011，（9）.

[4] 郭晓玲.经济时代下的财务会计模式[J].经济技术协作信息，2011，（9）.

[5] 张敏.经济环境下的财务会计设计观念探究[J].今日科苑，2012，（9）.

[6] 王庆萍.企业会计核算存在的问题分析及实施规范化管理的策略[J].中国外资（上半月），2012，（04）.

[7] 王振江.浅谈规范企业会计核算制度措施[J].经济生活文摘（下半月），2011，（08）.

[8] 明文婷.企业会计核算规范化管理探究[J].商情，2013，（28）.

[9] 王文华.企业会计核算规范化管理措施[J].现代经济信息，2011，（8）.

[10] 张英栋.企业会计核算规范化管理措施的探讨[J].中国商贸，2013，（15）.

[11] 王庆萍.企业会计核算存在的问题分析及实施规范化管理的策略[J].中国外资（上半月），2012，（4）.

[12] 刘玉廷.提高财务会计信息质量认真履行社会责任[J].财务与会计，2010，（02）.

[13] 陈杏.新企业会计准则对企业会计核算影响探析[J].现代商贸工业，2010，（16）.

[14] 蔡玲艳.如何建立中小企业会计核算制度和流程[J].现代商业，2010，（21）.

[15] 孙大川.关于完善现行企业会计核算制度的几点思考[J].现代企业教育，2010，（18）.

[16] 王小冬.浅析企业会计核算体系的规范化[J].黑龙江科技信息，2010，（18）.

[17] 张先治，项云，晏超.IFRS在全球范围内实施的经济后果——基于可比性视角的文献综述[J].会计之友，2015，（10）：6-11.

参考文献

[1] 宋志勇.财务会计目标定位构建的重要性[J].网络与信息,2012,(9).

[2] 李海兵.关于财务会计目标与会计计量的有关探讨[J].财经界,2012,(1).

[3] 苏玲玲.试论财务会计目标中矛盾的选择[J].财务会计,2011,(9).

[4] 郭晓玲.经济时代下的财务会计模式[J].经济技术协作信息,2011,(9).

[5] 张敏.经济环境下的财务会计设计观念探究[J].今日科苑,2012,(9).

[6] 王庆萍.企业会计核算存在的问题分析及实施规范化管理的策略[J].中国外资(上半月),2012,(04).

[7] 王振江.浅谈规范企业会计核算制度措施[J].经济生活文摘(下半月),2011,(08).

[8] 明文婷.企业会计核算规范化管理探究[J].商情,2013,(28).

[9] 王文华.企业会计核算规范化管理措施[J].现代经济信息,2011,(8).

[10] 张英栋.企业会计核算规范化管理措施的探讨[J].中国商贸,2013,(15).

[11] 王庆萍.企业会计核算存在的问题分析及实施规范化管理的策略[J].中国外资(上半月),2012,(4).

[12] 刘玉廷.提高财务会计信息质量认真履行社会责任[J].财务与会计,2010,(02).

[13] 陈杏.新企业会计准则对企业会计核算影响探析[J].现代商贸工业,2010,(16).

[14] 蔡玲艳.如何建立中小企业会计核算制度和流程[J].现代商业,2010,(21).

[15] 孙大川.关于完善现行企业会计核算制度的几点思考[J].现代企业教育,2010,(18).

[16] 王小冬.浅析企业会计核算体系的规范化[J].黑龙江科技信息,2010,(18).

[17] 张先治,项云,晏超.IFRS在全球范围内实施的经济后果——基于可比性视角的文献综述[J].会计之友,2015,(10):6-11.